개정판

모두를 위한 메타버스

젭(ZEP) 크리에이터

김경희 · 공다예 공저

(주)광문각출판미디어
www.kwangmoonkag.co.kr

추천사

『모두를 위한 메타버스 젭(ZEP) 크리에이터』 출간을 진심으로 축하드립니다. 지식과 기술의 융합이 우리에게 교육의 혁신과 변화의 시대를 선사하고 있는 지금, 이 뜻깊은 순간을 함께하게 되어 기쁘게 생각합니다.

신라대학교 총장으로서 저는 교육 분야의 진보와 혁신을 위해 노력하고 있습니다. 메타버스의 놀라운 잠재력이 교육 분야에 미치는 영향을 목도하며 우리는 그 중요성을 깨닫고 있습니다.

학생들은 가상 세계에서 다양한 경험을 통해 학습과 창의성을 더욱 향상시킬 수 있게 되었습니다. 메타버스를 통해 강의나 워크숍과 같은 참여도 높은 교육 활동을 실현할 수 있습니다. 또한, 지리적 제약을 뛰어넘고 세계 각지의 동료들과 함께 프로젝트를 추진하고 아이디어를 공유하면서 새로운 협력과 교류를 경험하게 될 것입니다. 이는 국제 교육 협력을 증진시키며 우리 교육 방식에 기술적 혁신을 더합니다.

이 책은 고등교육 전문가들이 메타버스 플랫폼 ZEP을 통해 메타버스 교육 확장성과 가능성을 명료하게 보여 주며, 교육 분야에서의 변화를 이끌어내는 방법에 대한 통찰력을 제시합니다. 『모두를 위한 메타버스 젭(ZEP) 크리에이터』가 메타버스 지침서가 되어 우리의 시야를 확장시켜 줄 것을 기대합니다.

다시 한번 더 출간을 축하하며, 두 분의 지식과 열정이 이 새로운 시대에 한층 더 빛나기를 바랍니다. 김경희, 공다예 교수님의 업적에 감사와 격려의 마음을 전합니다.

감사합니다.

신라대학교 총장 허남식

머리말

ZEP은 제페토를 서비스하고 있는 글로벌 메타버스 기업 네이버제트와 뛰어난 RPG 개발력과 그래픽으로 인정받은 수퍼캣이 만든 메타버스 플랫폼입니다. 디자인이나 개발에 전문적인 지식이 없더라도 누구나 자신만의 공간을 만들어 다른 사람들과 공유하며 다양한 경험을 할 수 있습니다. 이러한 ZEP의 수요와 필요성은 박람회 기획, 사무공간 구축, 메타버스 교육 환경 제공, 창의적인 디자인 참여 등 경제 활동으로 확장되고 있습니다.

특히 교육 분야에서는 디지털 인재 육성이 국가사업으로 선정되어 지원 및 발전이 예상되고 있습니다. 이러한 환경에서 ZEP은 자유롭게 학습할 수 있는 공간을 제공하며, 혁신적인 기술과 창의적인 아이디어가 반영된 교육 서비스를 구축하는 데 도움이 될 것입니다.

메타버스 ZEP의 장점은 사용자들의 용이한 접근성과 시공간 제약 없이 참여할 수 있는 효율성입니다. 그리고 ZEP은 모두를 위한 메타버스의 슬로건에 맞게 나에게 맞는 가상공간을 클릭 몇 번으로 쉽게 완성할 수 있고, 현실과 연장선상에서 다양한 사람들과 소통할 수 있습니다.

메타버스 ZEP 크리에이터가 되고 싶으신 분들에게 이 책을 자신 있게 추천합니다. 기초부터 차근차근 따라 하면서 여러분의 상상력에 날개를 달아 더 나은 공간을 만들어 보시기 바랍니다. 끝으로 이 책이 개정판까지 출간될 수 있도록 도움을 주신 출판사 관계자분들과 항상 곁에서 성심껏 응원해 주시는 나의 사랑하는 가족분께 깊은 감사의 말씀을 드립니다.

저자 일동

목차

PART 3 일러스트레이터로 만드는 젭(ZEP) 맵

PART 4 젭(ZEP) 게임 활동

PART I

젭(ZEP) 기본 따라 하기

01. ZEP 시작하기

1 로그인하기

❶ ZEP(zep.us) 홈페이지 접속 후 ❷ [시작하기]나 [무료로 시작하기]를 클릭한다.

[그림 1-1] ZEP 홈페이지

❸ [ZEP 로그인] 팝업 창에 이메일 주소를 입력하고 ❹ 로그인 한다.

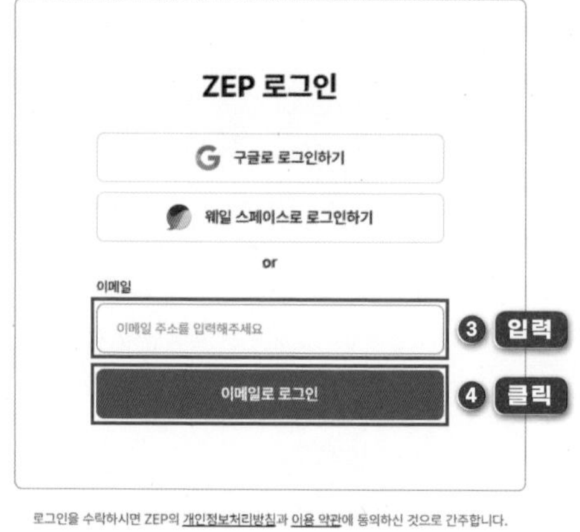

[그림 1-2] ZEP 로그인 하기

⑤ 입력한 이메일로 전송된 인증번호를 확인한다.

[그림 1-3] 인증번호 확인하기

⑥ [인증 코드]에 인증번호를 입력한다.

[그림 1-4] 인증코드 입력하기

TIP ZEP 로그인 방법 1) [구글]로 로그인하기 2) [웨일 스페이스]로 로그인하기 3) [이메일]로 로그인하기 세 가지 방법이 있어요. 구글이나 웨일 스페이스로 가입하면 인증 코드 입력 절차를 생략할 수 있어요.

● ZEP 요금제

❶ 2023년 7월 21일부터 ZEP 사용이 유료화되었습니다. 동시접속 20명까지는 무료이지만, 동시접속 30명부터 Basic 플랜은 10만원, Pro 플랜은 15만원입니다. 20명 이상 동시 접속이 필요한 경우는 업그레이드를 하면 됩니다. 동시 최대 접속자 20명이상이면 유료이지만, 메타버스는 시공간 제약 없이 사용할 수 있기 때문에 메타버스 크리에이터의 활용에 따라 무료사용이 가능합니다. 저희가 추구하는 젭 크리에이터는 젭 활용 방법론을 다양한 방식으로 모색하는 것입니다.

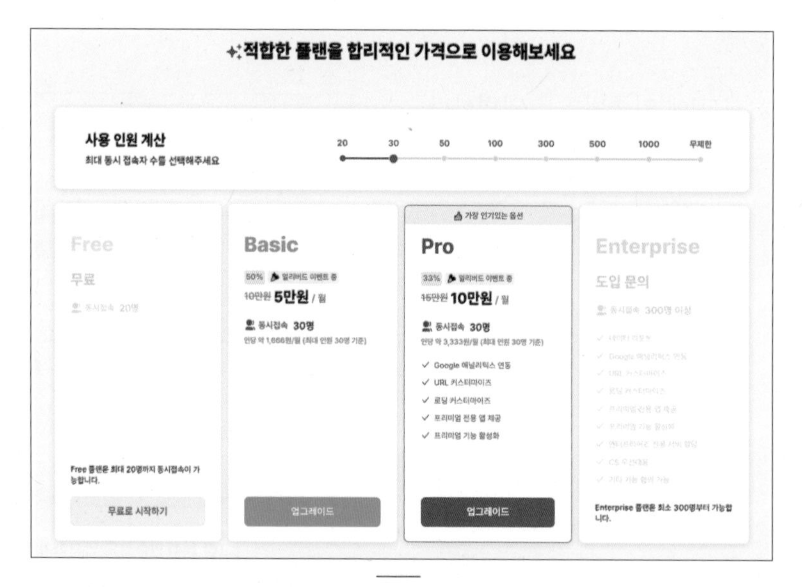

[그림 1-5] ZEP 가격 플랜

ZEP 가격 플랜

❷ ZEP EDU

초등, 중등, 고등학교에 한해 ZEP Edu 사용은 최대 동시 접속 50명까지 무료로 이용 가능합니다.

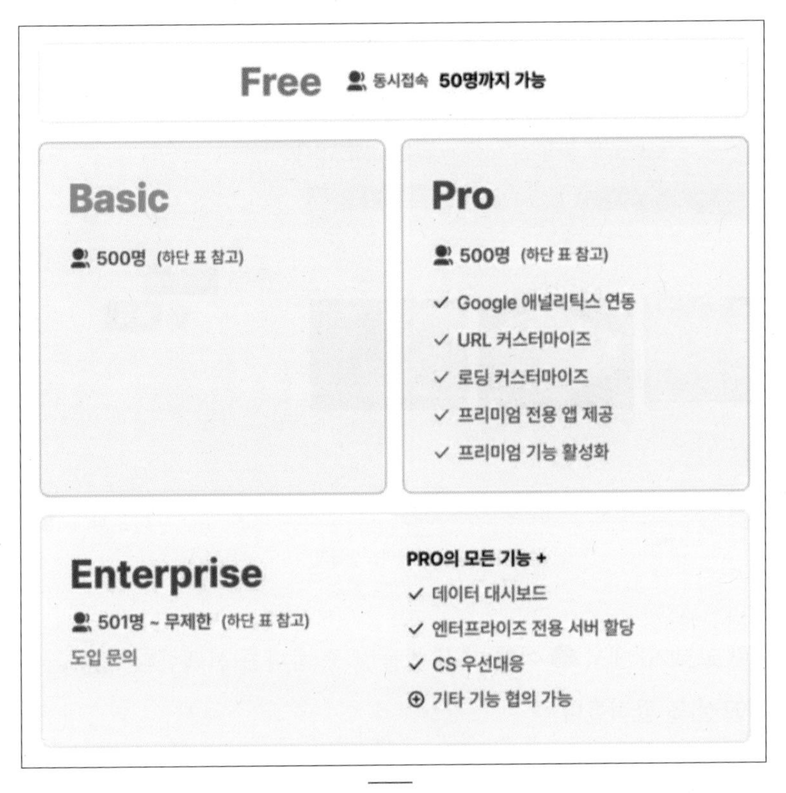

[그림 1-6] ZEP EDU 플랜

자세한 내용은 홈페이지를 참고하세요.

ZEP EDU

2 스페이스 만들기

❶ [+ 스페이스 만들기]를 클릭한다.

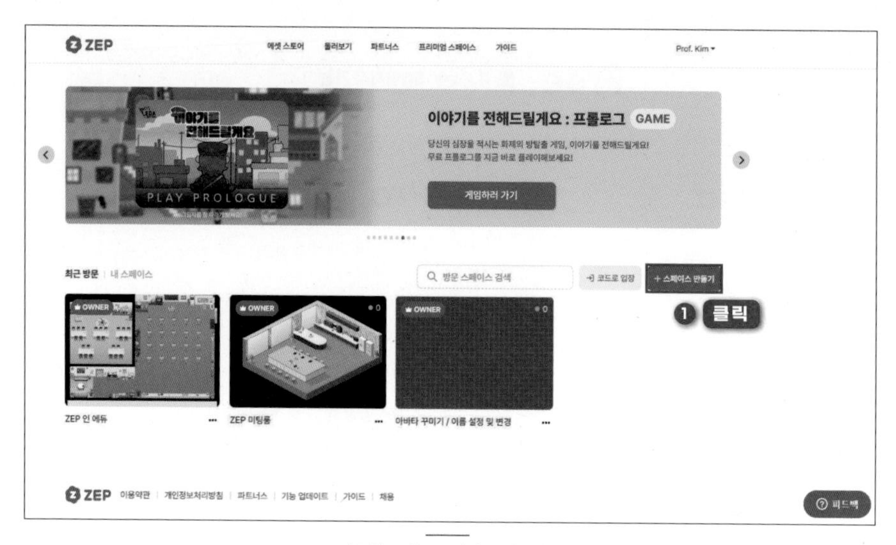

[그림 1-7] + 스페이스 만들기

❷ [템플릿 고르기] 에서 ❸ 여러 가지 템플릿 중 하나를 선택한다.

❹ [학교 교실]을 클릭한다.

[그림 1-8] 템플릿 고르기

❺ [스페이스 설정]에서 [스페이스 이름]을 입력하고, 비밀번호와 검색 허용을 선택한 후, ❻ [만들기]를 클릭한다.

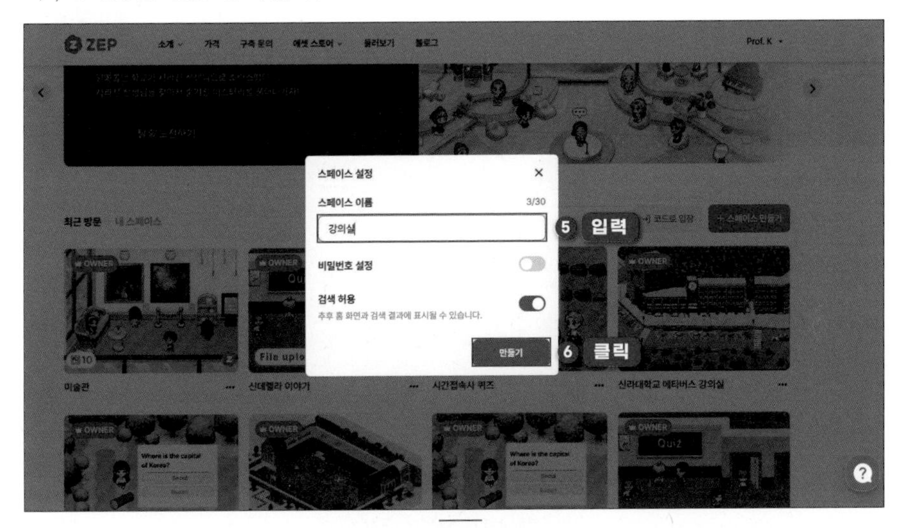

[그림 1-9] 스페이스 설정하기

나의 아바타가 내가 선택한 맵에 입장한다.

[그림 1-10] 맵에 입장한 아바타

3 스페이스 구성

[그림 1-11] 스페이스 구성

(1) 내 프로필

❶ [내 프로필] 사진을 클릭한다. ❷ [내 프로필] 팝업창에서 연필 모양의 [프로필 수정]을 클릭한다. ❸ [프로필 수정] 팝업창에서 [이름]과 ❹ [상태명]을 입력하고 ❺ 저장한다.❻ [내 프로필]에서 [스포트라이트 지정]을 활성화하면 참가자들과 미디어를 공유할 수 있다.

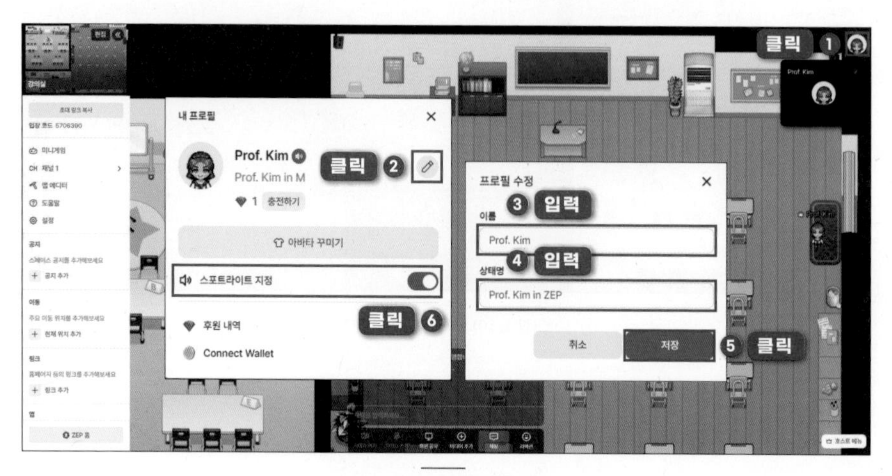

[그림 1-12] 내 프로필 수정하기

(2) 참가자

❶ 참가자: [참가자] 아이콘을 클릭하면 팝업 창이 뜬다.

❷ 참가자 수: 스페이스에 참여하고 있는 인원 수를 확인할 수 있다.

❸ 참가자 찾기: 검색 창을 통해서 참가자를 찾을 수 있다.

❹ 관리자와 스태프 리스트: 관리자/스태프는 일반 참가자와 구분되어 있다.

❺ 참가자 접속 여부

- 접속 중 - 초록색
- 자리 비움 - 노란색

❻ 참가자의 카메라/마이크 활성 상태를 확인할 수 있다.

❼ 친구 초대: 클릭하면 URL 주소가 복사된다.

[그림 1-13] 참가자 기능

(3) 비디오 위치

❶ [비디오 위치] 버튼을 클릭하면, ❷ 화면에서 비디오 위치를 4가지 방식으로 지정할 수 있다. 비디오 위치 종류로는 [우측 정렬], [위로 정렬], [그리드 보기], [숨기기]가 있다.

(4) 비디오

❸ [하단 메뉴]에서 [카메라]를 켜면 ❹ [비디오]에 참가자의 얼굴이 나타난다.
❸ [하단 메뉴]에서 [카메라]를 끄면 ❹ [비디오]에 아바타의 얼굴이 나타난다.
❸ [하단 메뉴]에서 마이크를 켜면 상대방에게 내 목소리가 전달된다.

[그림 1-14] 카메라와 마이크 기능

(5) 호스트 메뉴

❶ 맵 오른쪽 아래 [호스트 메뉴]를 클릭하면, [설정] 팝업창이 뜬다. [기본설정], [오디오/비디오], [채팅], [임베드], [기타] 메뉴가 있다.

❷ [기본설정]에서 자주 사용하는 기능은 맵 이름 변경하거나 맵 배경 음악 볼륨을 조절한다.

- [비디오/오디오]에서 자주 사용하는 기능은 [호스트 입장 시 자동으로 스포트라이트 적용]이다. 호스트(소유자, 관리자, 스태프)로 지정된 사용자의 비디오/오디오가 맵 전체에 보이게 되고 목소리도 들리게 된다.
- [채팅]에서 [전체 채팅 활성화], [다이렉트 메시지 활성화], [채팅창 숨기기], [사용자 입장 시 알림 숨기기]를 선택할 수 있다.
- [임베드]에서 임베드, 미디어, 미니 게임을 모두 활성화를 선택할 경우 모든 사용자가 사용가능하다. 호스트를 제외한 사용자가 사용을 원하지 않을 경우 비활성화를 선택하면 된다.
- [기타]에서는 찌르기를 활성화하여 다른 사용자에게 알림을 줄 수 있다.

[그림 1-15] 호스트 메뉴

(6) 채팅창과 하단메뉴

[채팅창]에서 호스트와 참가자들은 대화할 수 있다. [하단 메뉴]에서 [카메라 켜기/끄기], [마이크 켜기/끄기], [화면 공유], [미디어 추가], [채팅], [리액션]을 선택할 수 있다.

[그림 1-16] 채팅창과 하단 메뉴 기능

TIP

호스트 메뉴 [호스트 메뉴] 〉 팝업창 〉 [채팅]에서 [전체 채팅 활성화], [다이렉트 메시지 활성화], [채팅창 숨기기], [사용자 입장 시 알림 숨기기], [채팅 기록 관리]를 선택할 수 있어요.

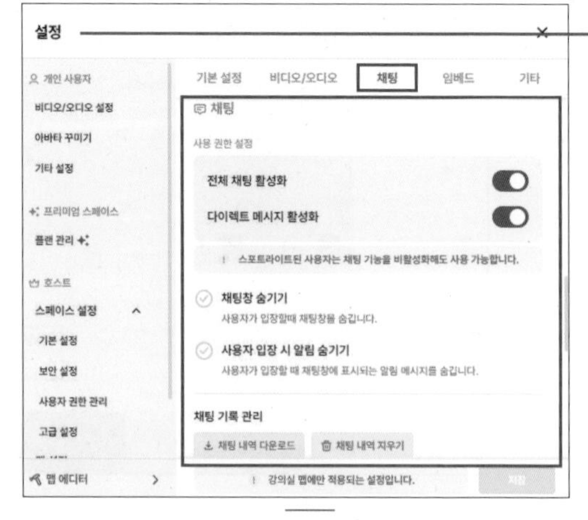

[그림 1-17] 채팅 설정

(7) 편집

❶ [편집]은 ⚙ [설정]과 같은 기능을 한다. [설정] 팝업창 〉 [스페이스 설정] 메뉴 〉 ❷ [기본설정] ❸ 스페이스에 대한 소개를 입력할 수 있다. ❹ [항상 입장 맵에서 시작하기], [비로그인 사용자 닉네임 설정], [차단 키워드]를 선택할 수 있다. ❺ 저장한다.

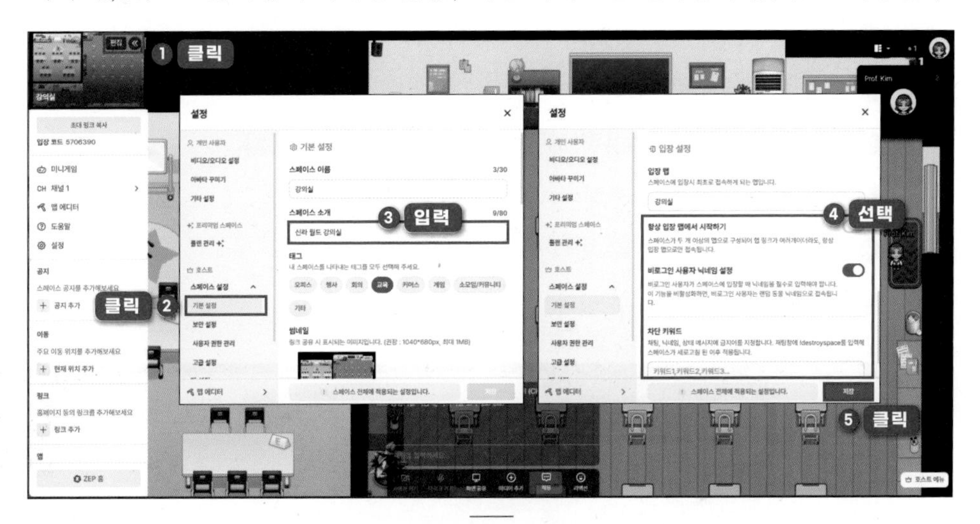

[그림 1-18] 편집 기능

TIP [비로그인 사용자 닉네임 설정]을 활성화 해주세요. 게스트들이 자신의 닉네임과 상태 메시지를 설정할 수 있어요.

(8) 사이드바 메뉴

❶ **초대 링크 복사**해서 친구를 초대할 수 있다.

❷ 참가자들과 **미니게임**을 할 수 있다.

❸ **맵 에디터**로 직접 맵을 제작할 수 있다.

❹ **설정**에서 스페이스 편집이 가능하다.

❺ **공지 추가**를 할 수 있다.

❻ 주요 이동 위치를 추가할 때, **현재 위치 추가**가 가능하다.

❼ **링크 추가**로 다양한 홈페이지로 이동 가능하다.

❽ 유용한 **앱**을 추가할 수 있다.

❾ ZEP **홈**으로 이동할 수 있다.

[그림 1-19] 사이드바 메뉴

TIP **빠른 이동: 내 아바타가 서 있는 위치를 지정할 수 있어요.**

- 스페이스 기준 적용: 현재 맵 위치 뿐만 아니라 스페이스내 다른 맵 위치로 이동이 가능하다.
- 이모티콘 설정: 위치마다 이모티콘을 설정하여 보다 편하게 인지가 가능하다.

02. 아바타 꾸미기

1 나의 아바타 꾸미기

[그림 2-1] 맵 화면

❶ [내 프로필] 〉 ❷ [아바타 꾸미기] 〉 ❸ [프로필 설정] 팝업창에서 [헤어], [의류], [피부], [얼굴]을 선택하고 저장한다.

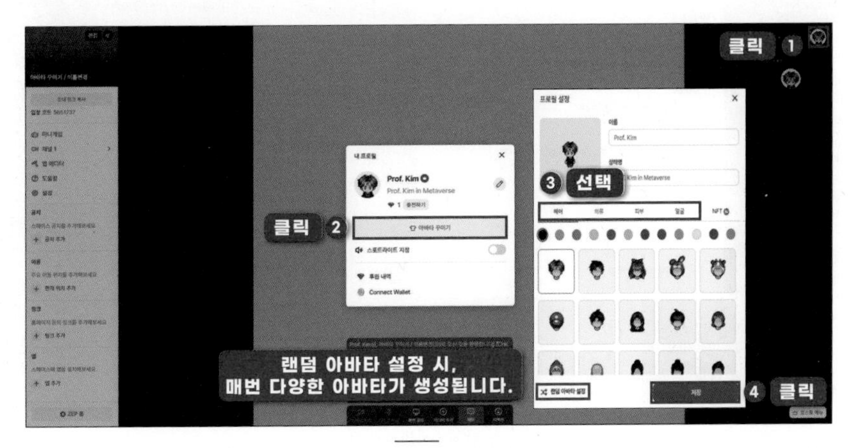

[그림 2-2] 프로필 설정하기

[랜덤 아바타]를 설정하면, 맵에 입장할 때마다 다른 아바타가 생성돼요.

❺ [내 프로필] 아바타가 변경된 것을 확인한다.

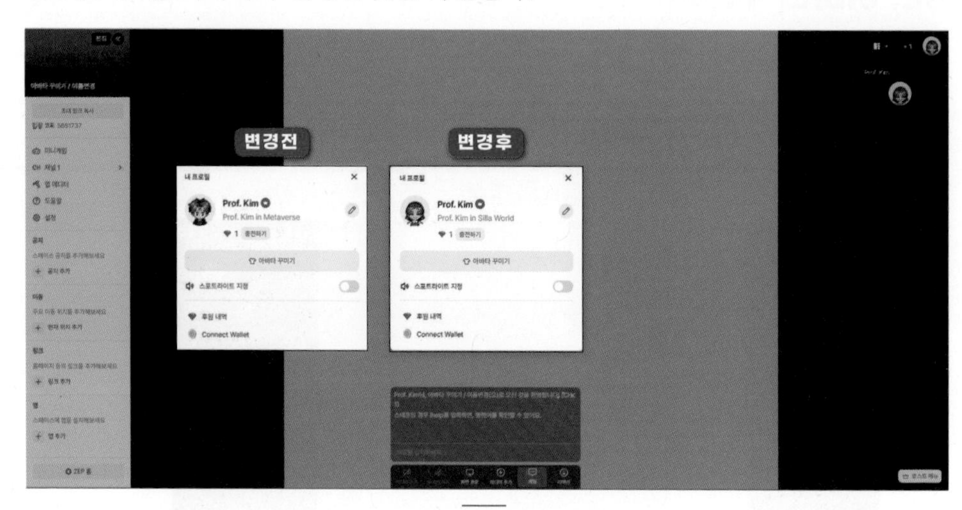

[그림 2-3] 프로필 변경 전과 변경 후

❻ [스포트라이트 지정]을 클릭하면 모든 공유가 가능하다.

❼ [비디오]에서 내 프로필 이름이 초록색으로 바뀐다.

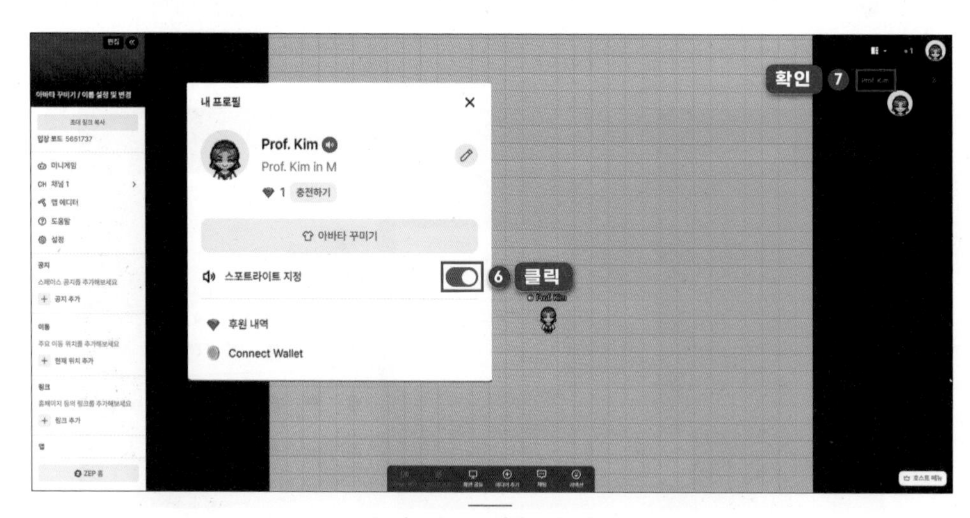

[그림 2-4] 스포트라이트 지정하기

2 메시지 보내기

❶ [참가자] 버튼을 클릭한다.

❷ [관리자 및 스태프]와 [일반 참가자] 리스트를 확인 후, 메시지 보낼 참가자를 클릭한다.

❸ [프로필]에서 [메시지 보내기]를 선택한다.

❹ 참가자 [채팅창]에서 메시지를 전달한다.

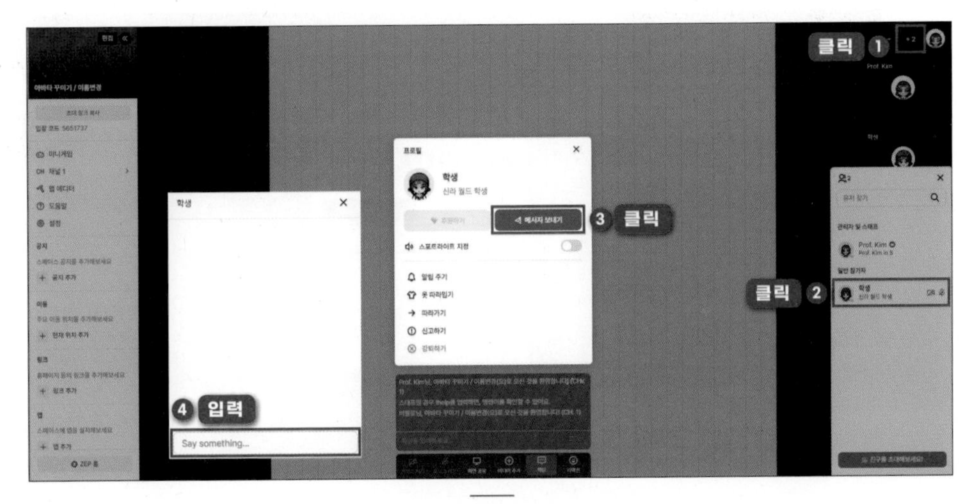

[그림 2-5] 메시지 보내기

해당 사용자에게 개인 메시지를 보낼 수 있어요. 대신, 로그인 상태에서 이용 가능해요.

3 참가자에게 스포트라이트 지정하기

❶ [참가자] 버튼을 클릭한다.

❷ 스포트라이트 지정할 참가자를 클릭한다.

❸ [프로필] 팝업창에서 [스포트라이트 지정]을 활성화한다.

❹ 참가자 이름 옆에 초록색 확성기가 생성된다. 참가자는 맵 전체 채널에서 '진행', '발표', '화면 공유'가 가능하다.

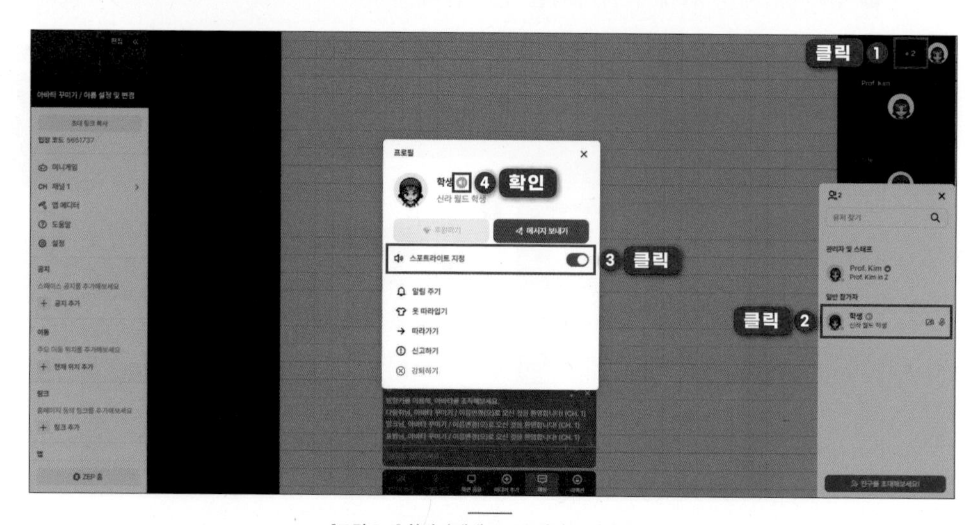

[그림 2-6] 참가자에게 스포트라이트 지정하기

TIP 스포트라이트 지정된 사용자가 비디오/오디오를 켜면, 맵 전체에 공유돼요.

4 알림 주기

❶ [참가자] 버튼 〉 ❷ 알림 주기 할 참가자 클릭 〉 ❸ [프로필] 팝업창에서 🔔 [알림 주기]를 클릭한다.

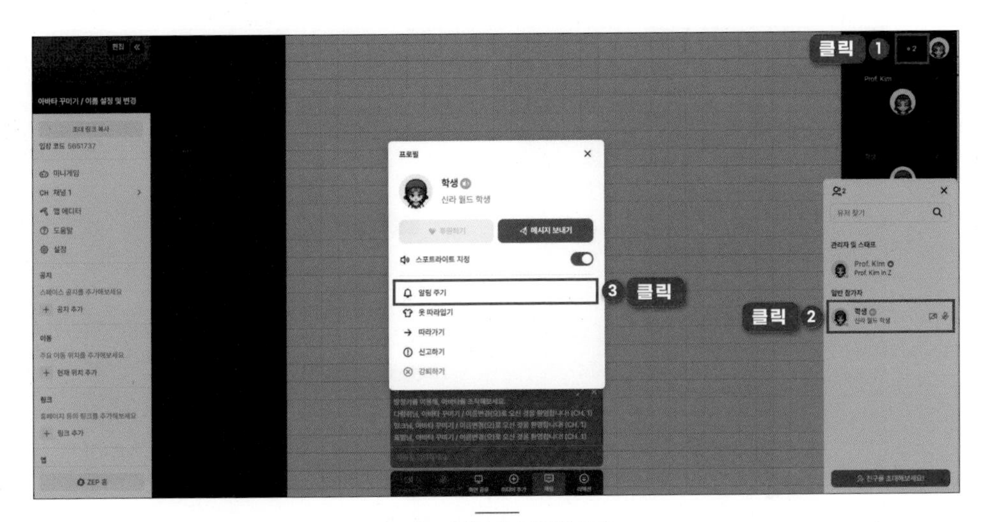

[그림 2-7] 참가자에게 알림 주기

TIP 참가자의 움직임이 없거나 반응이 없을 때 [알림주기] 기능을 사용해보세요. 해당 참가자에게만 알림소리가 들린 답니다.

5 옷 따라 입기

❶ [참가자] 버튼 〉 ❷ 옷 따라 입기 할 참가자 클릭 〉 ❸ [프로필] 팝업창에서 👕 [옷 따라 입기] 클릭 ❹ 나의 아바타 옷이 참가자 아바타가 입고 있는 옷으로 바뀐다.

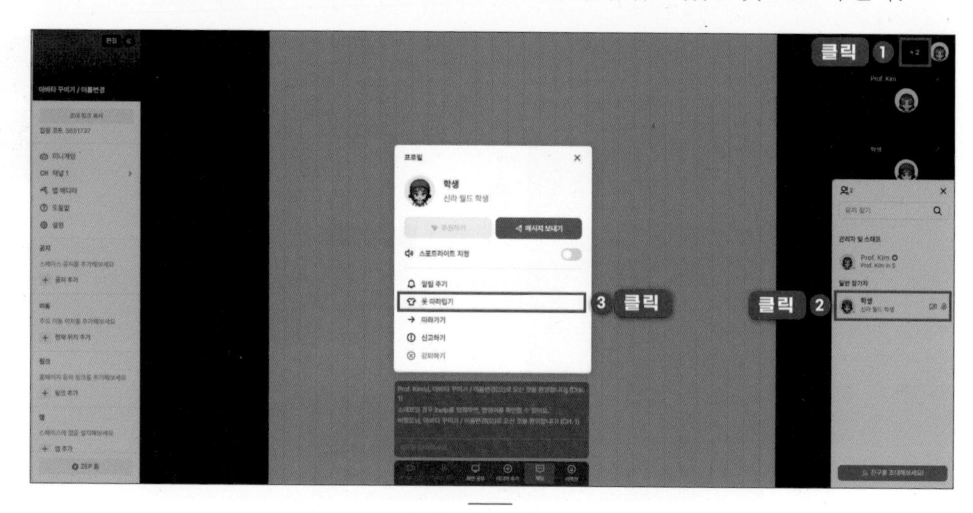

[그림 2-8] 옷 따라 입기

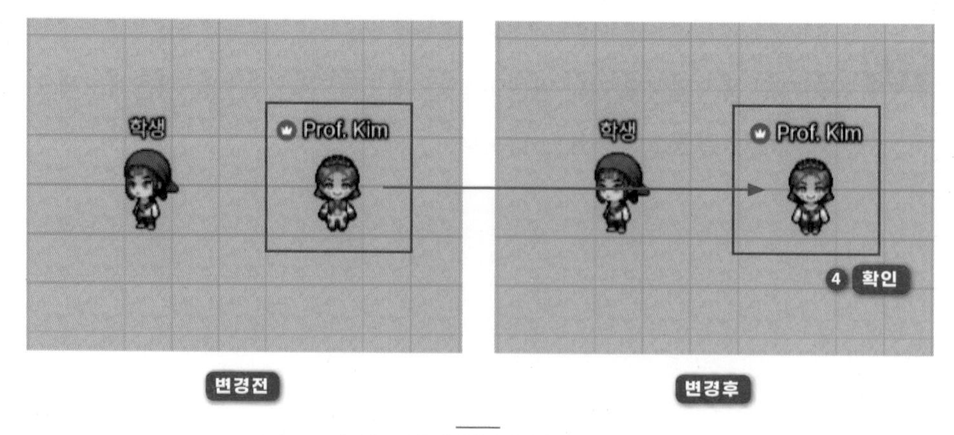

[그림 2-9] 옷 따라입기 변경전과 변경후

6 아바타 따라가기

❶ [참가자] 버튼 〉 ❷ 따라가기 할 참가자 클릭 〉 ❸ [프로필] 팝업창에서 → [따라가기]를 클릭한다.

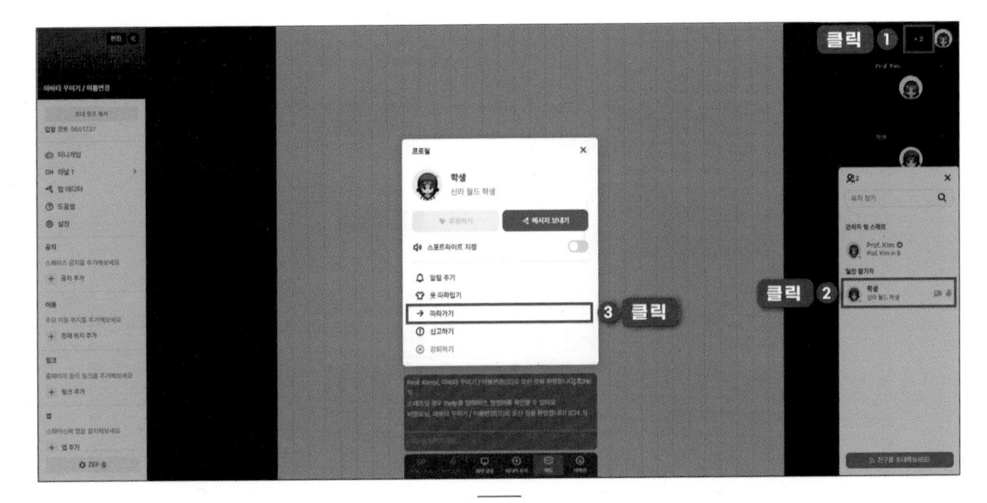

[그림 2-10] 아바타 따라가기

❹ 나의 아바타가 참가자 아바타 뒤를 따라다닌다. 스페이스 바를 누르면 따라가기를 멈춘다.

[그림 2-11] 아바타 따라가기

7 강퇴하기

❶ [참가자] 버튼 〉 ❷ 강제 퇴장시킬 참가자 클릭 〉 ❸ [프로필] 팝업창에서 ⊗ [강퇴하기]를 클릭하면, 맵 채널에서 선택한 참가자를 퇴장시킬 수 있다.

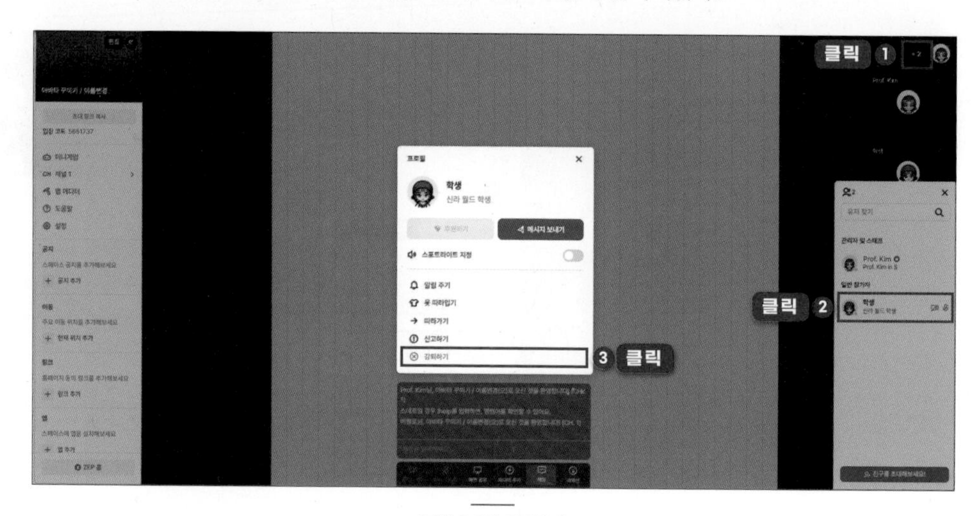

[그림 2-12] 강퇴하기

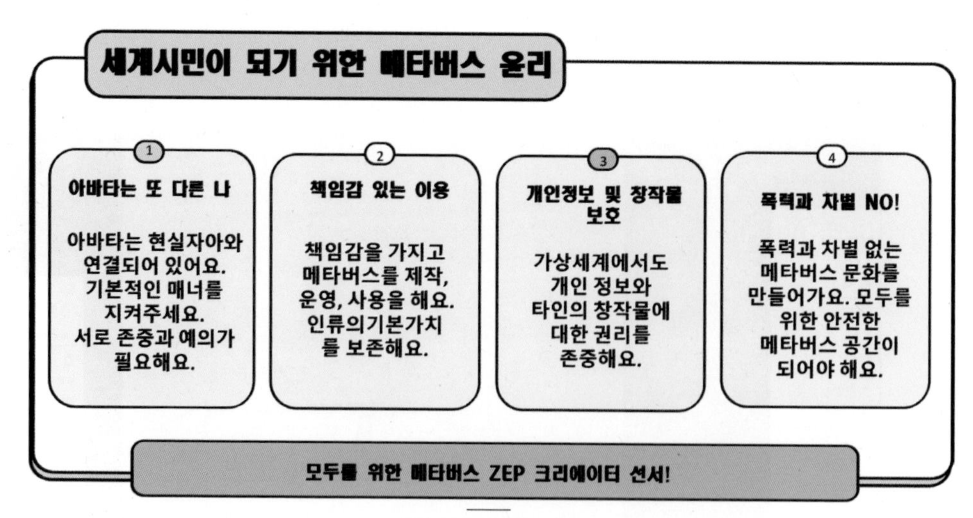

[그림 2-13] 메타버스 윤리

8 리액션

❶ [하단 메뉴]에서 ❷ [리액션]을 클릭하면 나의 감정을 나타낼 수 있다.

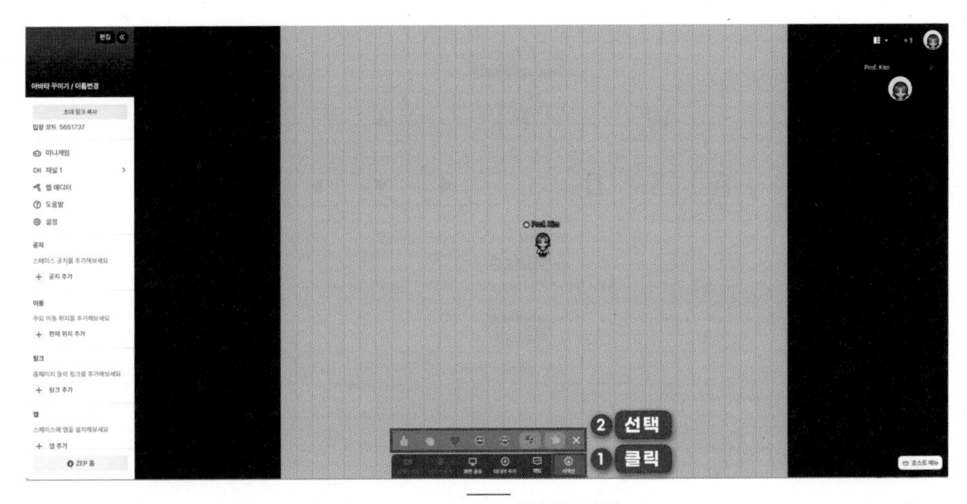

[그림 2-14] 리액션으로 나의 감정 표현하기

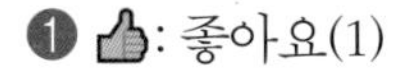

❶ 👍: 좋아요(1)

❷ 👏: 박수(2)

❸ ❤: 하트(3)

❹ 😆: 웃음(4)

❺ 😄: 울음(5)

❻ 🥰: 춤추기(0)

❼ 👈: 찌르기(Z)

❽ 앉기 (X)

❾ 점프(스페이스 바)

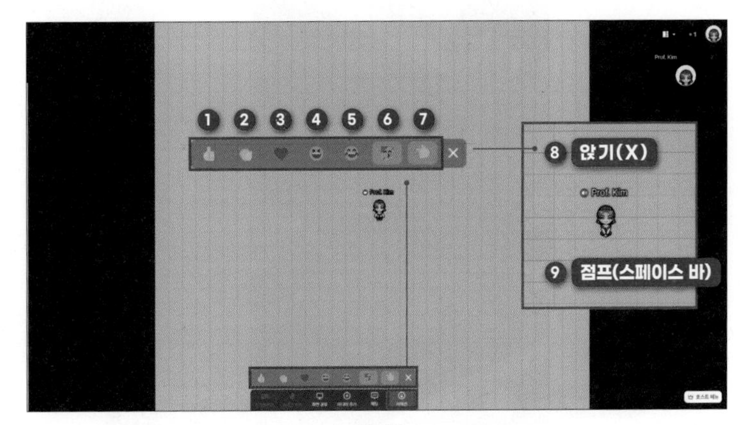

[그림 2-15] 리액션 종류

9 아바타 조작 방법

1. PC 버전

2. 모바일 버전

03. ZEP에서 만나기

1 카메라와 마이크 켜기

❶ [하단 메뉴]에서 [카메라]와 [마이크]를 켠다. ❷ 카메라와 마이크가 작동하지 않을 경우, 주소창에서  [열쇠]를 클릭하여 ❸ 카메라와 마이크 연결을 허용한다.

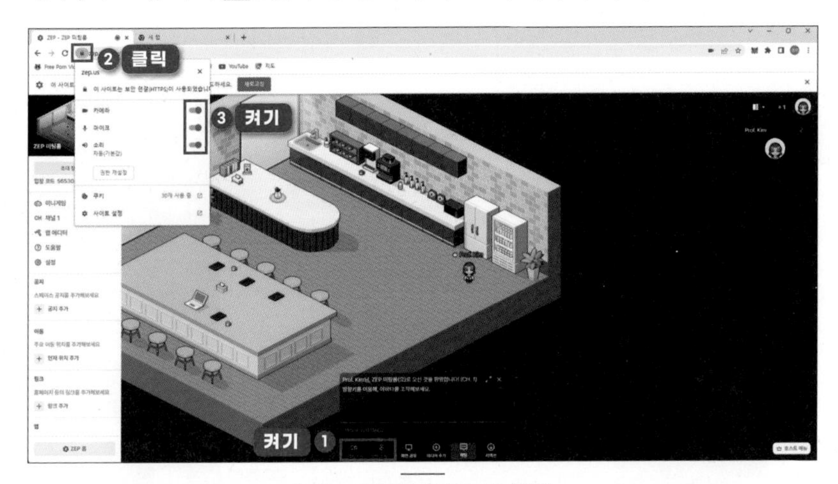

[그림 3-1] 카메라와 마이크 연결하기

❹ [하단 메뉴]에 카메라와 마이크 아이콘이 흰색으로 바뀌면서 비디오와 오디오가 켜진다. ❺ 비디오에 사용자 실물이 나타나고 목소리 전달이 가능해진다.

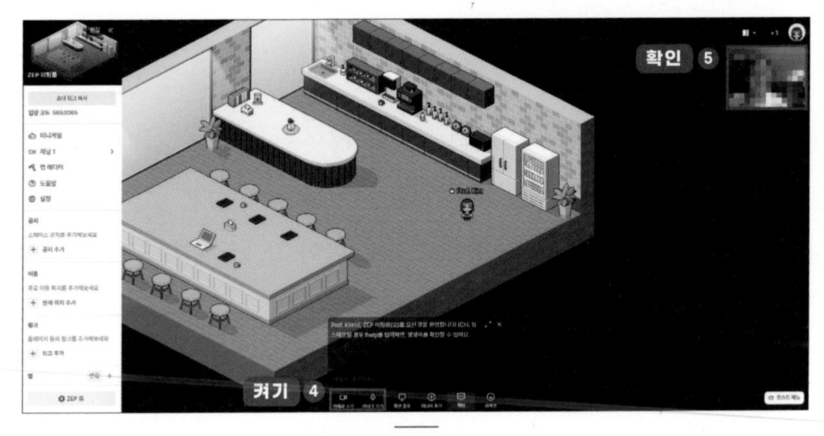

[그림 3-2] 비디오와 마이크 켜기

2 호스트 권한

(1) 오디오/비디오

❶ 화면 오른쪽 아래 [호스트 메뉴]를 선택한다.

❷ [오디오/비디오]를 클릭한다.

❸ [비디오/오디오 활성화], [비디오/오디오 비활성화], [오디오만 활성화], [호스트 입장 시 자동으로 스포트라이트 적용] 선택하고 ❹ 저장한다.

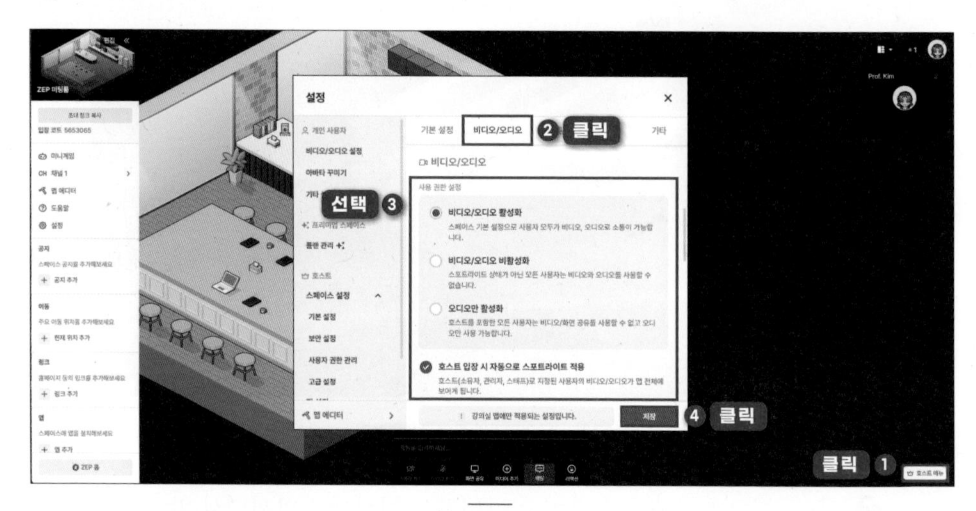

[그림 3-3] 오디오/비디오

오디오/비디오를 설정하는 방법이 또 있다.

❶ [호스트 메뉴]/[편집]/[설정] 중 하나를 선택한다.

❷ 설정 팝업 창 왼쪽 바에서 [오디오/비디오 설정]을 클릭한다.

❸ [내 카메라/마이크 확인하기]에서 [카메라], [마이크], [스피커], [비디오 좌우 반전]을 선택하고 [마이크 테스트]를 확인할 수 있다.

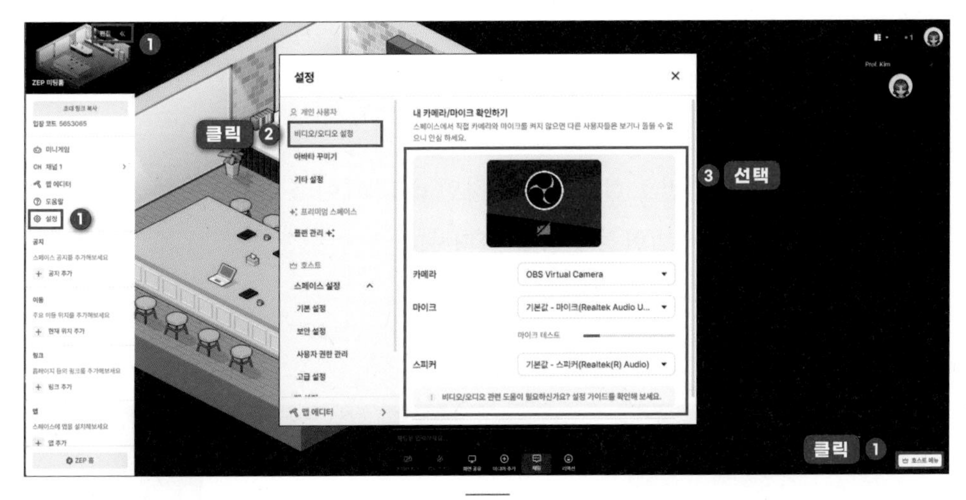

[그림 3-4] 오디오/비디오 설정

(2) 스페이스 설정

❶ [호스트 메뉴]/[편집]/[설정] 중에서 하나를 선택한다. ❷ [스페이스 설정]에서 [기본설정]을 클릭한다. ❸ [스페이스 이름]과 [스페이스 소개]를 입력한다. ❹ 변경사항이 있을 경우, [저장]하면 된다.

[그림 3-5] 스페이스 기본 설정하기

(3) 스페이스 보안 설정

❶ [호스트 메뉴]/[편집]/[설정] 중 하나를 선택한다.

❷ [스페이스 설정]에서 [보안 설정]을 클릭한다.

❸ [스페이스 비밀번호 설정]을 클릭하면 [스페이스 비밀번호 변경]이 생성된다.

❹ [스페이스 비밀번호 변경]을 클릭하고

❺ 스페이스 비밀번호를 입력한다.

❻ 저장한다.

[그림 3-6] 스페이스에 비밀번호 설정하기

3 친구 초대부터 출석 체크까지

(1) 친구 초대하기

A. 초대 링크 복사

❶ [초대 링크 복사]를 클릭하면

❷ '링크가 복사되었습니다' 문구로 바뀐다.

[그림 3-7] 초대 링크 복사하기

❸ 초대 링크 복사를 공유한다.

[그림 3-8] 카카오톡에 공유

B. 입장 코드

호스트가 공유한 URL을 통해서 입장할 수 있지만, ZEP 홈페이지로 입장 가능하다.

❶ [입장 코드]를 확인한다. 게스트에게 입장 코드를 알려준다.

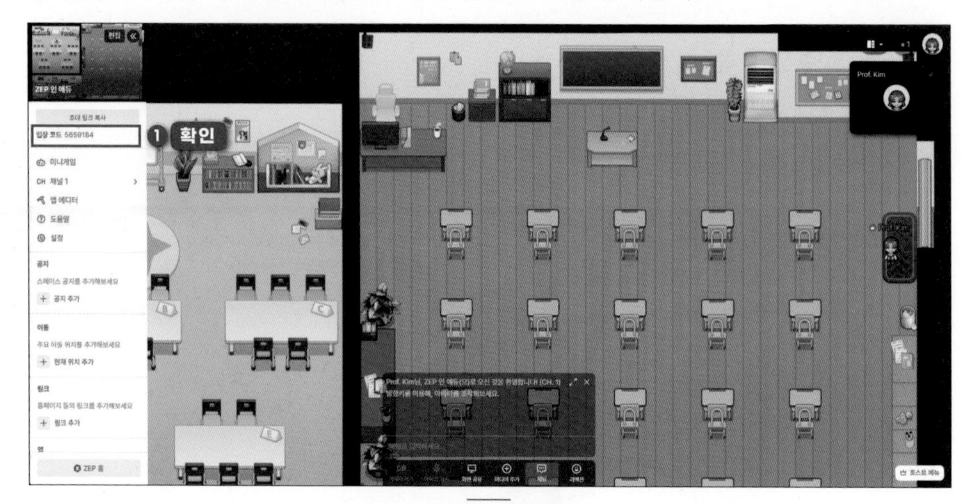

[그림 3-9] 입장 코드 공유하기

❷ 게스트는 ZEP 홈페이지에서 [코드로 입장]을 클릭한다. ❸ [코드로 입장] 팝업창에 호스트가 알려준 입장 코드를 입력한다. ❹ [입장하기]를 클릭한다.

[그림 3-10] 입장 코드로 입장하기

(2) 비로그인 사용자 닉네임 설정

❶ [호스트 메뉴] / [편집] / [설정] 중 하나를 선택한다. ❷ [설정] 팝업 창이 뜨면, [스페이스 설정]에서 [기본 설정]을 클릭한다. ❸ [입장 설정]에서 ❹ [비로그인 사용자 닉네임 설정]을 클릭하여 활성화시킨다. ❺ 저장한다.

게스트가 입장할 때, 닉네임을 설정할 수 있는 팝업창이 생성된다.

[그림 3-11] 비로그인 사용자 닉네임 설정하기

TIP 비로그인 사용자가 스페이스에 입장할 때 닉네임을 입력할 수 있게 하는 기능이에요. 이 기능을 비활성화하면, 비로그인 사용자는 랜덤으로 동물 이름으로 접속돼요.

모바일 [내 프로필]에서도 수정이 가능하다.

❶ [내 프로필] 〉 ❷ [프로필 수정] 〉 ❸ [이름]과 [상태명] 입력 〉 ❹ 저장

[그림 3-12] 모바일에서 내 프로필 수정하기

(3) 호스트 입장 시 자동으로 스포트라이트 적용

❶ [호스트 메뉴]를 클릭한다. ❷ [설정] 팝업 창에서 [비디오/오디오]를 클릭한다. ❸ [호스트 입장 시 자동으로 스포트라이트 적용]을 클릭하고 ❹ 호스트의 비디오와 오디오가 맵 전체에 보이게 되고 스포트라이트 지정된 곳이 아니어도 목소리를 들을 수 있다.

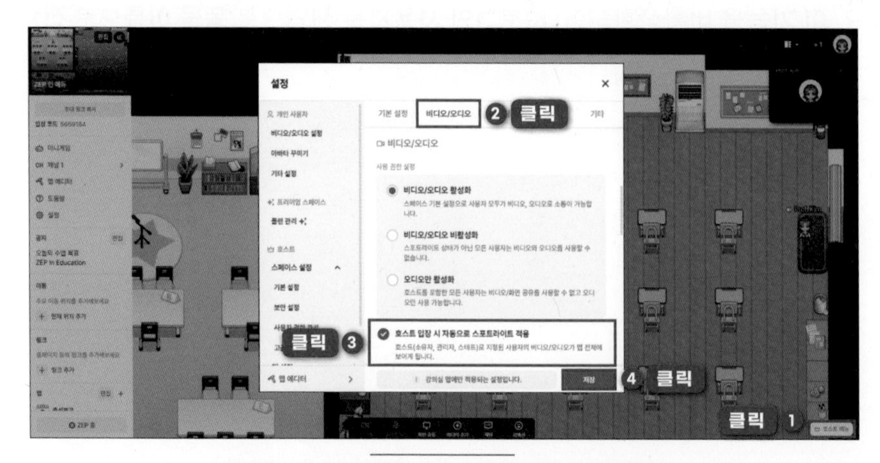

[그림 3-13] 호스트 입장 시 자동으로 스포트라이트 적용하기

(4) 출석 체크 앱 추가하기

❶ [앱] 〉 [+ 앱 추가]를 클릭한다. ❷ [앱 관리] 〉 [출석 체크]를 설치한다. ❸ [사이드 바]에 설치된 [출석 체크] 앱을 확인한다.

[그림 3-14] 출석 체크 앱 설치하기

(5) 출석 체크

❶ [사이드 바] 〉 [앱] 〉 [출석 체크]를 클릭한다. ❷ [출석부] 팝업창 〉 [출석 체크 하기]를 클릭한다. ❸ 출석 날짜에 ✔ 출석 확인 표시가 나타난다. ❹ [출석부 설정]을 클릭한다. ❺ [출석부 설정] 팝업창에서 [출석부 명단]을 다운로드할 수 있다. ❻ 엑셀로 다운로드된다.

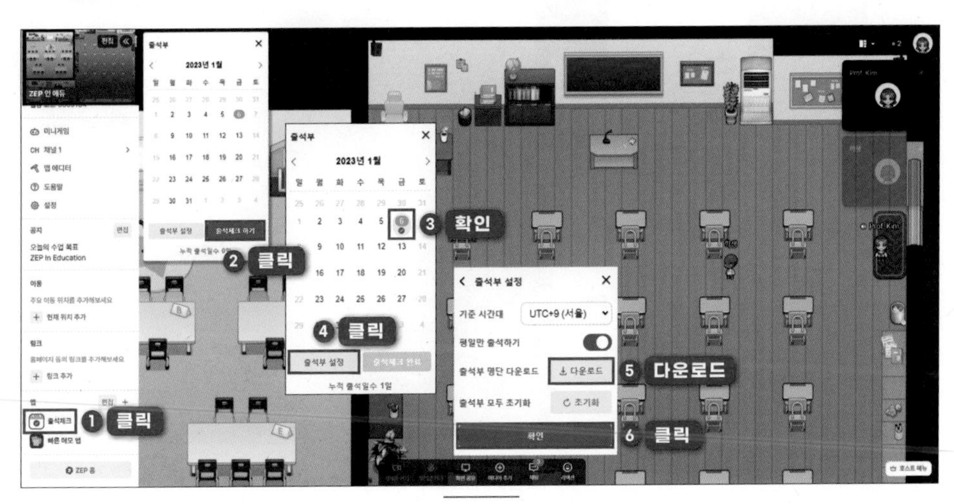

[그림 3-15] 출석 체크 하기

(6) 채팅 내용 다운받기

❶ [호스트 메뉴]를 클릭한다. ❷ [설정] 팝업 창에서 [채팅]을 클릭한다. ❸ [채팅 기록 관리]에는 [채팅 내역 다운로드]와 [채팅 내역 지우기]가 있다. ❹ [채팅 내역 다운로드]를 클릭하여 채팅 내역을 다운로드 받는다.

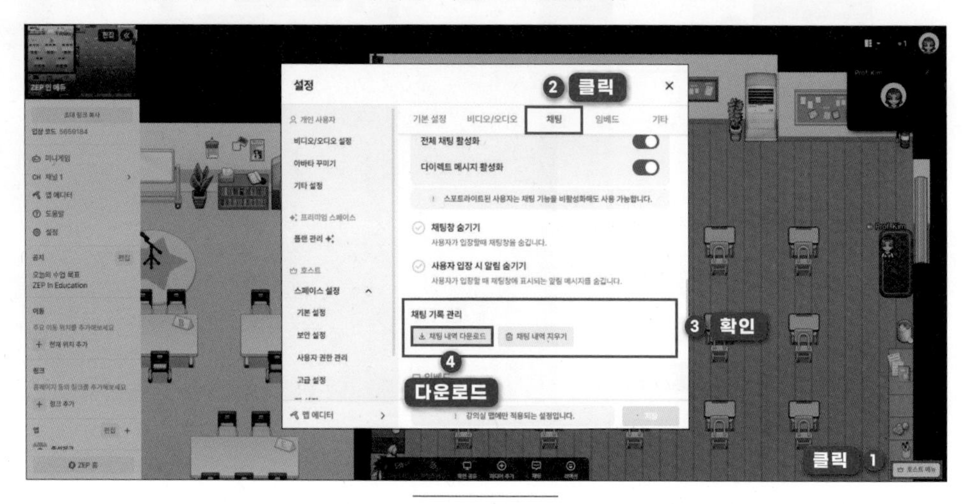

[그림 3-16] 채팅 내역 다운받기

TIP [앱 관리]에 하는 앱이 없나요?

❶ [+ 앱 추가] 〉 ❷ [스토어에서 앱 다운로드]를 클릭한다.

[그림 3-17] 스토어에서 앱 다운로드하기

❸ 원하는 앱을 선택해서 다운로드 한다.

[그림 3-18] 에셋 스토어

4 화면 공유

(1) 화면 공유하기

❶ [하단 메뉴] 〉 [화면 공유] 〉 ❷ [화면 공유하기]를 클릭한다. ❸ [공유할 정보 선택] 팝업창에서 [창]을 선택한다. ❹ 화면 공유할 창을 선택하고 ❺ 공유한다.

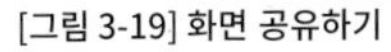

[그림 3-19] 화면 공유하기

[그림 3-20] 게스트 모바일 화면

(2) 화면/시스템 오디오 공유하기

❶ [하단 메뉴] 〉 [화면 공유] 〉 ❷ [화면/시스템 오디오 공유하기]를 클릭한다. ❸ '화면 공유 창에서 반드시 [시스템 오디오 공유]를 체크해 주세요'라는 문구를 확인하고 ❹ 클릭한다.

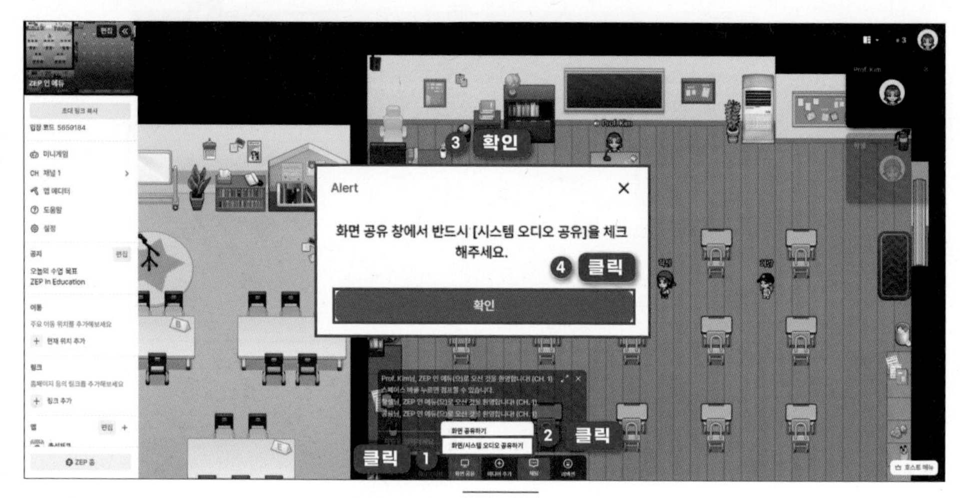

[그림 3-21] 화면/시스템 오디오 공유하기

❺ [공유할 정보 선택] 팝업창에서 [전체 화면]을 선택한다.

❻ [전체 화면] 〉 [시스템 오디오 공유]를 클릭한다.

❼ [전체 화면]에서 공유할 화면을 선택하고 ❽ [공유]를 클릭한다.

[그림 3-22] 시스템 오디오 공유하기

⑨ 화면 공유를 종료할 때는 [화면 공유 종료] 버튼이나 [공유 중지] 버튼을 클릭한다.

[그림 3-23] 화면 공유 종료하기

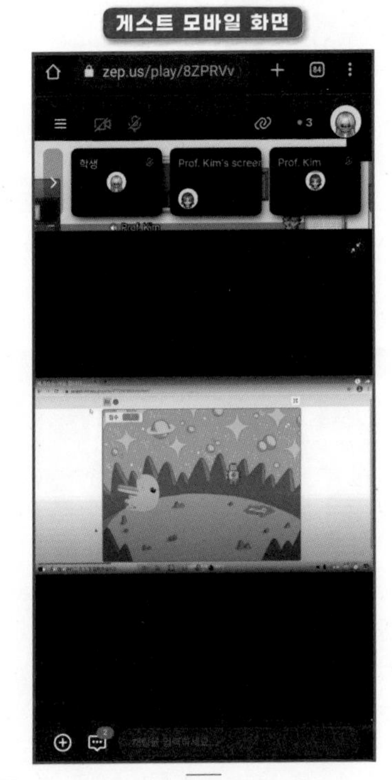

[그림 3-24] 게스트 모바일 화면

5 미디어 임베드 하기

(1) 유튜브

❶ [하단 메뉴]에서 [미디어 추가]를 클릭한다. ❷ 팝업창에서 [유튜브]를 선택한다. ❸ [유튜브 임베드] 팝업 창에 유튜브 영상 링크 URL을 입력한다. ❹ [화면크기]는 [크게]와 [작게] 중에서 하나를 선택하고 ❺ [확인]을 클릭한다.

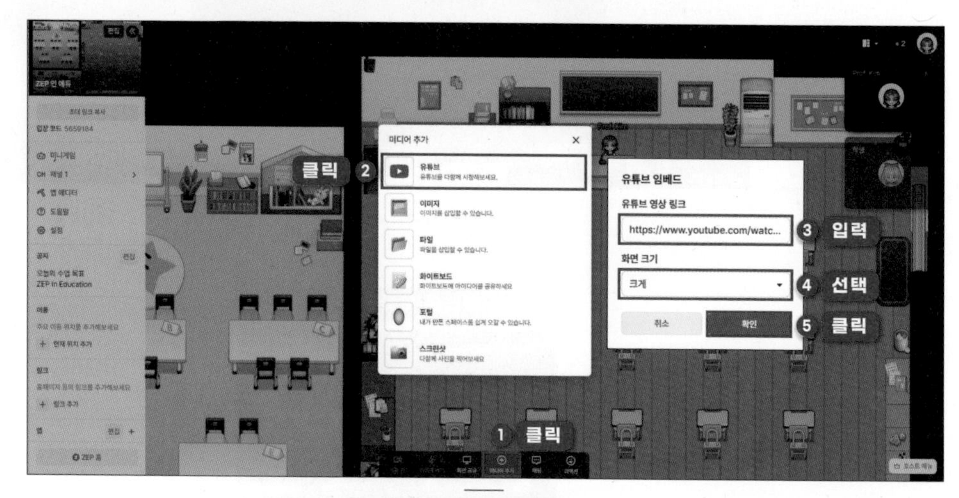

[그림 3-25] 유튜브 임베드하기

호스트 PC 화면

게스트 모바일 화면

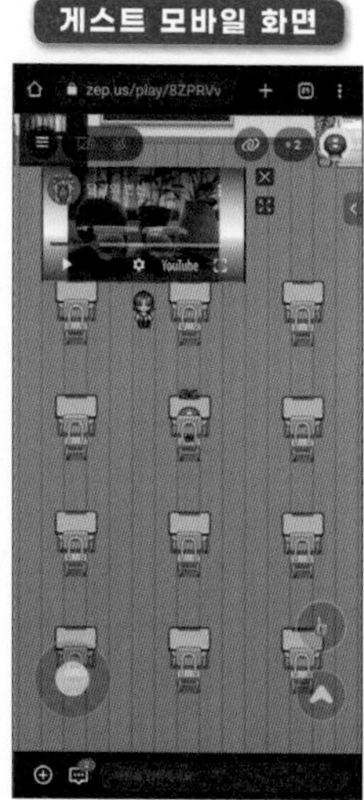

[그림 3-26] 호스트 PC 화면과 게스트 모바일 화면

⑥ 화면을 크게 보기를 원할 경우 [확대]를 클릭하고, ⑦ 화면 공유를 중지할 경우 아바타가 [플레이 박스] 위에서 [점프]를 하거나 팝업창의 [삭제] 버튼을 클릭한다.

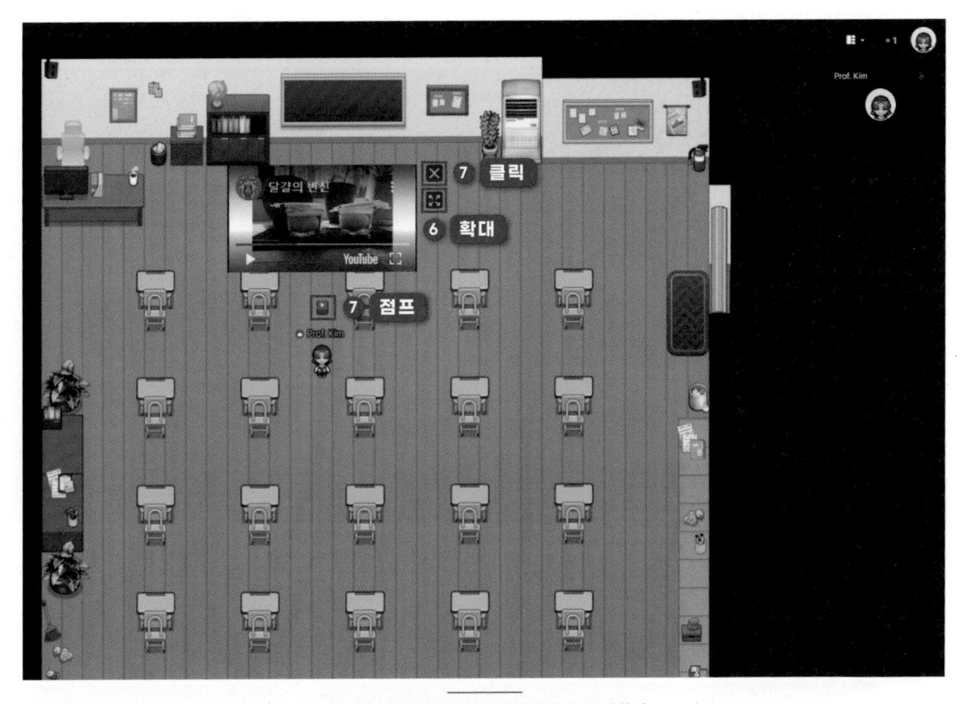

[그림 3-27] 유튜브 화면 확대와 공유 중지하기

유튜브 임베드하는 2가지 방법

(2) 사진 업로드

❶ [하단 메뉴]에서 [미디어 추가] 팝업창에서 ❷ [사진 업로드]를 클릭한다.
❸ PC [열기] 팝업창에서 업로드할 그림파일을 선택하고 ❹ [열기]를 클릭한다.

[그림 3-28] 이미지 불러오기

❺ 선택한 이미지가 공유된다.

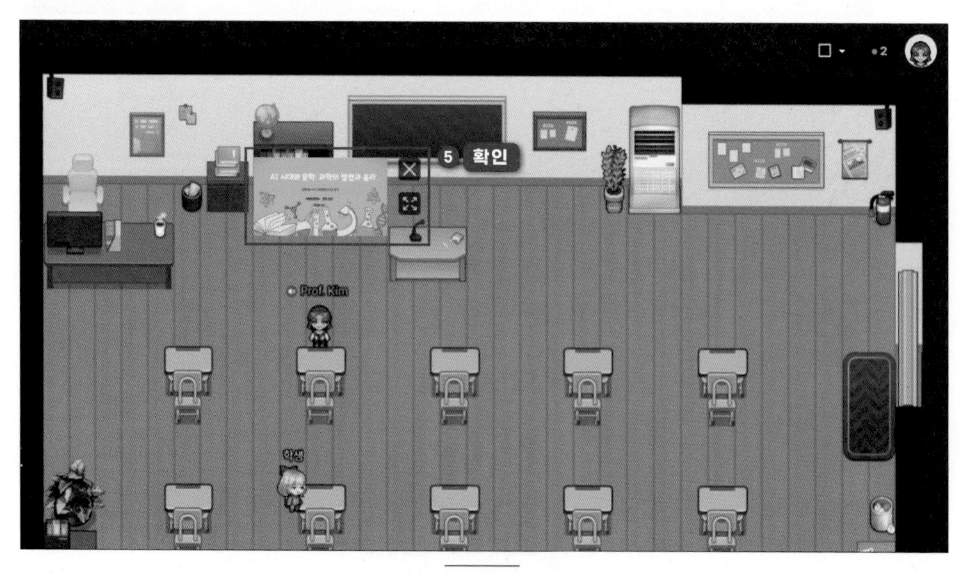

[그림 3-29] 이미지 공유하기

(3) 파일 업로드

❶ [하단 메뉴] 〉 [미디어 추가] 팝업창에서 ❷ [[파일 업로드]를 클릭한다.

PC [열기] 팝업창에서 전송하고자 하는 파일을 선택한다.

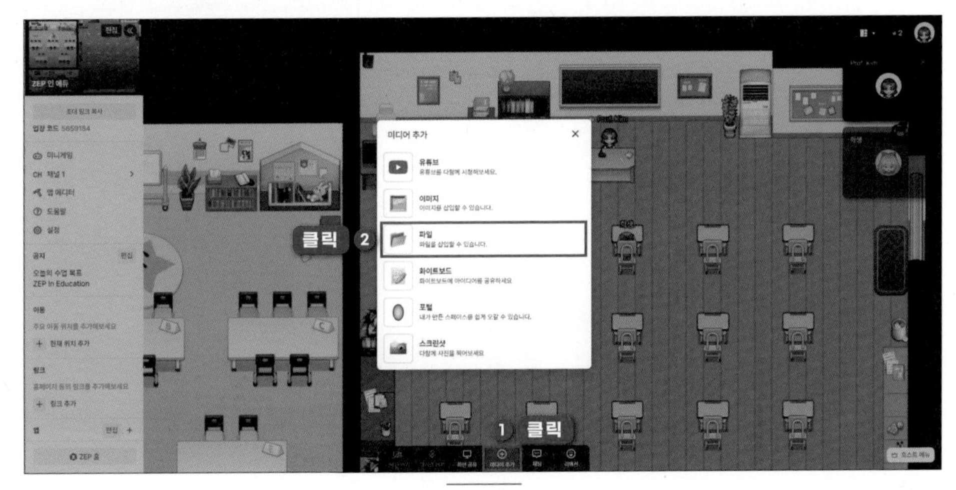

[그림 3-30] 파일 불러오기

❸ 파일이 공유되고 게스트들은 파일 다운로드가 가능하다.

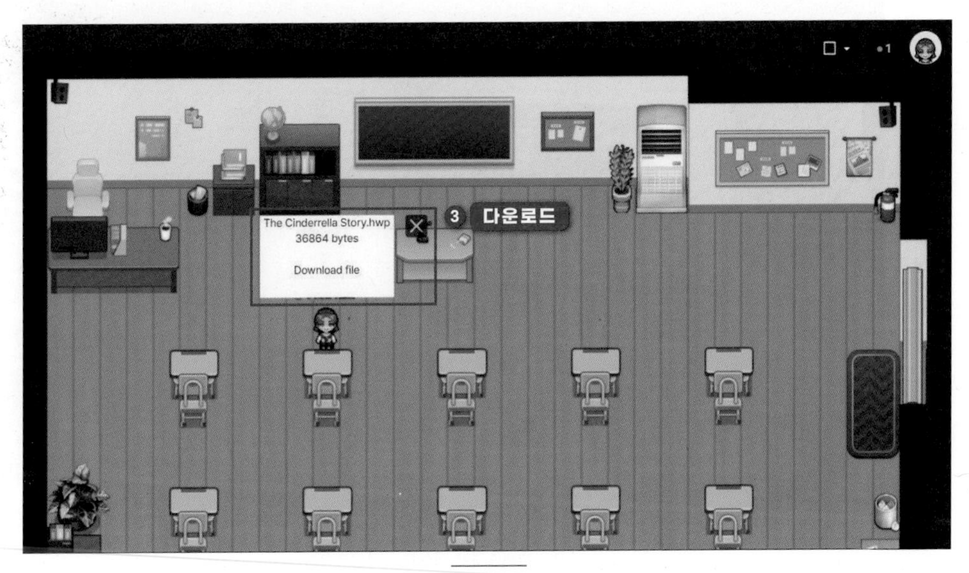

[그림 3-31] 파일 공유하기

(4) 화이트보드

❶ [하단 메뉴] 〉 [미디어 추가] 팝업창에서 ❷ [화이트보드]를 클릭한다.

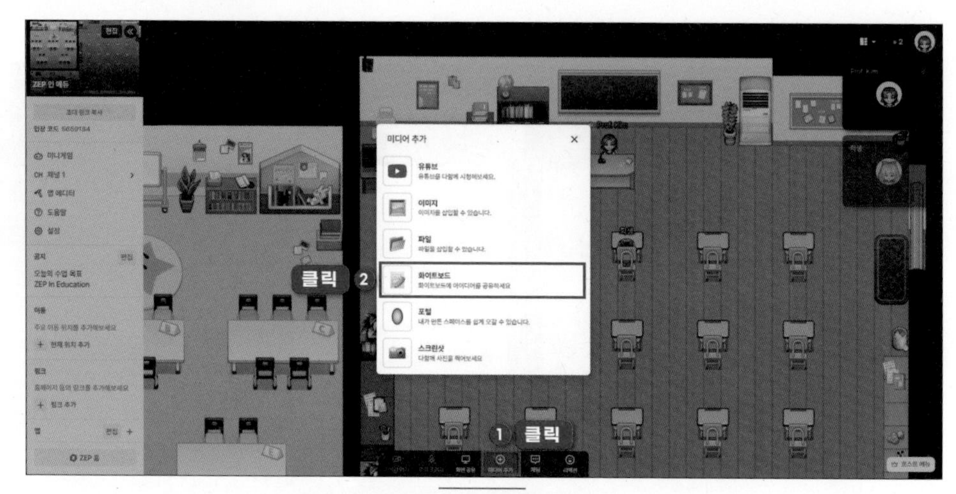

[그림 3-32] 화이트보드 선택하기

❸ [화이트보드]가 공유된다.

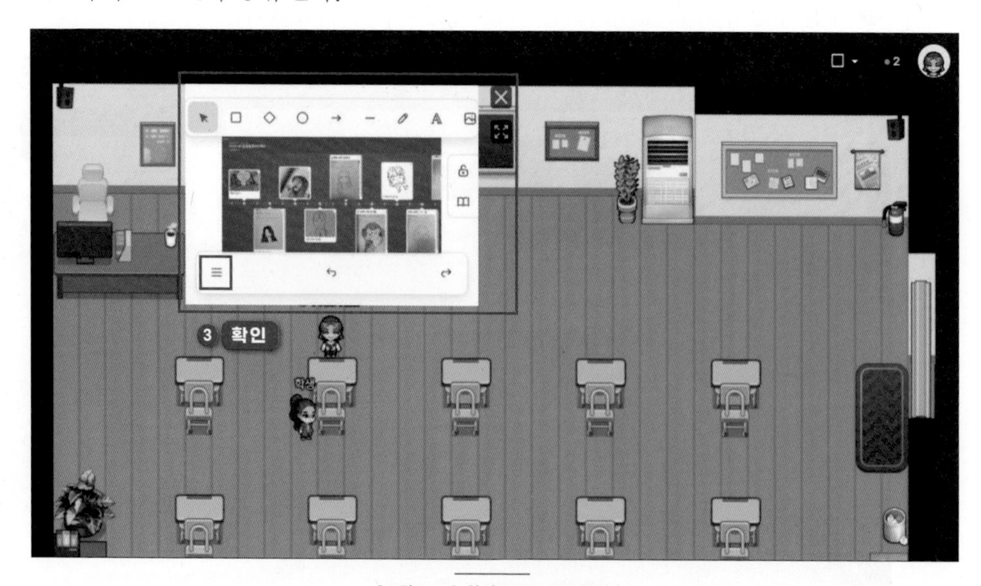

[그림 3-33] 화이트보드 공유하기

(5) 포털

❶ [하단 메뉴] 〉 미디어 추가 [미디어 추가] 팝업창에서 ❷ [포털]을 클릭한다.

❸ [포털 선택하기] 팝업창에서 미리 만들어 놓은 스페이스나 맵을 선택한다.

[그림 3-34] 포털 선택하기

❹ 아바타를 [포털]로 이동시킨다.

[그림 3-35] 포털 오브젝트로 이동하기

❺ [맵으로 가기] 팝업 아이콘 클릭한다.

❻ 아바타가 ❸ [포털 선택하기]에서 선택한 맵으로 이동한다.

[그림 3-36] ZEP 미팅룸으로 이동하기

TIP 파일 도구: 파일을 삽입할 수 있고, 일정 시간이 지나면, 파일은 더 이상 다운로드 할 수 없어요. 임시 임베딩 기능 (일정 시간 이후 삭제)

포털 활용하는 방법

(6) 스크린샷

❶ [하단 메뉴] 〉 [미디어 추가] 팝업창에서 ❷ [스크린샷]을 클릭한다.

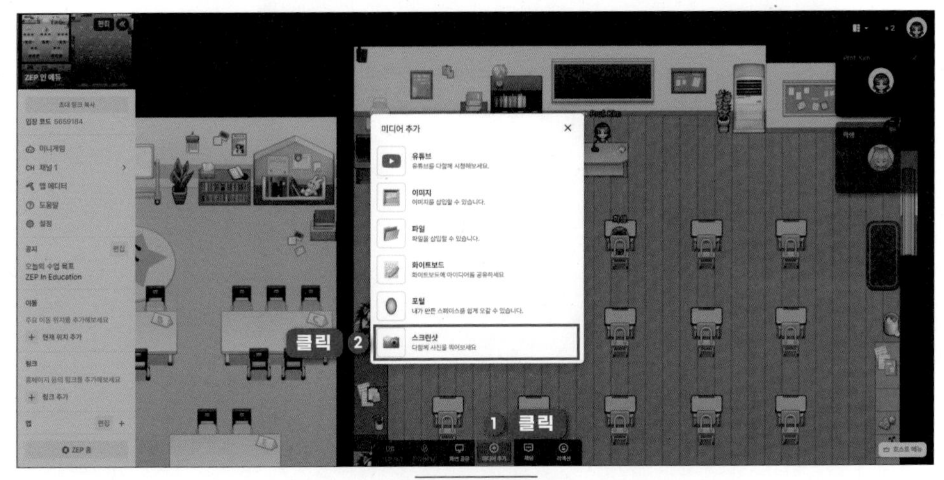

[그림 3-37] 스크린샷 찍기

❸ [zep.png] 그림 파일을 클릭하고 저장한다.

[그림 3-38] png 그림 파일로 저장하기

❹ 스크린샷 된 [zep.png] 파일을 확인한다.

[그림 3-39] 스크린샷 확인하기

TIP 스크린 샷 도구: 스크린샷을 클릭하여 스페이스에서의 모습을 사진으로 남길 수 있어요. 다함께 사진을 찍어보세요!

젭(ZEP) 스페이스 만들기

미리 캔버스, 캔바, 비트모지, 3D 메타버스, 아이코그램, 픽사베이등을 이용하여 나만의 멋진 ZEP 스페이스를 만들어 본다. 먼저, 어떤 콘셉트와 디자인의 스페이스를 만들지 구상을 하고 목표를 세운다. 여러분들과 함께 만들 스페이스는 '오피스', '강의실', '갤러리', '퀴즈! 골든벨 강당', 'OX 퀴즈 운동장'이 있는 '학교'를 만들어 본다.

❶ 나만의 오피스 만들기 ❷ 강의실 만들기 ❸ 갤러리 만들기
❹ 퀴즈! 골든벨 강당 만들기 ❺ OX 퀴즈 운동장이 있는 학교 만들기

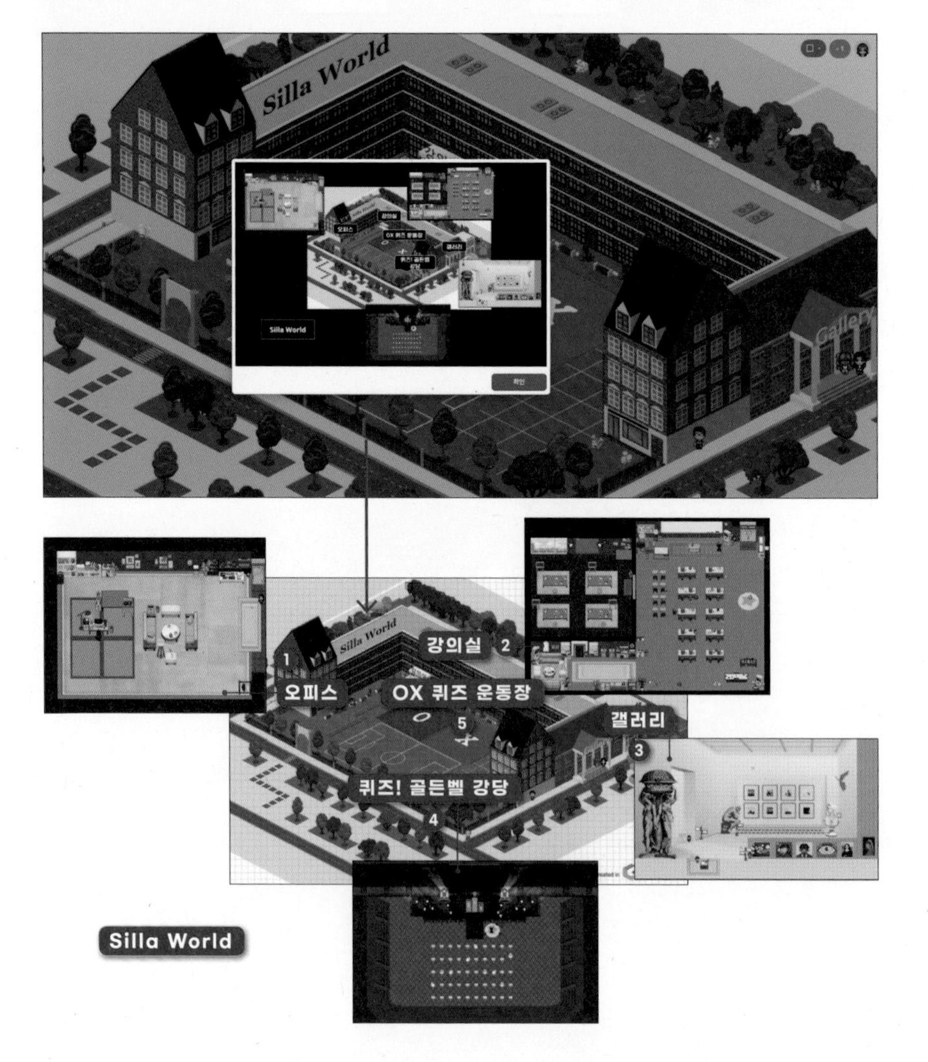

01. 맵 에디터 매뉴얼

1 ZEP 스페이스 만들기 매뉴얼

① 스페이스의 콘셉트와 디자인을 계획한다.

② ZEP(zep.us) 홈페이지 접속 후, [에셋 스토어]에서 필요한 [맵], [앱], [미니게임], [오브젝트]를 다운로드한다. 다운로드한 맵, 앱, 미니게임, 오브젝트는 [구매한 에셋]에서 확인할 수 있다.

③ 홈페이지에서 [+스페이스 만들기]를 클릭한다.

④ [템플릿 고르기] 팝업창에서 템플릿을 선택하거나 [빈 맵에서 시작하기]를 클릭한다.

⑤ [스페이스 설정] 팝업창에서 '스페이스 이름'을 입력하고, '태그'를 선택하고 [만들기]를 클릭한다. '비밀번호' 설정과 '검색 허용' 활성화는 선택 사항이다.

⑥ 아바타가 선택한 스페이스에 입장한다.

⑦ 왼쪽 [사이드 바] 메뉴에서 [맵 에디터] 클릭한다.
맵 에디터를 실행하여 맵을 제작하고 수정한다.

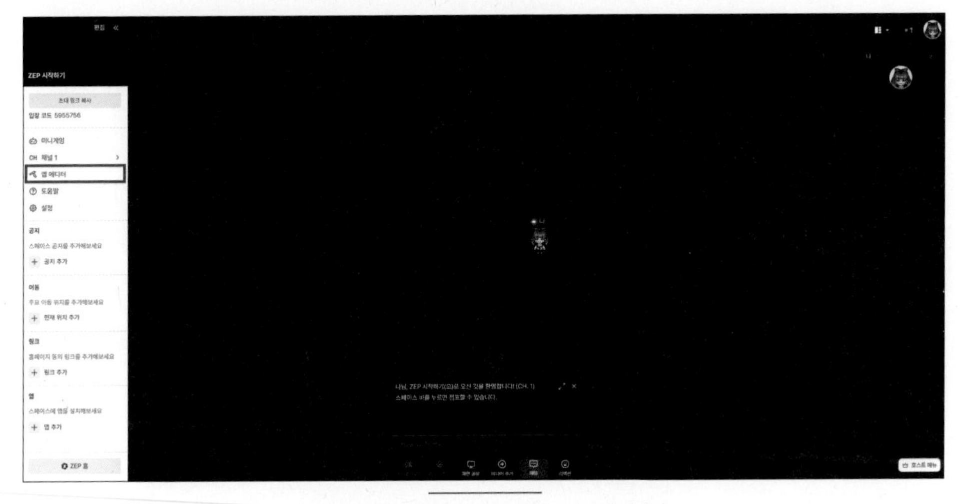

[그림 1-1] 플레이 화면 – 왼쪽 사이드 바 – 맵 에디터

2 맵 에디터 화면 구성

[그림 1-2] 맵 에디터 화면

❶ 상단 툴바: 맵을 제작할 때 필요한 만들기 도구이다.
바닥, 벽, 오브젝트, 상단 오브젝트, 타일 효과, 도장, 지우개, 화살표, 스포이드, 되돌리기, 다시하기, 맵 크기 조정 기능이 있다.

❷ 맵: 맵을 만드는 공간이다.

❸ 오브젝트 속성: [상단 툴바]를 선택하면 해당되는 오브젝트 속성들이 표시되는 창이다.

❹ 맵 관리자: 맵 설정, 맵 복사, 맵 엔트리, 새 맵을 '추가/삭제'하는 기능이다.

❺ [상단 툴바]에서 [도장]을 클릭한다. 도장 크기는 1x, 2x, 4x 선택 가능하다.

❻ 키보드 단축키: 에디터 단축키 가이드를 확인할 수 있다.

❼ 스페이스 설정: 스페이스 정보를 설정하는 도구이다.

❽ 저장: 맵을 저장한다.

❾ 플레이: 맵을 실행한다.

[상단 툴바] 기능(괄호는 단축키)

❶ 바닥(1) : 바닥 만들기 도구이다.

❷ 벽(2): 벽 만들기 도구. 아바타는 벽을 통과할 수 없다.

❸ 오브젝트(3): 맵을 꾸밀 수 있는 도구들. 오브젝트 앞으로 아바타가 지나간다.

❹ 상단 오브젝트(4): 오브젝트와 같은 역할을 한다. 상단 오브젝트를 선택하면 아바타는 상단 오브젝트 뒤쪽으로 지나간다.

❺ 타일 효과(5): 타일에 스폰, 포털 지정 영역, 스포트라이트, 프라이빗 효과를 만들 수 있는 도구이다.

❻ 도장(Q): 바닥, 벽, 오브젝트, 상단 오브젝트 효과를 설치하는 도장이다.

❼ 지우개(W): 설치된 바닥, 벽, 오브젝트, 상단 오브젝트, 타일 효과를 제거하는 기능을 한다.

❽ 화살표(E): 전체 맵의 위치를 이동시키는 도구이다.

❾ 스포이드(R): 맵에 설치되어 있는 오브젝트와 타일을 복사하는 도구이다.

❿ 되돌리기: 이전 상태로 되돌릴 수 있다.

⓫ 다시하기: 되돌린 이전 상태를 다시 취소할 수 있다.

⓬ 맵 크기 조정: 맵 크기를 설정한다.

타일 효과 종류

- 통과불가(A) : 아바타가 통과할 수 없는 영역을 지정해요.
- 스폰(S) : 아바타가 생성되는 영역을 지정해요.
- 포털(D) : 아바타가 다른 맵이나 스페이스로 이동할 수 있어요.
- 지정 영역(F) : 아바타가 지정한 영역으로 이동할 수 있어요.
- 프라이빗 공간(Z) : 프라이빗한 공간을 만들어 우리끼리만 이야기할 수 있어요.
- 스포트라이트(X) : 내 비디오와 오디오가 맵 전체에서 보이고 들려요.
- 유튜브(C) : 유튜브를 임베드할 수 있어요.
- 웹 링크(V) : 웹링크를 임베드할 수 있어요.
- 배경 음악(B) : 특정한 장소에 배경 음악을 임베드할 수 있어요.

3 스페이스 디자인 계획안

스페이스 콘셉트와 디자인을 먼저 생각한다.

스페이스를 만들기 전, [에셋 스토어]에서 콘셉트에 맞는 아이템을 다운로드한다!

스페이스 이름	
목 표	

	활 동	메 모
구매 목록	□ 맵: □ 앱: □ 미니게임: □ 오브젝트:	
스페이스 내용	□ □ □ □ □	
콘셉트	□	
활용 툴	□	
key words		
평가		☆ ☆ ☆ ☆ ☆

02. 나만의 오피스 만들기 (비트모지, 픽사베이, 미리캔버스 활용하기)

1 오피스 디자인 계획안

스페이스 이름	K 교수의 오피스
목 표	나만의 오피스를 구상하고 꾸민다.

	활 동	메 모
구매 목록	□ **맵**: 사무실 □ **앱**: 일정, 빠른 메모 □ **오브젝트**: 오피스에 필요한 오브젝트 스칸디나비아 하우스 오브젝트, 오피스 고급 오브젝트 세트, 학교 휴게실 오브젝트 세트, 차분한 인테리어 세트, 오피스 장식 세트, 사무실, 오피스 오브젝트 세트 2, 촬영 스튜디오 오브젝트 세트, 행사 가이드 캐릭터	무료 아이템 at 에셋 스토어
스페이스 내용	□ 나만의 공간을 개성 있게 꾸미기 □ 에디터 - 바닥, 벽, 오브젝트 □ 타일 효과 - 통과 불과 영역 지정, 스폰 □ 배경음악 - 픽사베이에서 무료 음악 다운로드 □ 오브젝트 - 이미지 팝업	
콘셉트	□ 편안하고 밝은 분위기의 오피스	
활용 툴	□ 비트모지, 픽사베이, 미리캔버스	비트모지 - 아바타 픽사베이 - 배경음악 미리캔버스 - 이미지
key words	오피스, 소모임, 회의, 나만의 오피스 꾸미기, 스폰, 통과 불과	
평가	참 잘했어요!	☆☆☆☆☆

2 에셋 스토어 둘러보기

❶ ZEP 홈페이지에서 ❷ [에셋 스토어]를 클릭한다.

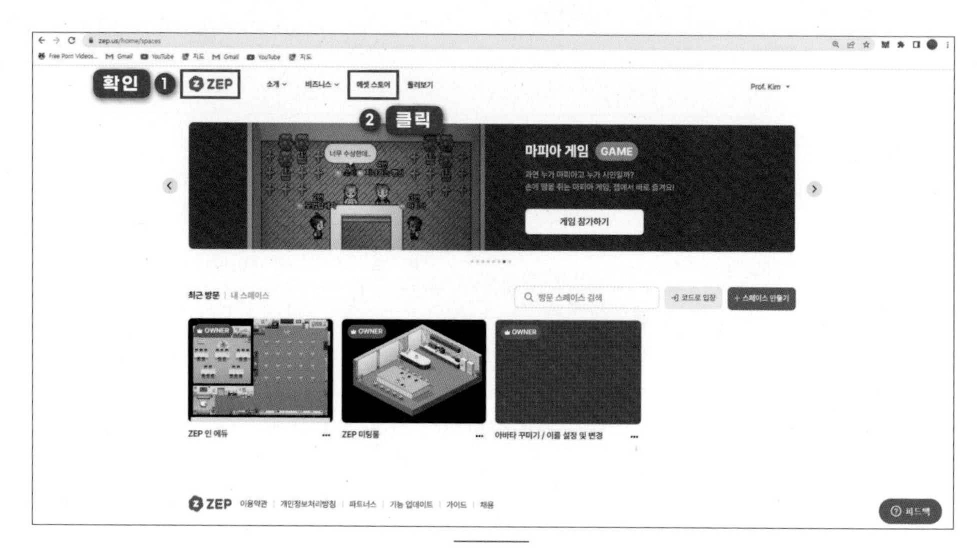

[그림 2-1] 홈페이지

❸ 상단 전체 메뉴를 확인한다.

[그림 2-2] 에셋 스토어

❹ [오브젝트] 〉 ❺ 오피스 꾸미는 데 필요한 오브젝트 선택 〉 ❻ 다운로드한다.

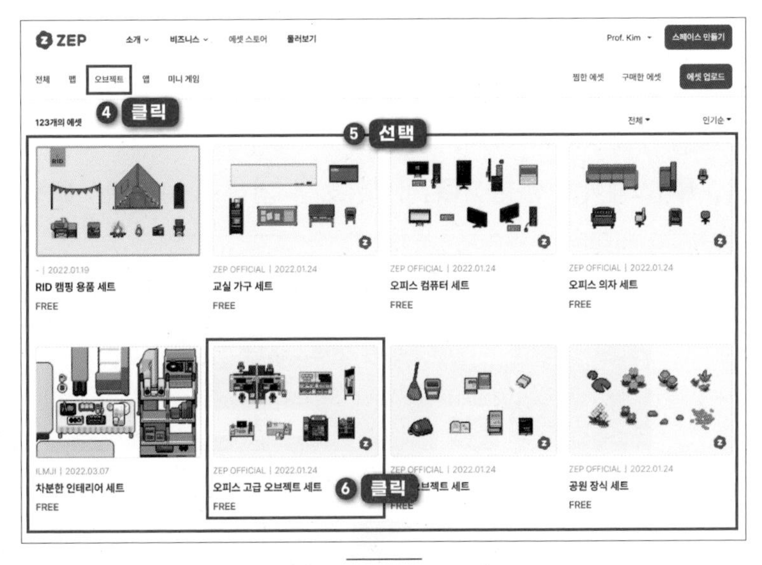

[그림 2-3] 오브젝트 선택하기

❼ [사용하기]를 클릭하여 다운로드한다. 필요한 오브젝트를 모두 다운로드한다.

❽ [구매한 에셋]에서 다운로드한 오브젝트를 확인할 수 있다.

[그림 2-4] 오브젝트 사용하기

3 스페이스 만들기부터 꾸미기까지

(1) + 스페이스 만들기

❶ [ZEP 홈페이지] 〉 ❷ [+ 스페이스 만들기] 〉 ❸ [템플릿 고르기] 〉 ❹ 원하는 템플릿 선택 〉 ❺ [스페이스 설정] 〉 ❻ [비밀번호]와 [검색 허용] 선택 〉 ❼ [만들기] 클릭

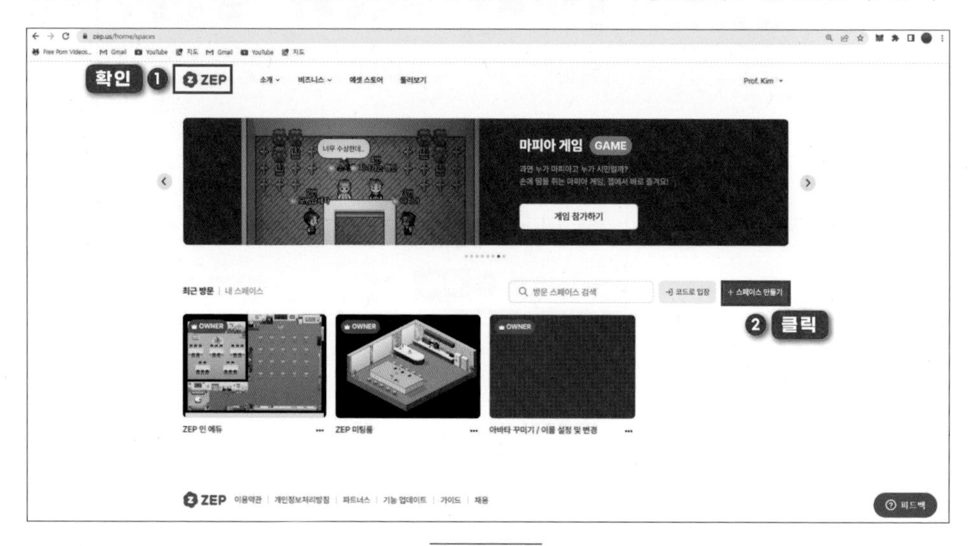

[그림 2-5] 홈페이지

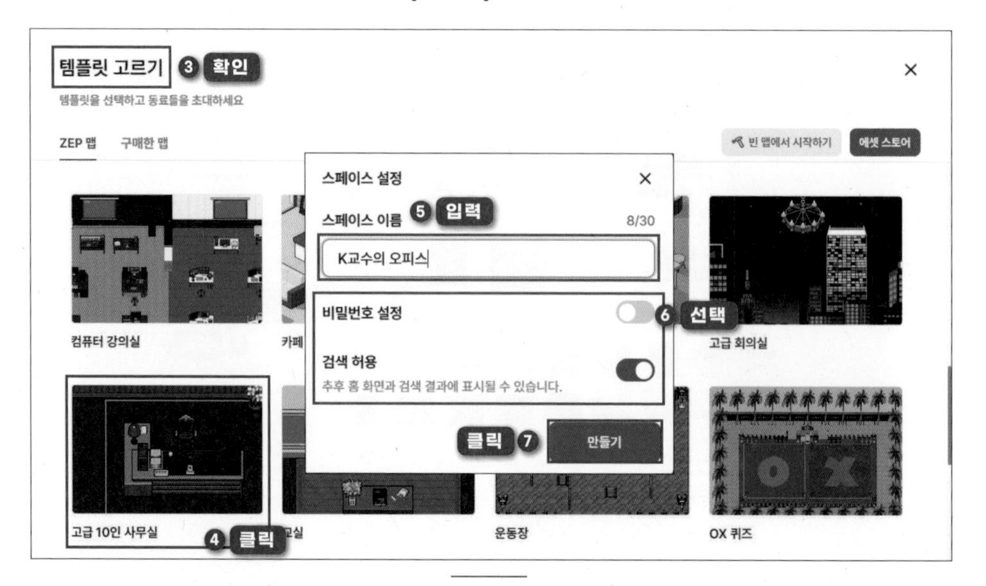

[그림 2-6] 템플릿 고르기

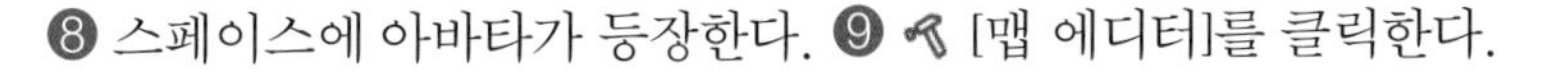

❽ 스페이스에 아바타가 등장한다. ❾ [맵 에디터]를 클릭한다.

[그림 2-7] 스페이스에 입장한 아바타

(2) 타일 효과 지우기

ZEP에서 제공하는 템플릿을 사용할 경우, 타일 효과를 지우고 맵을 제작한다.

[상단 툴바]에서 ❶ [타일 효과]와 ❷ [지우개]를 클릭한다. ❸ [도장 크기]를 선택한다. ❹ 타일 효과를 지운다. ❺ 타일 효과가 삭제된 공간을 확인한다.

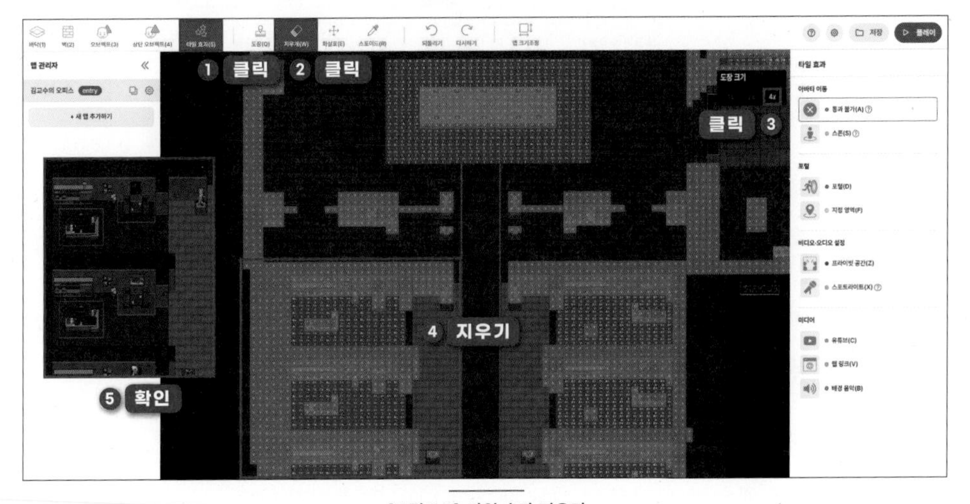

[그림 2-8] 타일 효과 지우기

(3) 바닥

❶ [바닥] 〉 ❷ [도장] 〉 ❸ [도장 크기] 선택 〉 ❹ [오브젝트 속성]에서 '바닥' 선택 〉 ❺ 맵에서 바닥 설치(가로 39 x 세로 19) 〉 ❻ 저장한다.

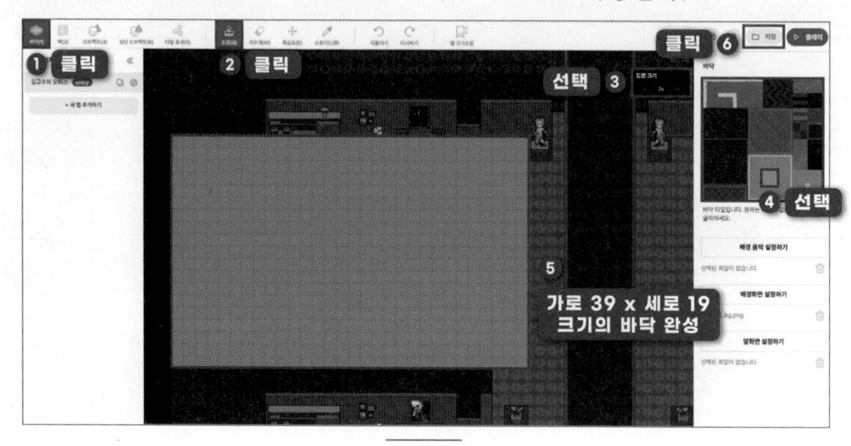

[그림 2-9] 바닥 설치하기

TIP 바닥 크기는 원하는 대로 선택해요.

- 1타일은 32*32px, 너비와 높이는 각 512개(16,384*16,384px)가 넘지 않는 것을 권장한다.

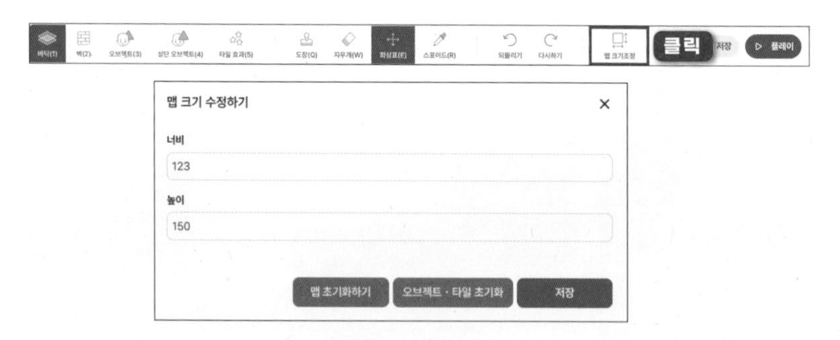

- 상단 메뉴에서 오른쪽의 [맵 크기 조절] 아이콘 클릭 - 너비와 높이에 원하는 숫자를 적어 준다. (타일 단위) - [저장]을 눌러서 저장

- 맵 초기화와 오브젝트, 타일 초기화란?

말 그대로 맵을 초기화하고 오브젝트와 타일을 초기화해요.

초기화 시 되돌리기가 불가능하니 꼭 필요할 때만 사용해 주세요.

(4) 벽

❶ [벽] 〉 ❷ [도장] 〉 ❸ [오브젝트 속성]에서 벽 선택(외벽과 내벽) 〉 ❹ 맵에서 벽 설치 〉 ❺ 저장한다.

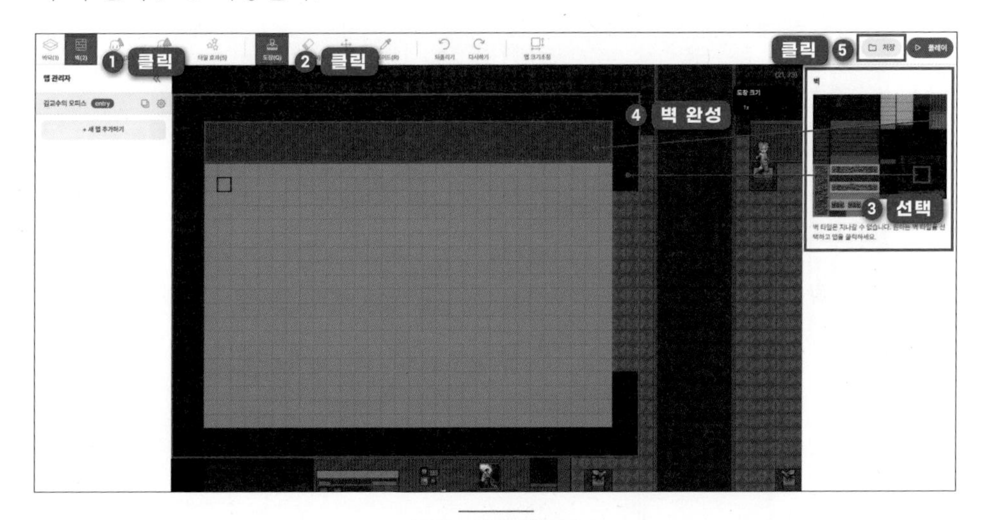

[그림 2-10] 벽 설치하기

(5) 오브젝트로 맵 꾸미기

❶ [오브젝트] 〉 ❷ [도장] 〉 ❸ [오브젝트 속성] 창에서 오브젝트 선택 〉 ❹ [방향 조절] 〉 ❺ [크기 조절] 〉 ❻ 맵에 오브젝트 설치 ❼ 저장한다.

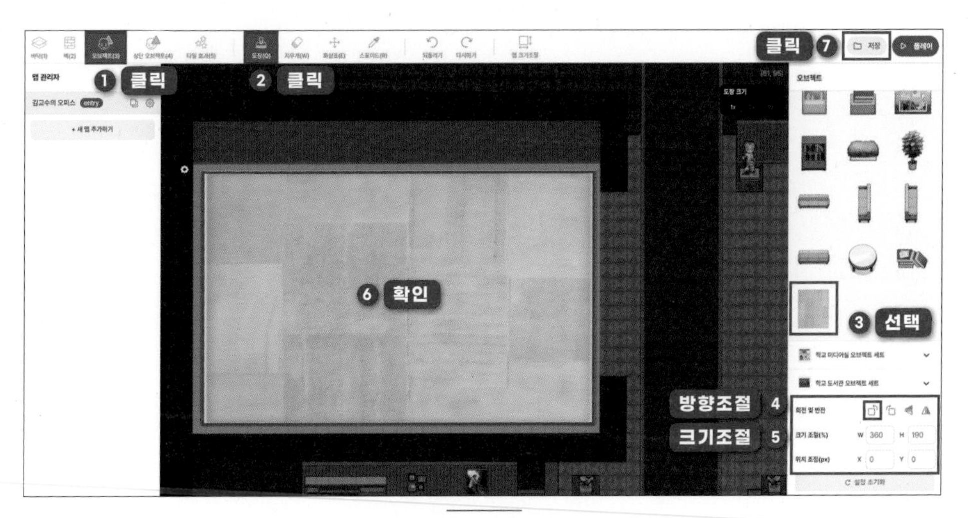

[그림 2-11] 오브젝트 설치하기

(6) 꾸미기 완성

오브젝트를 사용하여 개성 있는 나만의 오피스를 꾸미고 저장한다.

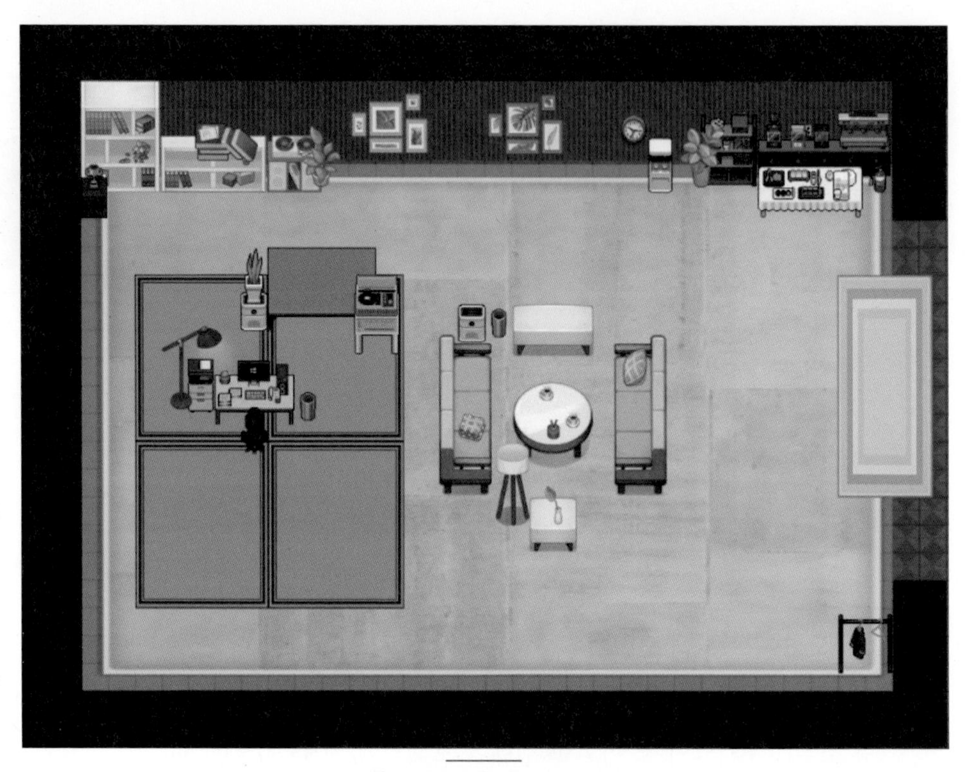

[그림 2-12] 오브젝트로 오피스 꾸미기

4 아바타가 통과할 수 없는 영역, 통과 불가

[상단 툴바]에서 ❶ [타일 효과]와 [도장]을 클릭한다. ❷ 오른쪽 타일효과 속성에서 [통과불가]를 클릭한다.

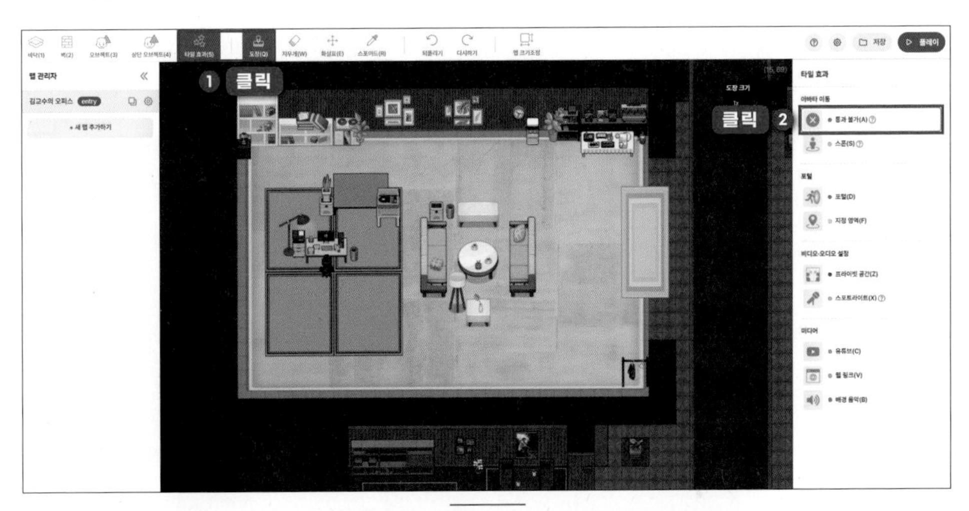

[그림 2-13] 타일 효과 - 통과 불과

❸ 맵에서 아바타가 통과할 수 없는 곳은 모두 클릭하고 ❹ 저장한다.

[그림 2-14] 통과 불가 타일 설치하기

5 아바타 입장하는 장소, 스폰

아바타가 플레이 화면에 처음 등장하는 스폰(S) 장소를 지정한다.

❶ [타일 효과] 〉 [도장] 〉 ❷ [스폰] 〉 ❸ 스폰 장소 클릭 〉 ❹ 저장 [저장] 〉 ▷ 플레이 [플레이] 한다.

[그림 2-15] 스폰 영역 지정하기

❺ 플레이 화면에서 스폰을 지정한 장소에 아바타가 등장한다.

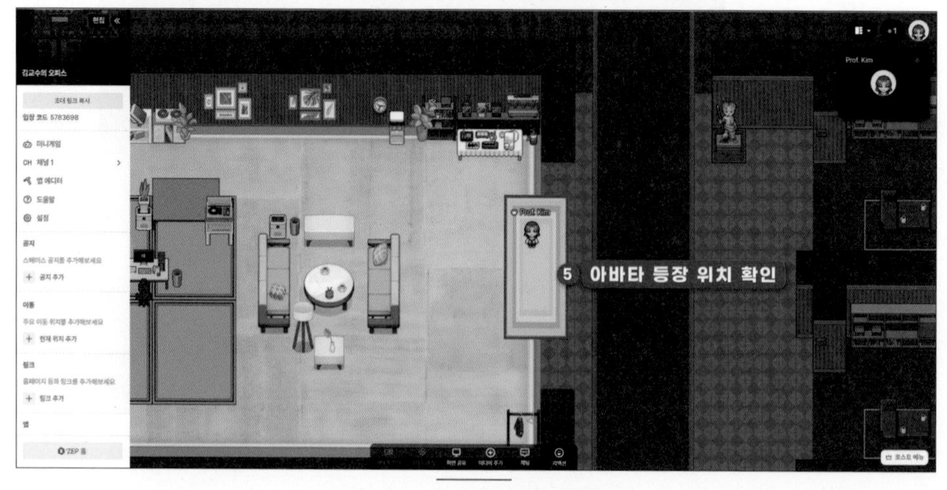

[그림 2-16] 스폰 지정한 곳에 아바타 등장

6 배경 음악 설정하기 (픽사베이)

(1) 픽사베이 가입하고 무료 음악 다운로드하기

❶ 주소창에 'pixabay.com' 입력하고 ❷ [가입]을 클릭한다.

❸ 팝업창에 [사용자 이름], [이메일], [비밀번호]를 입력하고 가입한다.

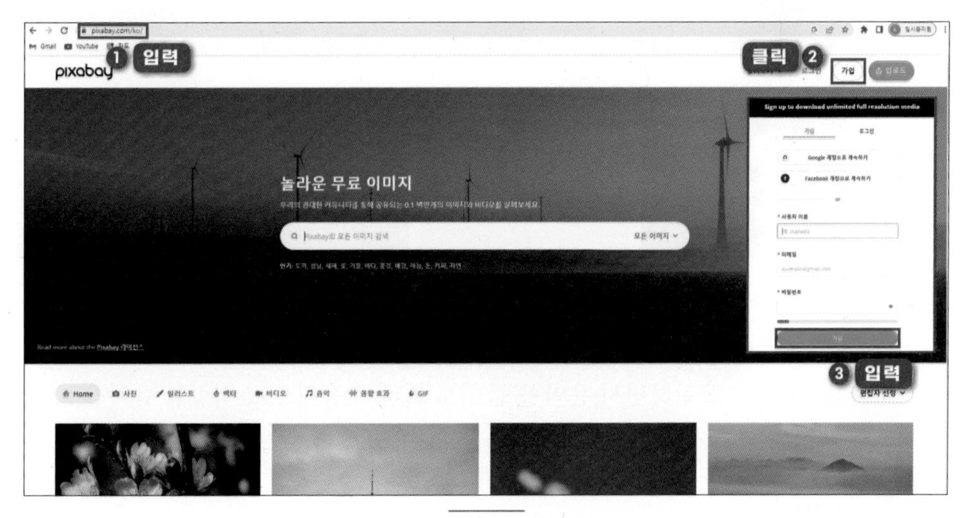

[그림 2-17] 픽사베이 홈페이지

❹ [계속하려면 이메일 확인하세요] 팝업창을 확인한다.

❺ 가입한 이메일에서 [이메일 확인]을 클릭한다.

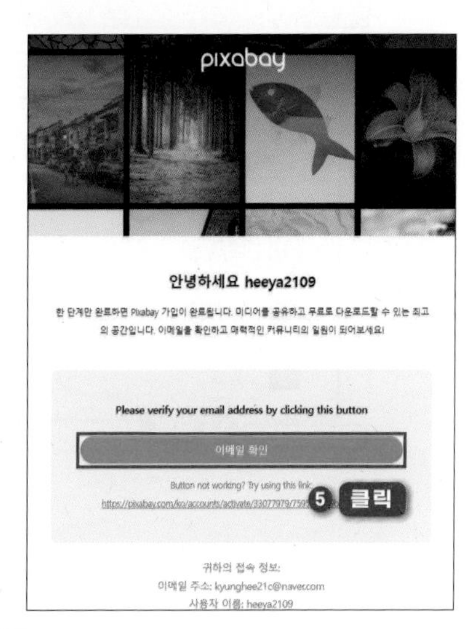

[그림 2-18] 이메일로 가입하기

[픽사베이 홈페이지]에서 ❻ [음악]을 클릭한다.

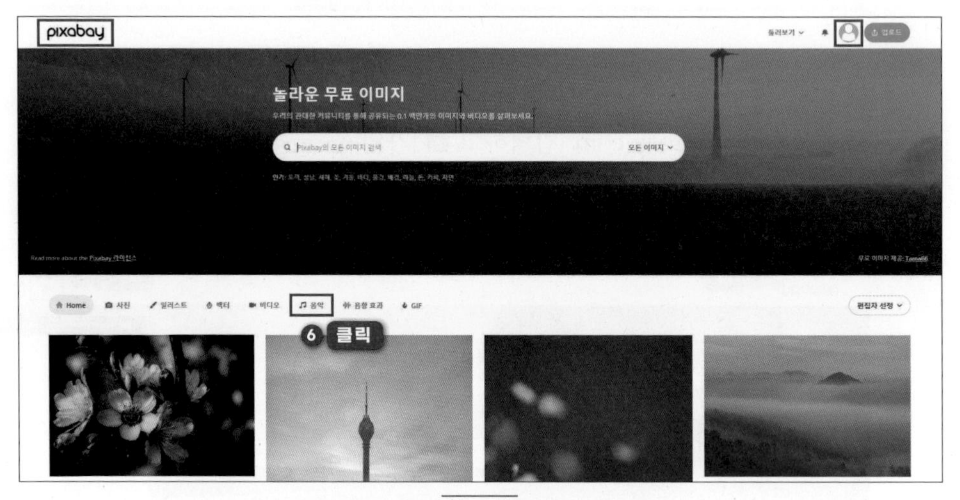

[그림 2-19] 픽사베이 홈페이지에서 음악 선택하기

▶ [플레이]를 클릭하면서 음악을 들어보고 배경 음악으로 적합한 음악을 [선택]한다. ❼ 선택한 음악을 다운로드한다. ❽ 음악 파일을 PC에 저장한다.

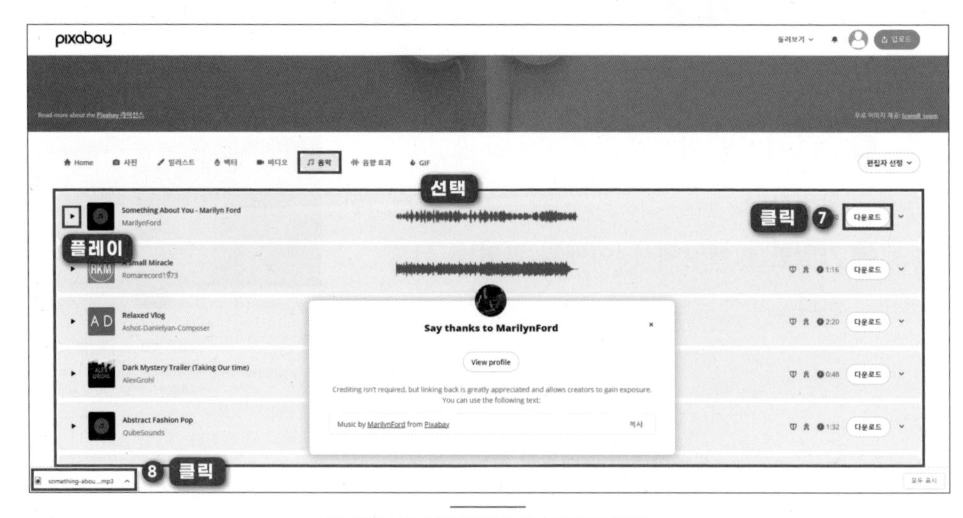

[그림 2-20] 픽사베이에서 음악 다운로드하기

(2) 맵에서 배경 음악 설정하기

❶ [맵 에디터]

[그림 2-21] 맵 에디터

❷ 상단 툴바에서 [바닥]을 클릭한다. ❸ 오른쪽 바닥 속성에서 [음향 파일 설정]을 클릭한다. ❹ [픽사베이]에서 다운받은 음악 파일을 선택한다. ❺ 음악파일 업로드를 확인한다. ❻ 저장하고 플레이한다.

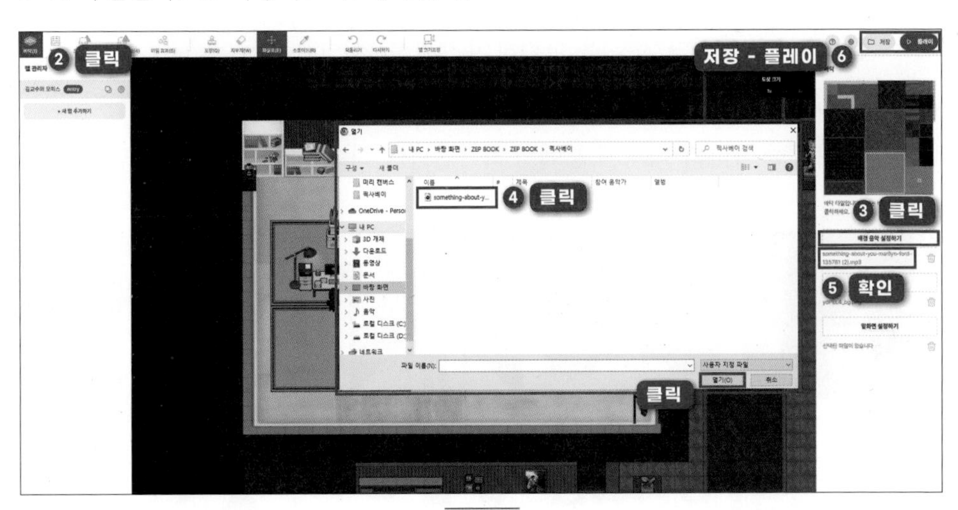

[그림 2-22] 배경 음악 설정하기

7 나의 이미지 팝업 (비트모지와 미리캔버스)

(1) Bitmoji 비트모지 앱으로 아바타 이미지 만들기

❶ 스마트폰 앱 마켓에서 [비트모지(Bitmoji)]를 설치한다.

❷ [아바타 만들기]를 클릭한다.

❸ [이메일]과 [비밀번호]로 가입하고 로그인한다.

❹ 셀카 [계속하기]를 선택한다.

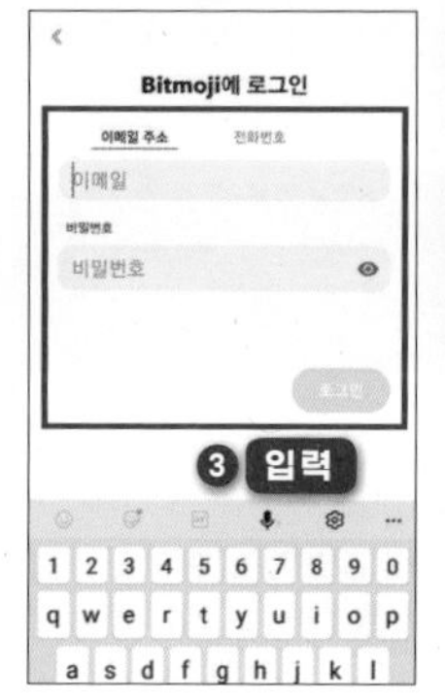

[그림 2-23] 비트모지 설치 및 로그인하기

❺ [앱 사용 중에만 허용]을 클릭하여 셀카를 찍는다.

❻~❽ 헤어스타일부터 의상까지 아이템을 선택하여 아바타를 완성한다.

❾ 다양한 아바타 이미지 중에서 하나를 선택하여 내 PC에 다운로드한다.

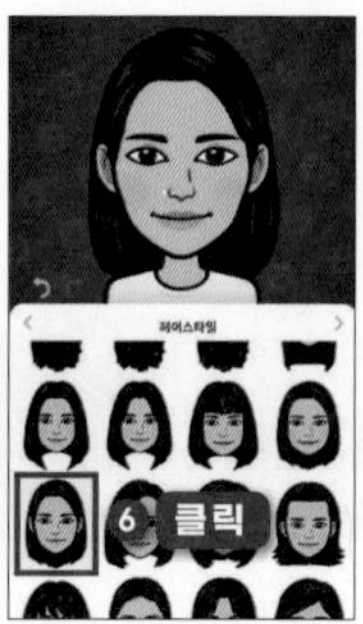

[그림 2-24] 비트모지 아바타 만들기

[그림 2-25] 비트모지 공유하기

(2) 미리캔버스 회원 가입

❶ 주소창에 www.miricanvas.com을 입력한다.

❷ [5초 회원 가입]을 클릭한다.

❸ 카카오, 네이버, 구글, 페이스북, 웨일로 가입이 가능하다.
[이메일로 로그인] 클릭한다.

❹ 이름, 이메일, 비밀번호를 입력한다.

❺ [이용 약관]에 동의하고 [무료 회원 가입]을 클릭한다.

[그림 2-26] 미리캔버스 홈페이지

[그림 2-27] 회원 가입

❻ 입력한 이메일에서 [이메일 인증하기]를 클릭한다.

❼ [인증 성공!]을 [확인]한다.

[그림 2-28] 미리캔버스 회원 인증하기

❽ 미리캔버스 홈페이지에서 [바로 시작하기]를 클릭한다.

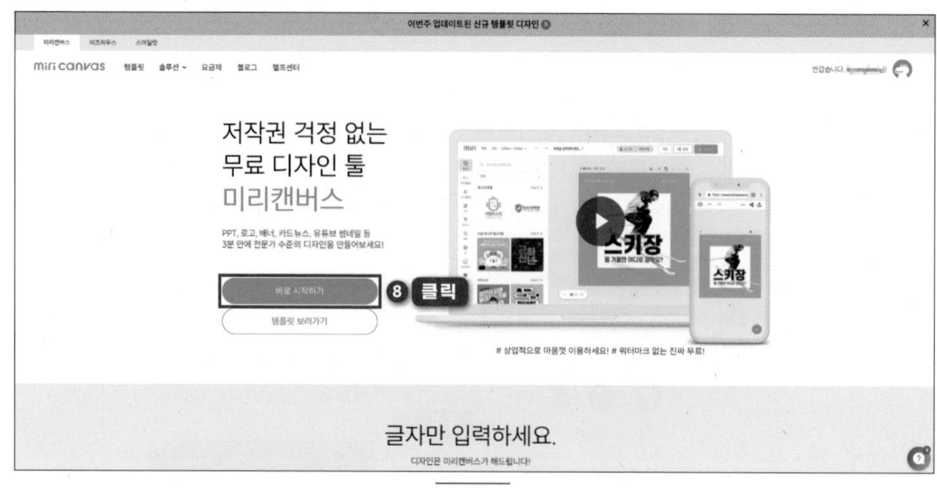

[그림 2-29] 미리캔버스 바로 시작하기

(3) 미리캔버스에 비트모지 이미지 업로드하기

❶ 왼쪽 사이드 바에서 [업로드]를 클릭한다. ❷ 업로드 ... [업로드] 아이콘을 클릭하여 내 PC에 다운로드한 ❸ [비트모지] 이미지를 선택한다. ❹ 워크보드에 삽입한다.

[그림 2-30] 비트모지 스티커 업로드하기

❺~❻ [텍스트] 〉 [스타일] 〉 [로고/타이틀]에서 텍스트 오브젝트를 선택한다. ❼ 텍스트 오브젝트를 입력하고 꾸민다. ❽~❾ 제목을 입력하고 다운로드한다.

[그림 2-31] 나만의 오피스를 소개하는 이미지 만들기

(4) 나의 오피스 이미지 팝업하기

❶ [맵 에디터]를 클릭한다.

[그림 2-32] 맵 에디터

❷ [오브젝트] 〉 [도장] 〉 ❸ '행사 가이드 캐릭터' 오브젝트를 선택한다.

❹ 맵에 오브젝트를 설치한다.

[그림 2-33] 이미지 팝업을 위한 오브젝트 선택하기

❺ '행사 가이드 오브젝트'의 톱니바퀴를 클릭한다. ❻ [오브젝트 설정] 〉 [유형] 〉 [이미지 팝업]을 선택한다. ❼ [이름(선택 사항)] 'K 교수의 오피스에 오신 것을 환영합니다'를 입력한다. ❽ [이미지 파일] 〉 [파일 선택]을 클릭한다. ❾ [미리캔버스]에서 작업하고 내 PC에 다운로드한 [이미지 파일]을 선택한다. ❿ [실행 방법] 〉 [F키를 눌러 실행]을 클릭한다. ⓫ 저장 [저장] 〉 플레이 [플레이] 한다.

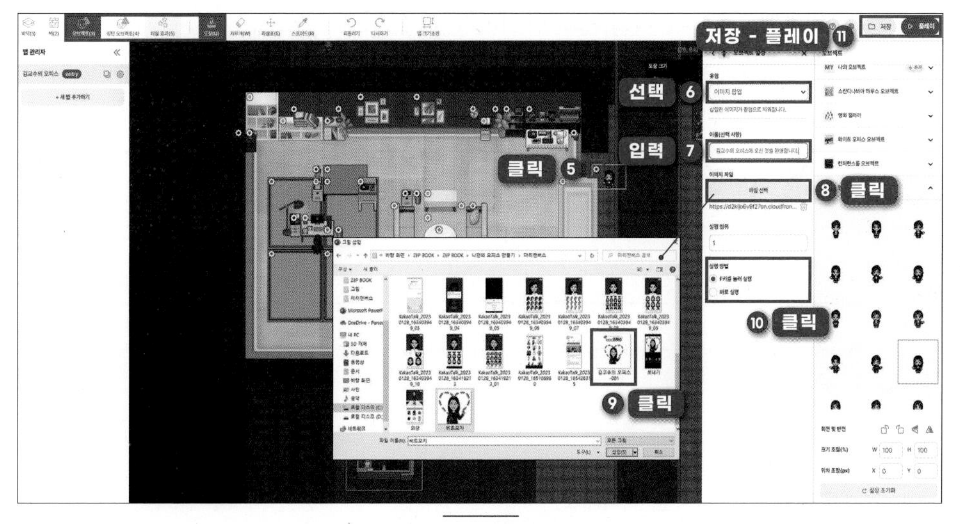

[그림 2-34] 오브젝트 설정하기

⓬ [플레이 화면]에서 [F 버튼]을 클릭하면 ⓭ 업로드한 이미지 팝업창이 나타난다.

나만의 오피스에
방문하기

[그림 2-35] 이미지 팝업 완성하기

03. 강의실 만들기 (미리캔버스 활용하기)

1 강의실 디자인 계획안

스페이스 콘셉트와 디자인을 먼저 생각해 본다.

에셋 스토어에서 무료 아이템을 '구매'한다.

스페이스 이름	
목 표	

	활 동	메 모
구매 목록	□ 맵: □ 앱: □ 미니게임: □ 오브젝트:	
스페이스 내용	□ □ □ □ □	
콘셉트	□	
활용 툴	□	
key words		
평가		☆ ☆ ☆ ☆ ☆

스페이스 이름	K 교수의 강의실
목 표	학생들과 수업할 강의실을 만들고 다양한 타일 효과를 학습한다.

	활 동	메 모
구매 목록	☐ **맵**: 학교 교실 ☐ **앱**: 출석 체크, 스탬프 앱, 추첨 앱 ☐ **오브젝트**: 강의실에 필요한 모든 오브젝트 교실 가구 세트, 교실 오브젝트, 오피스 오브젝트 (2), 대학 강의실 세트, 오피스 고급 오브젝트 세트, 학교 교실 오브젝트 세트, 오피스 의자 세트, 학교 휴게실 오브젝트 세트, 학교 도서관 오브젝트 세트, 촬영 스튜디오 오브젝트 세트, 워드아트 네온, 레몬 옐로우 원룸 세트 등등	무료 아이템 at 에셋 스토어
스페이스 내용	☐ 수업 활동에 필요한 타일 효과 사용하기 ☐ 맵 에디터 - 바닥, 벽, 오브젝트 ☐ 타일 효과 - 포털, 지정 영역, 프라이빗 공간, 스포트라이트, 스폰 ☐ 오브젝트 - 소그룹 회의실 이미지 팝업	
콘셉트	☐ 소그룹 활동과 자유로운 공간 이동이 가능한 강의실	
활용 툴	☐ 미리캔버스	
key words	강의실, 소그룹, 수업, 개성 있는 강의실 꾸미기, 포털, 지정 영역, 프라이빗 공간, 스포트라이트	
평가	와우… 수고했어요!	☆☆☆☆☆

2 에셋 스토어에서 쇼핑과 스페이스 만들기

TIP 강의실 만들기 전 [에셋 스토어]에 방문해서 필요한 오브젝트를 다운로드한다.

[ZEP 홈페이지]에서 ❶ [+ 스페이스 만들기]를 클릭한다. ❷ [템플릿 고르기] 팝업 창에서 ❸ [학교 교실]을 선택한다.

[그림 3-1] 스페이스 만들기

❹ [스페이스 설정] 팝업 창에서 '스페이스 이름'을 입력하고 '비밀번호 설정'과 '검색 허용'을 선택한 후 ❺ [만들기]를 클릭한다.

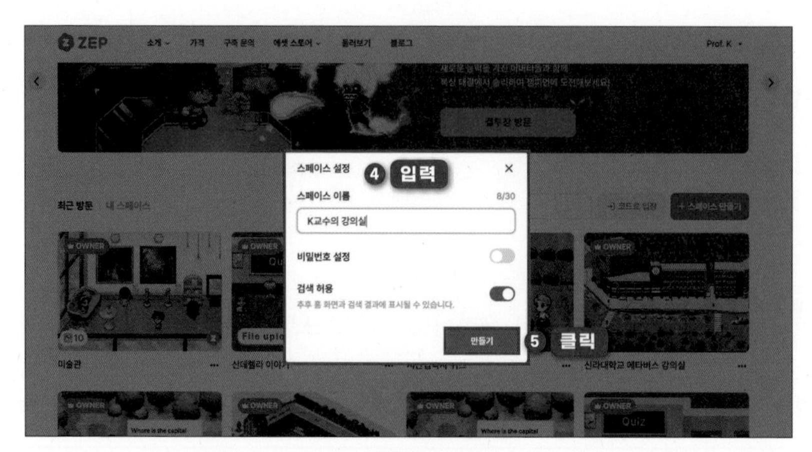

[그림 3-2] 스페이스 설정하기

3 강의실과 소그룹 회의실 꾸미기

맵 꾸미기를 할 때는 언제나 [맵 에디터]를 클릭한다.

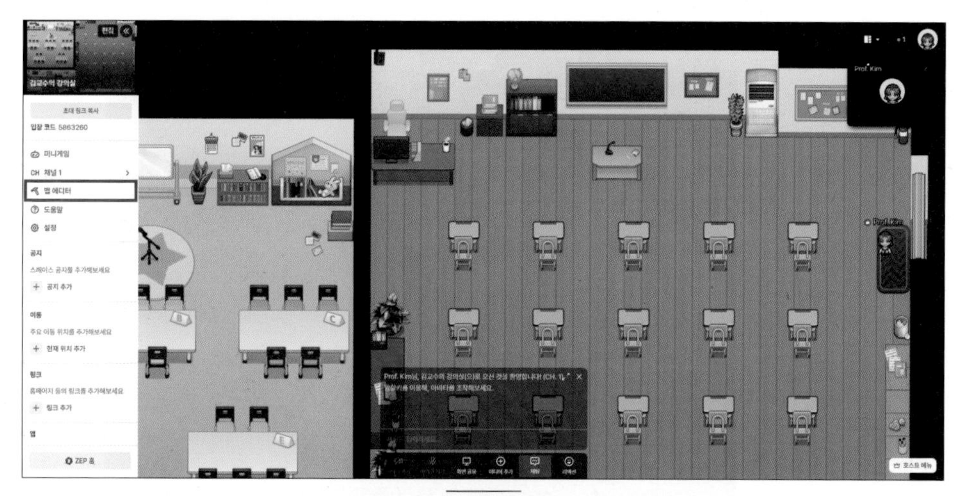

[그림 3-3] 맵 에디터

Ⓐ 강의실과 Ⓑ 소그룹 회의실로 나누어 만들어 본다.

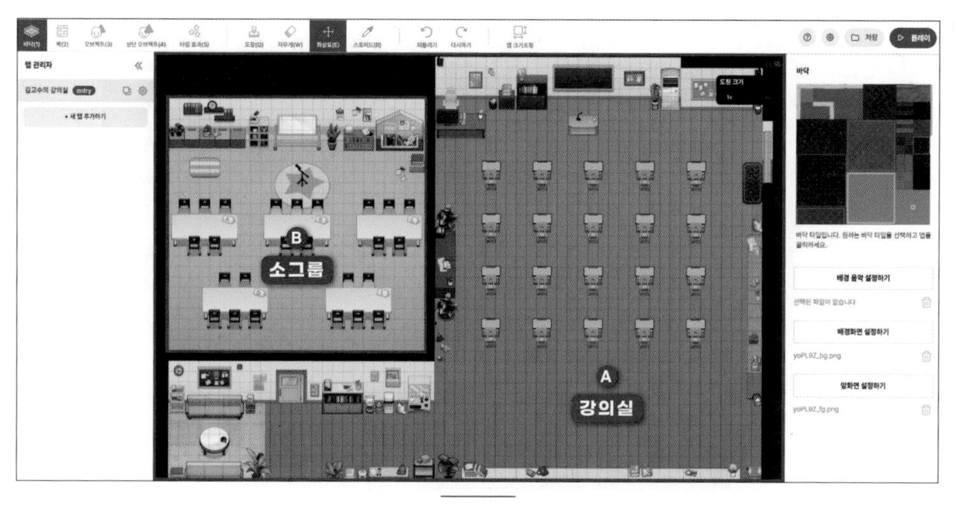

[그림 3-4] 강의실과 소그룹

(A) 강의실

(1) 타일 효과와 오브젝트 지우기

❶ [타일 효과] 〉 [지우개] 〉 ❷ 타일 효과를 지운다.

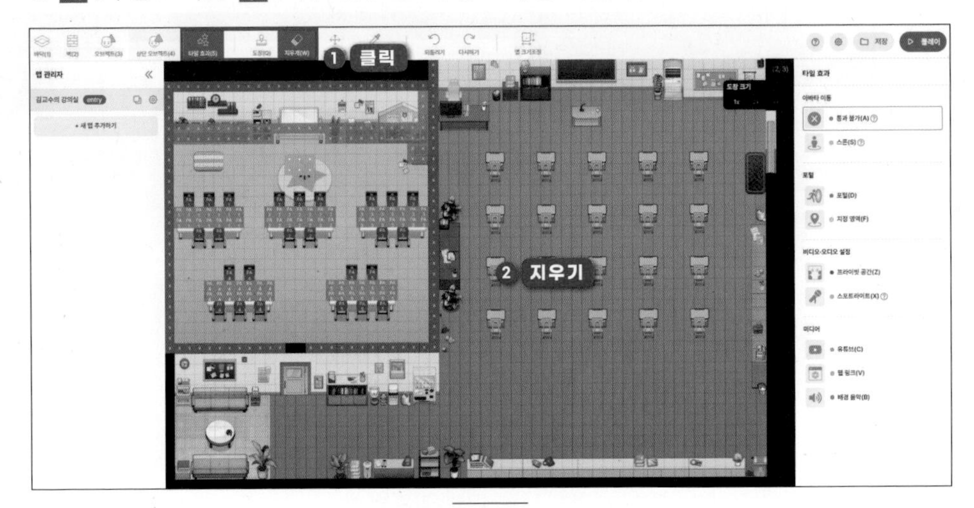

[그림 3-5] 타일 효과 지우기

❸ [오브젝트] 〉 [지우개] 〉 ❹ 오브젝트를 지운다.

[그림 3-6] 오브젝트 지우기

TIP 오브젝트 위치 조정은 어떻게 하나요?

- 오브젝트를 삭제할 때는 ⚙ 톱니바퀴를 클릭해서 삭제한다.

❺ [상단 오브젝트] 〉 [지우개] 〉 ❻ 상단 오브젝트 지우기 〉 ❼ 저장한다.

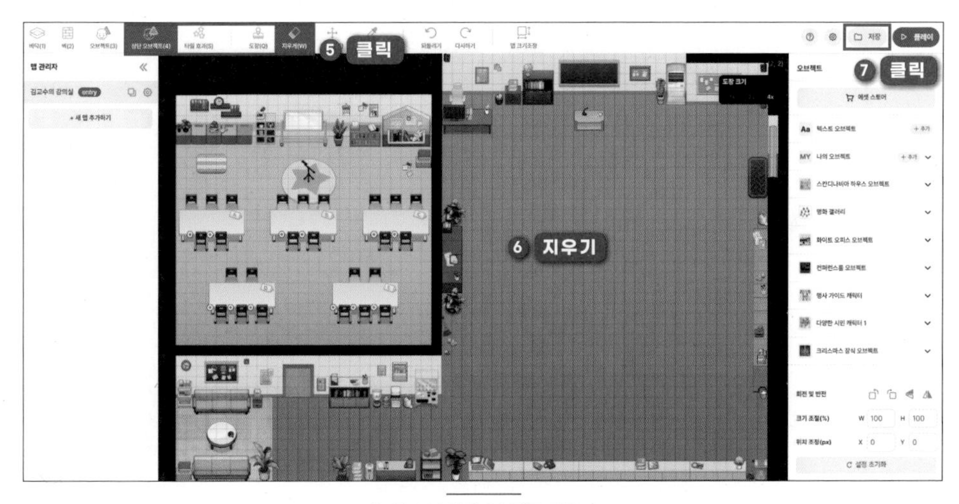

[그림 3-7] 상단 오브젝트 지우기

(2) 바닥

❶ [바닥] 〉 [도장]을 클릭한다. ❷~❸ 바닥 중에서 원하는 모양과 색의 바닥을 클릭한다. ❹ [도장 크기] 선택 〉 ❺ [바닥] 설치 〉 ❻ 저장한다.

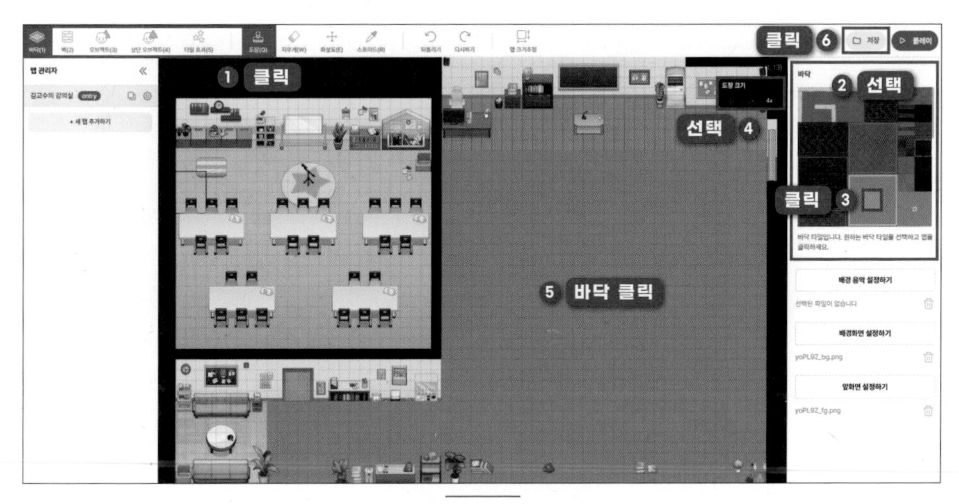

[그림 3-8] 강의실 바닥 설치하기

(3) 벽

❶ 상단메뉴에서 [벽]과 [도장]을 선택한다. 〉 ❷ 오른쪽 속성에서 원하는 벽을 선택하여 클릭한다. ❸ [도장크기]를 선택할 수 있다. ❹ 원하는 위치에 벽을 설치한다. ❺ 저장한다.

[그림 3-9] 강의실 벽 설치하기

(4) 오브젝트

❶ [오브젝트] 〉 [도장] 〉 ❷ [도장 크기] 선택 〉 ❸ '대학 강의실 세트' 오브젝트 선택 〉 ❹ 오브젝트 선택해서 강의실 꾸미기 〉 ❺ 저장한다.

[그림 3-10] 오브젝트로 강의실 꾸미기

(5) 오브젝트 방향과 크기 조절

❶ [오브젝트] 〉 [도장] 〉 ❷ '교실 가구 세트' [오브젝트] 선택 ❸ 오브젝트 [회전 및 반전] 선택 〉 ❹ [크기 조절] W 100 x H 120으로 조절한다. ❺ [맵]에 클릭한다.

[그림 3-11] 오브젝트 방향과 크기 조절하기

(6) 타일 효과 주기

❶ [타일 효과] 〉 [도장] 〉 ❷ [통과 불가] 〉 ❸ [도장 크기] 〉 ❹ 아바타가 통과 불가한 타일 클릭 〉 ❺ 저장한다.

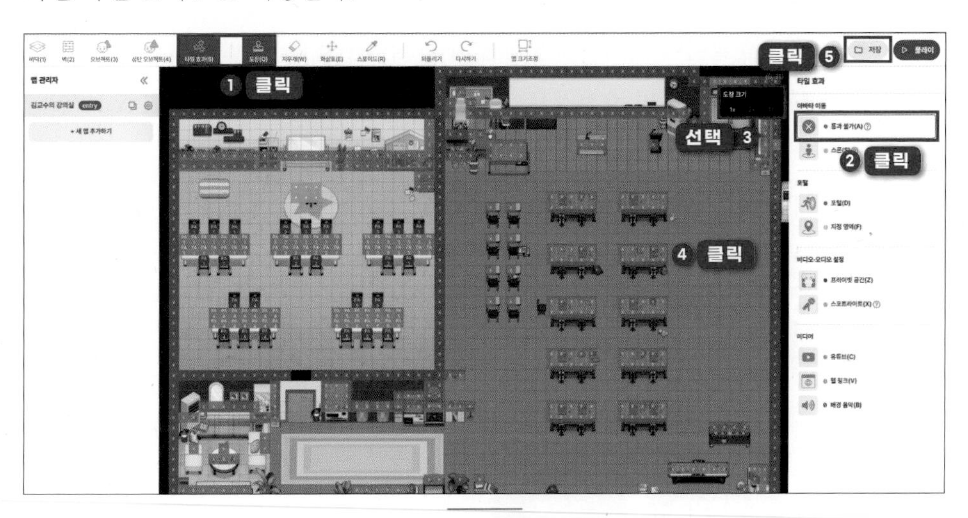

[그림 3-12] 타일 효과 지정하기

TIP 오브젝트 크기 조절은 어떻게 하나요?

- 오브젝트 아이콘을 클릭, 오른쪽 하단 패널의 크기 조절을 찾아주세요.
- W 가로, H 세로에 숫자를 적어서 크기를 조절할 수 있어요.
- 단위는 퍼센트예요. 크기를 반으로 줄이고 싶다면 50을 적어요. 두 배 크게 하고 싶다면 200을 적어주세요.
- 원래 크기로 돌아가고 싶다면 꼭 다시 100을 입력해 주세요.

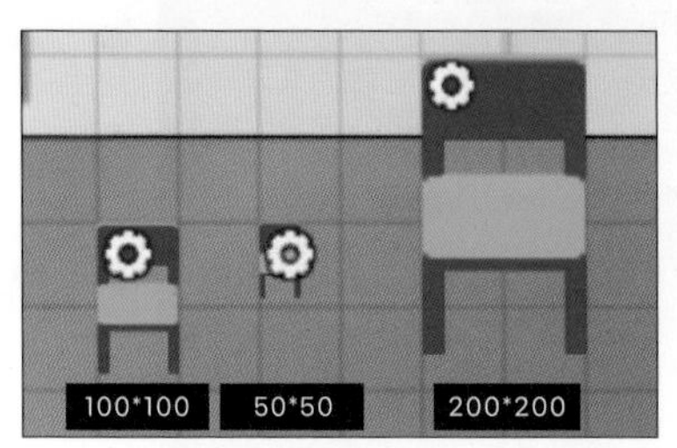

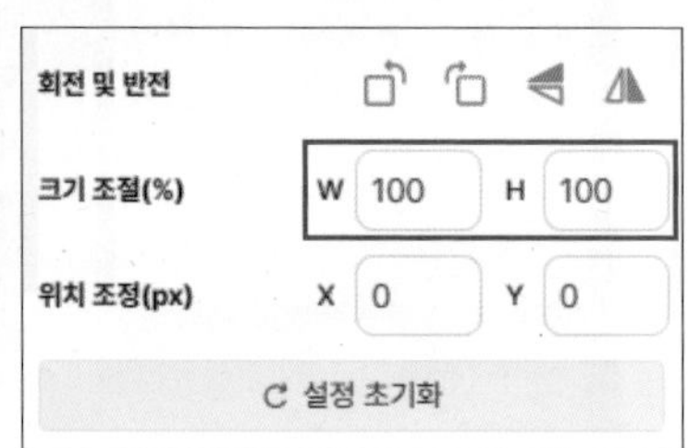

TIP 오브젝트 위치 조정은 어떻게 하나요?

- 오브젝트 위치 조정을 하고 싶을 때 사용해 보세요.
- 오브젝트 아이콘을 클릭해 주세요.
- 오른쪽 패널 하단의 위치 조정(px)을 찾아보세요.
- 단위는 픽셀이에요. X와 Y값에 숫자를 적어주세요.
- X에 숫자를 적으면 오브젝트가 오른쪽으로, Y에 숫자를 적으면 오브젝트가 아래로 이동해요.
- 초기화 하고 싶으면 0을 입력해 주세요.

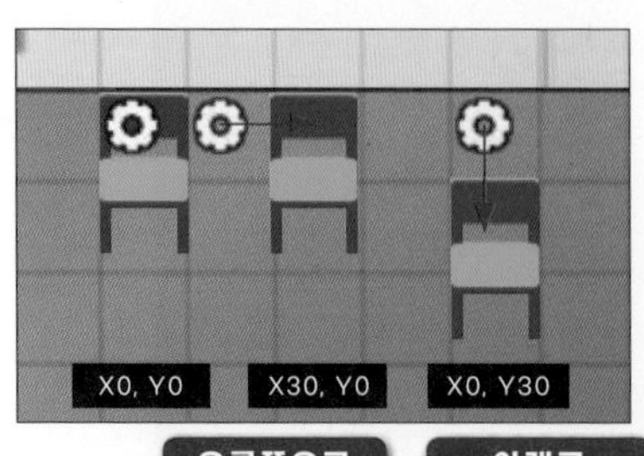

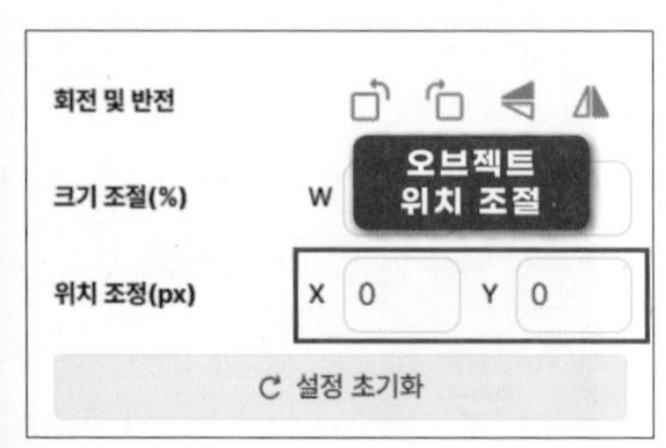

(B) 소그룹 회의실 만들기

(1) 지우기

❶~❷ [타일 효과], [오브젝트], [상단 오브젝트]를 [지우개]로 모두 지운다.

❸ 저장한다.

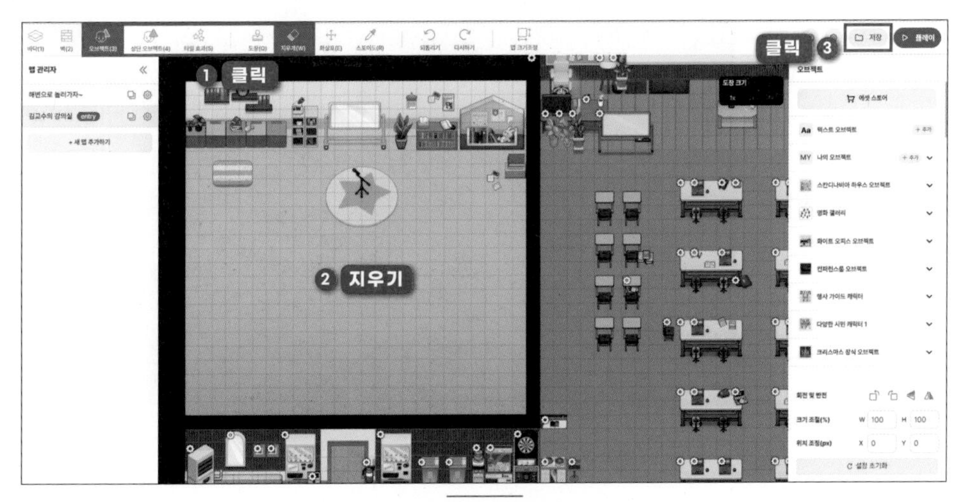

[그림 3-13] 소그룹 회의실 지우기

(2) 바닥

❶ [바닥] 〉 [도장] 〉 ❷ [오브젝트 요소] 〉 [바닥]을 선택하고 ❸ [맵]에서 바닥을 클릭하고 ❹ 저장한다.

[그림 3-14] 소그룹 회의실 바닥 설치하기

(3) 벽

❶ [벽] 〉 [도장] 〉 ❷ [오브젝트 요소]에서 [벽]을 선택하고 ❸ [맵]에서 벽을 설치한다. ❹ 저장한다.

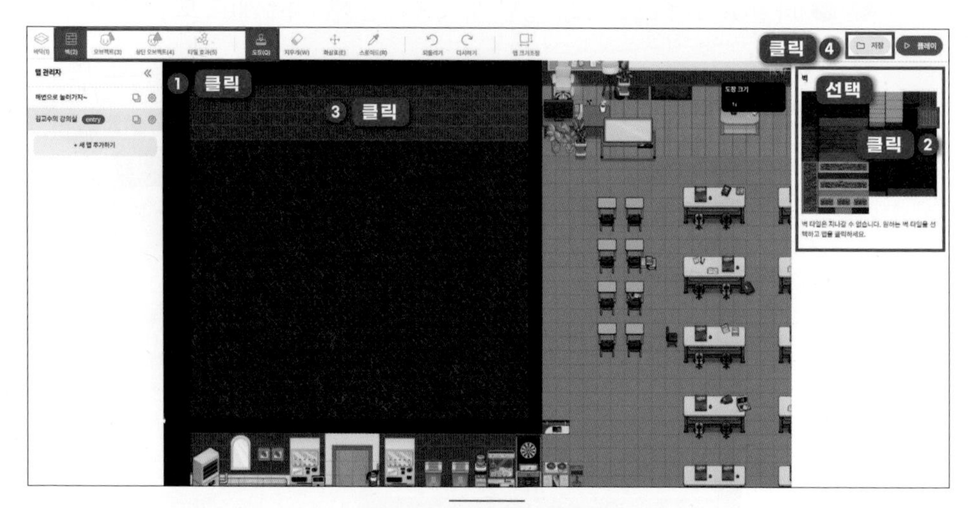

[그림 3-15] 소그룹 회의실 벽 설치하기

(4) 오브젝트로 소그룹 회의실을 꾸민다.

❶ [오브젝트] 〉 [도장] 〉 ❷ [오브젝트] 선택 〉 ❸ 소그룹 꾸미기 〉 ❹ 저장한다.

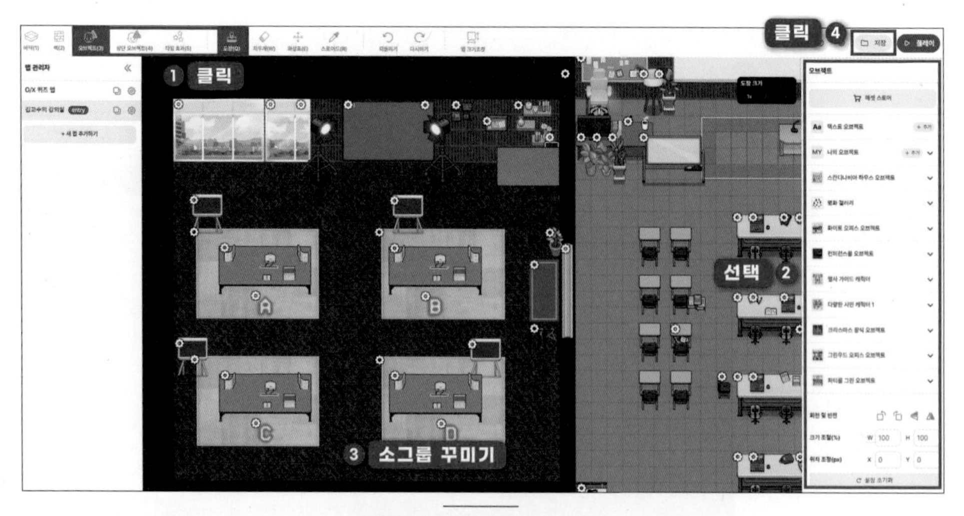

[그림 3-16] 소그룹 회의실 꾸미기

(5) 타일 효과 주기

❶ [타일 효과] 〉 [도장] 〉 ❷ [통과 불가] 〉 ❸ [맵]에서 아바타가 통과할 수 없는 타일 클릭 〉 ❹ 저장한다.

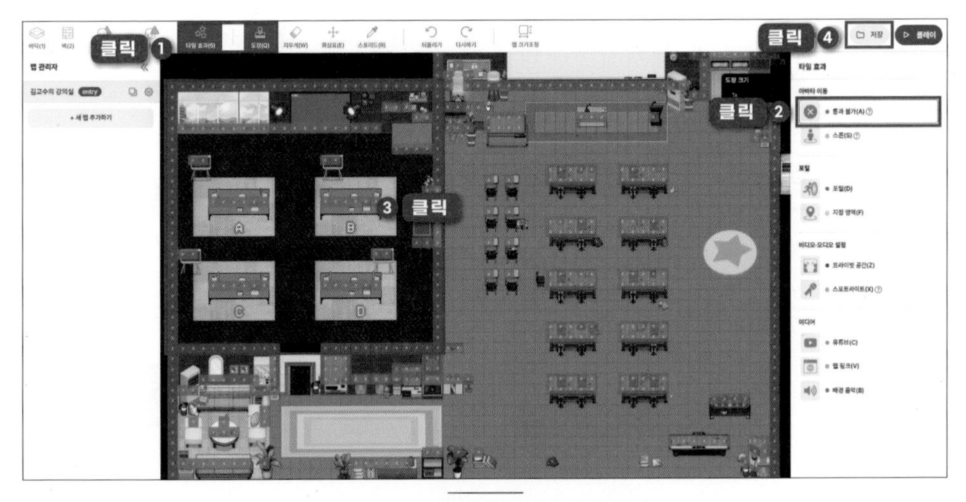

[그림 3-17] 소그룹 회의실 타일 효과 지정하기

TIP 소그룹 회의실 제작에 사용한 오브젝트

- 컴퓨터 책상 - 오피스 고급 오브젝트 세트
- 장식대 - 컨퍼런스 룸 오브젝트
- 창문 - 화이트 오피스 오브젝트
- 촬영도구 - 촬영 스튜디오 오브젝트 세트
- 영어 알파벳 - 워드아트 네온
- 행거, 스크린화면 - 오피스 오브젝트 세트 2
- 노트북 - 오피스 컴퓨터 세트
- 텔레비전 - 레몬 옐로우 원룸 세트
- 러그 - 학교 휴게실 오브젝트 세트

(6) 소그룹 회의실 이미지 팝업 (미리캔버스)

A. 미리캔버스

❶ [미리캔버스] 홈페이지에서 로그인한다.

❷ [바로 시작하기]를 클릭한다.

[그림 3-18] 미리캔버스 홈페이지

❸ [요소] 클릭 〉 ❹ [찾기]에서 '소그룹 회의' 입력 〉 ❺ 오브젝트를 선택한다.

[그림 3-19] 요소 선택하기

❻ [텍스트] 〉 ❼ [손글씨 스타일] 선택 〉 ❽ '소그룹 회의실' 입력 〉 ❾ 제목 입력 〉 ❿ [다운로드] 클릭 〉 ⓫ PNG 파일 형식 선택 〉 ⓬ [빠른 다운로드] 선택 〉 ⓭ PC에 저장한다.

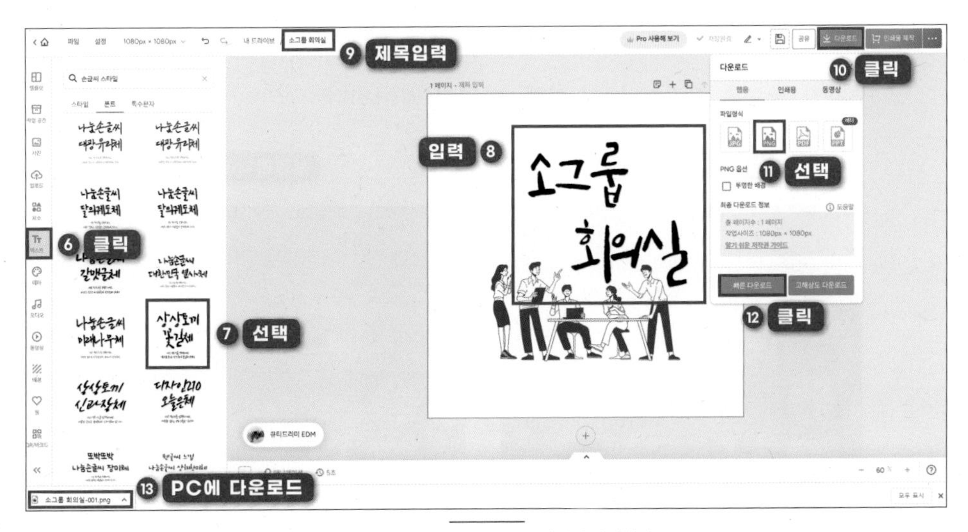

[그림 3-20] 텍스트 오브젝트로 이미지 완성하기

B. 소그룹 회의실 이미지 팝업

❶ [오브젝트] 〉 [도장] ❷ '표지판' [오브젝트] 톱니바퀴 클릭 〉 ❸ [오브젝트 설정] [이미지 팝업] 선택 〉 ❹ [이름(선택 사항)] '소그룹 회의실' 입력 〉 ❺ [이미지 파일] 클릭 〉 ❻ [PC]에 저장했던 '소그룹 회의실' 파일 선택 〉 ❼ [실행 범위] '1' 선택 〉 ❽ [실행 방법] [F키를 눌러 실행] 〉 ❾ [저장] 〉 [플레이] 한다.

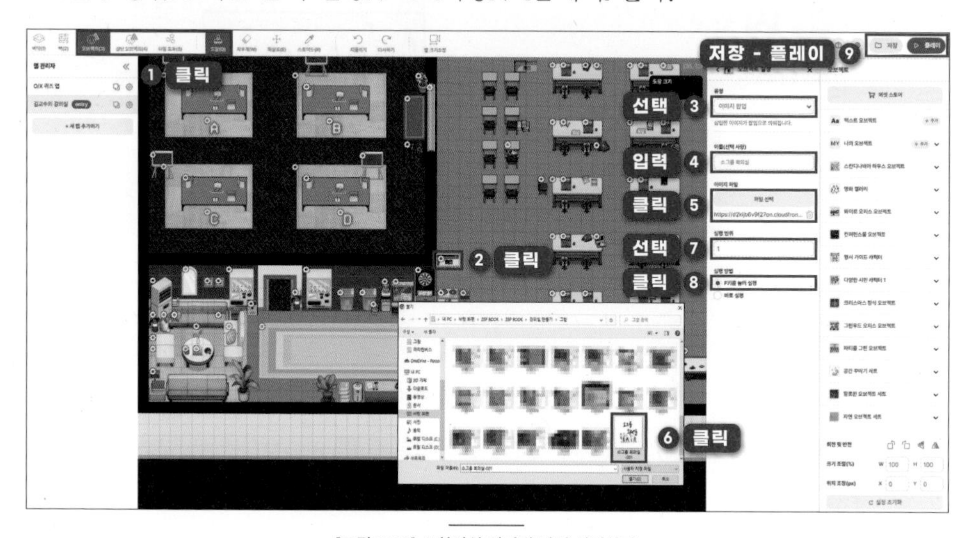

[그림 3-21] 소회의실 이미지 팝업 설정하기

숫자가 클수록 'F키를 눌러 실행' 범위가 넓어진다.

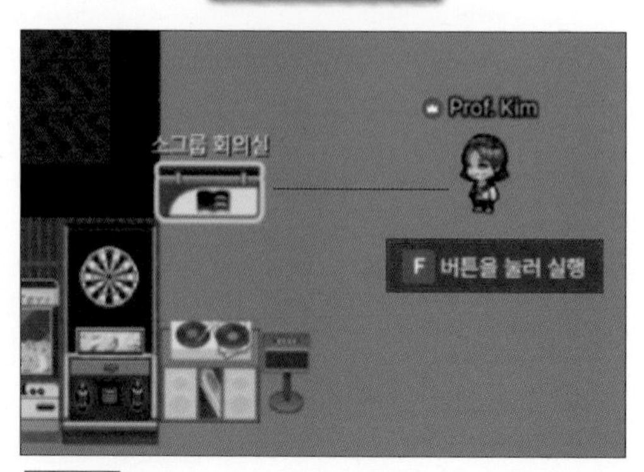

[그림 3-22] 실행 범위

플레이 화면에서 아바타가 표지판 근처에 가면 [F버튼을 눌러 실행]이 나타난다. F키를 클릭하면 [소그룹 회의실 이미지]가 팝업된다.

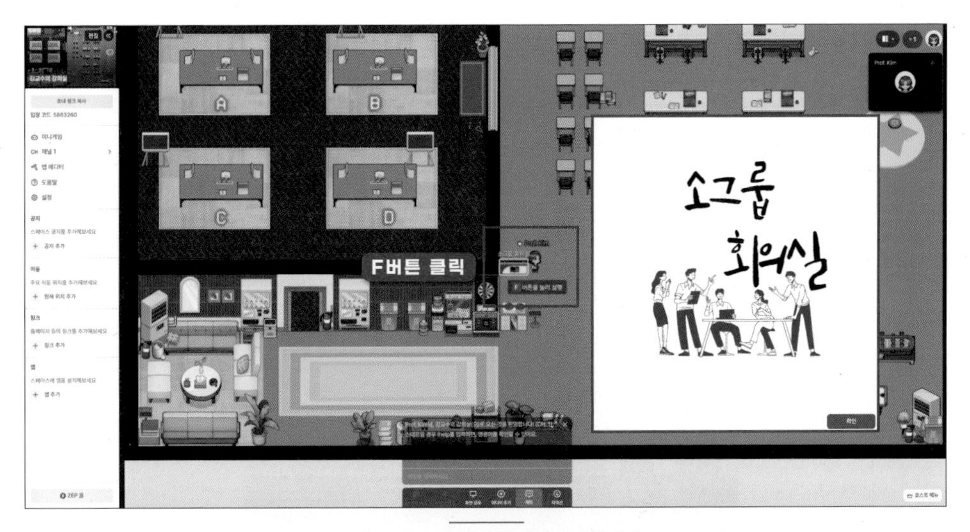

[그림 3-23] 소그룹 회의실 이미지 팝업 생성

(7) 강의실 완성 맵

[그림 3-24] 강의실 완성하기

4 순간 이동 지정 영역과 포털

(1) 강의실에서 소그룹 회의실로 이동하기 (포털 오브젝트 보이기)

A. 지정 영역(F)

아바타가 [강의실]에서 [소그룹]으로 이동할 때 [지정 영역]에서 등장하게 된다.

❶ [타일 효과] 〉 [도장] 〉 ❷ [지정 영역] 〉 ❸ [영역 이름]에 이름 입력 〉 너비 선택 〉 [표시 이름(선택 사항)] 입력 〉 ❹ [소그룹]에서 아바타가 등장하게 될 위치에 타일 클릭 〉 ❺ 저장한다.

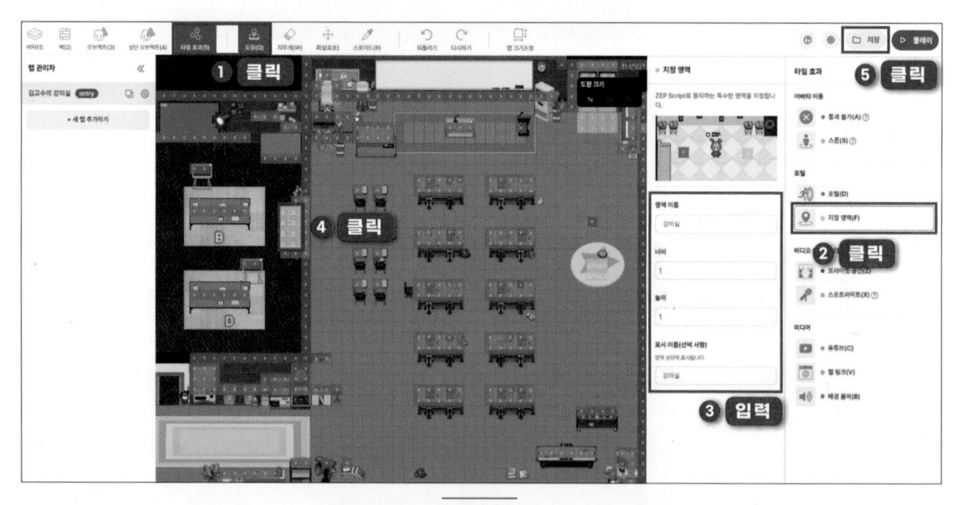

[그림 3-25] 소그룹 회의실 지정 영역 만들기

TIP 너비와 높이를 1로 하여 여덟 번 클릭하거나, 너비 2 x 높이 4 크기로 만들 수 있어요.

B. 포털(D)

❻ [포털] 클릭 〉 ❼ [맵 내 지정 영역으로 이동] 클릭 〉 [지정 영역] 〉 [소그룹] 선택 〉 [표시 이름(선택 사항)] 〉 '소그룹으로' 입력 〉 [이동 방법] 〉 [F키를 눌러 이동] 선택 〉 ❽ [맵]에서 아바타가 [소그룹]으로 이동할 위치 클릭 〉 ❾ [저장] 〉 [플레이] 한다.

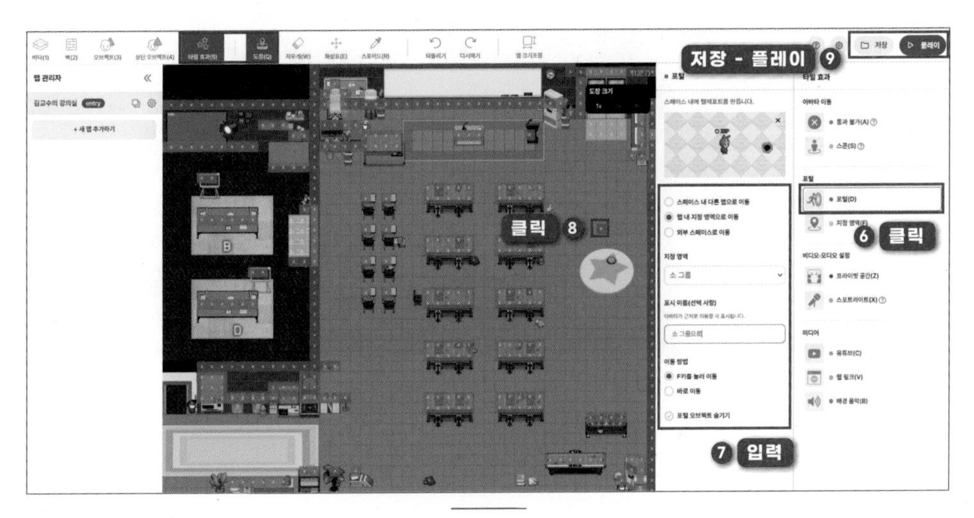

[그림 3-26] 강의실 포털 지정하기

TIP 포털 오브젝트를 '보이게' 설치할 때는 [포털 오브젝트 숨기기]를 선택하지 않아요.

C. 결과

아바타가 [강의실]에 있는 [포털 오브젝트] 가까이 가서 [F키]를 누르면 [소그룹 회의실]으로 순간 이동한다.

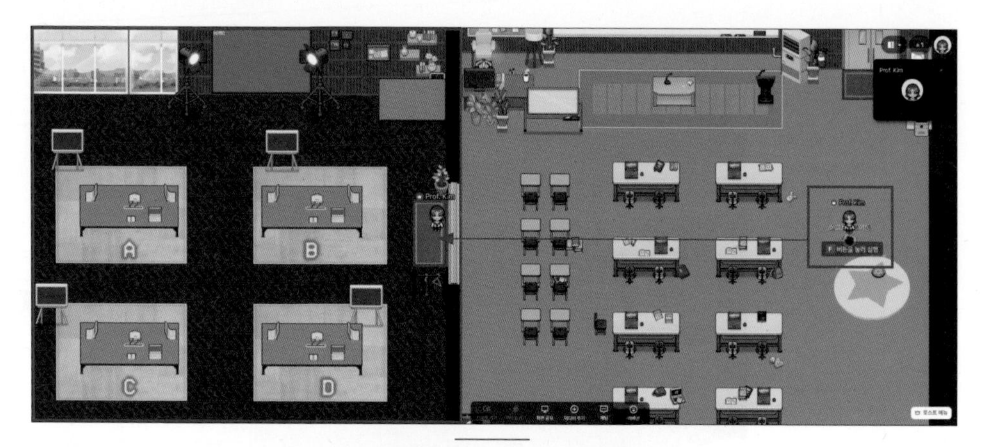

[그림 3-27] 소그룹 회의실로 순간 이동하기

(2) 소그룹 회의실에서 강의실로 이동하기 (포털 오브젝트 숨기기)

A. 지정 영역 설치하기

❶ [타일 효과] 〉 [도장] 〉 ❷ [지정 영역] 〉 ❸ [영역 이름] '강의실' 입력 〉 [표시 이름(선택 사항)] '강의실' 입력 〉 ❹ [강의실 맵]에 아바타가 등장하게 될 [지정 영역] 클릭 〉 ❺ 저장한다.

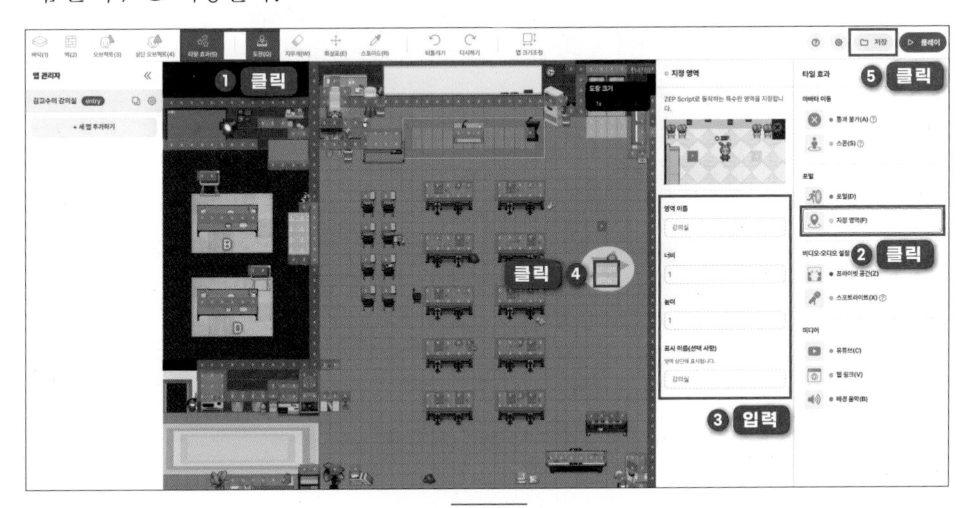

[그림 3-28] 강의실 지정 영역 만들기

B. 포털 설치하기

⑥ [포털] 〉 ⑦ [맵 내 지정 영역으로 이동] 〉 ❸ [지정 영역] '강의실' 선택 〉 [표시 이름(선택 사항)] '강의실로 이동' 입력 〉 [이동 방법] [F키를 눌러 이동] 〉 [포털 오브젝트 숨기기] 〉 ⑧ [소그룹 맵]에 [포털] 클릭 〉 ⑨ [저장] 〉 [플레이] 한다.

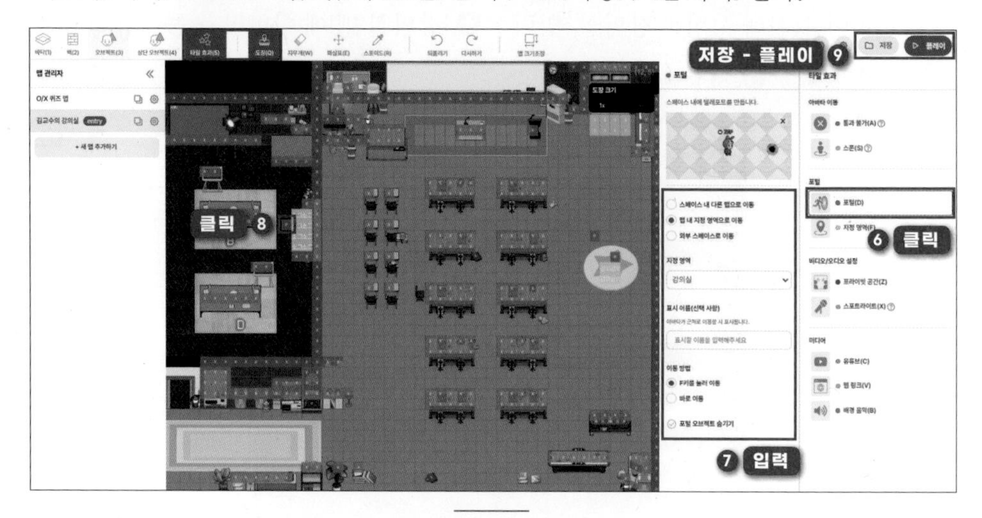

[그림 3-29] 소그룹 회의실 포털 지정하기

C. 결과

[플레이 화면]에서 아바타가 [포털] 근처로 가면, [F 버튼을 눌러 실행]이 나타난다. [F키]를 누르면 [소회의실]에서 [강의실]로 순간 이동한다. [포털 오브젝트 숨기기]를 지정했기 때문에 [포털 오브젝트]는 보이지 않는다.

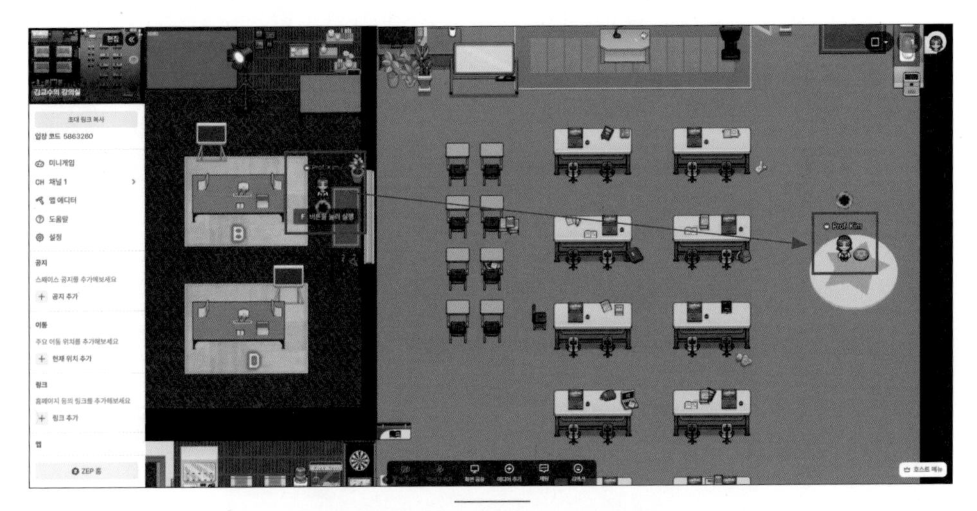

[그림 3-30] 소회의실에서 강의실로 순간 이동하기

순간 이동! 지정 영역과 포털 기능

(3) 걸어서 문 통과하기

A. 지정 영역

❶ [타일 효과] 〉 [도장] 〉 ❷ [지정 영역] 〉 [영역 이름] '문 앞' 입력 〉 ❸ [너비] 4, [높이] 1 선택 〉 ❹ [소회의실 맵] 문 앞에 클릭 〉 ❺ 저장한다.

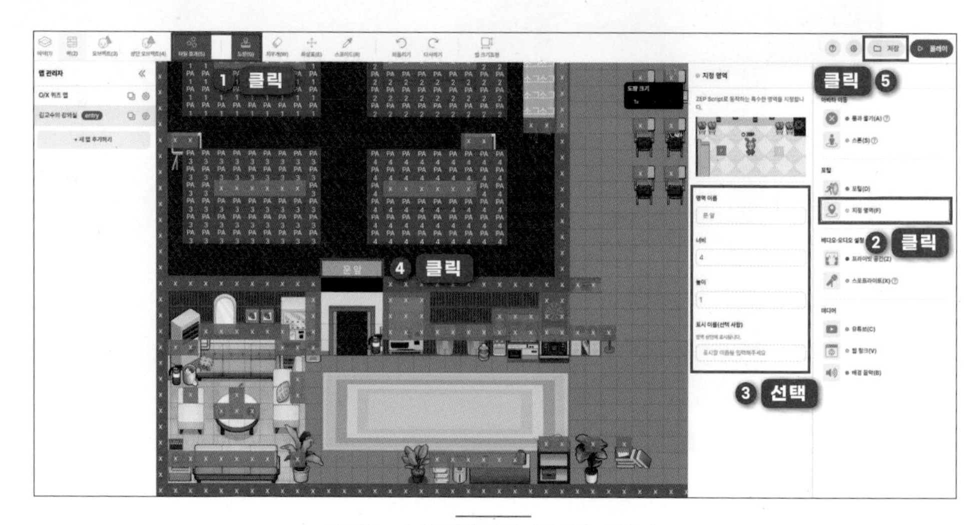

[그림 3-31] 소회의실 문 앞 지정 영역 지정하기

B. 포털

❶ [타일 효과] 〉 [도장] 〉 ❷ [포털] 〉 ❸ [맵 내 지정 영역으로 이동] 클릭 〉 [지정 영역] 〉 [문 앞] 선택 〉 [바로 이동] 클릭 〉 [포털 프로젝트 숨기기] 선택 〉 ❹ 아바타가 들어갈 '문 앞' 위치에 타일 클릭 〉 ❺ 저장한다.

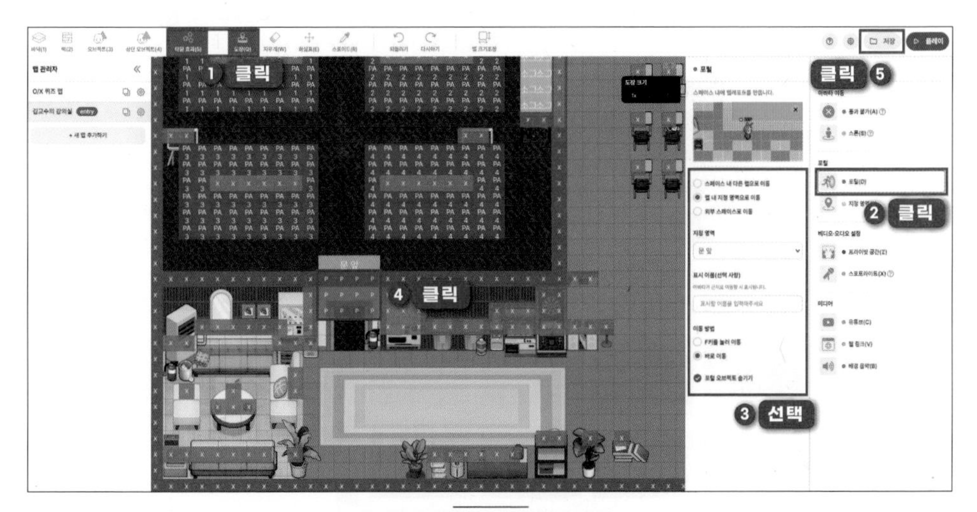

[그림 3-32] 문 위에 포털 지정하기

C. 결과

아바타가 강의실에서 소그룹으로 걸어서 이동한다.

지정 영역과 포털 기능으로 문 통과하기

(4) 스페이스 내 다른 맵으로 이동

A. 새 맵 추가

❶ [+ 새 맵 추가하기] 〉 ❷ [템플릿 고르기] 확인 〉 ❸ 'OX 퀴즈' 맵 선택 〉 ❹ [맵 만들기] 팝업창 〉 [이름]에 'O/X 퀴즈 맵' 입력 〉 ❺ [만들기] 클릭 〉 ❻ 저장한다.

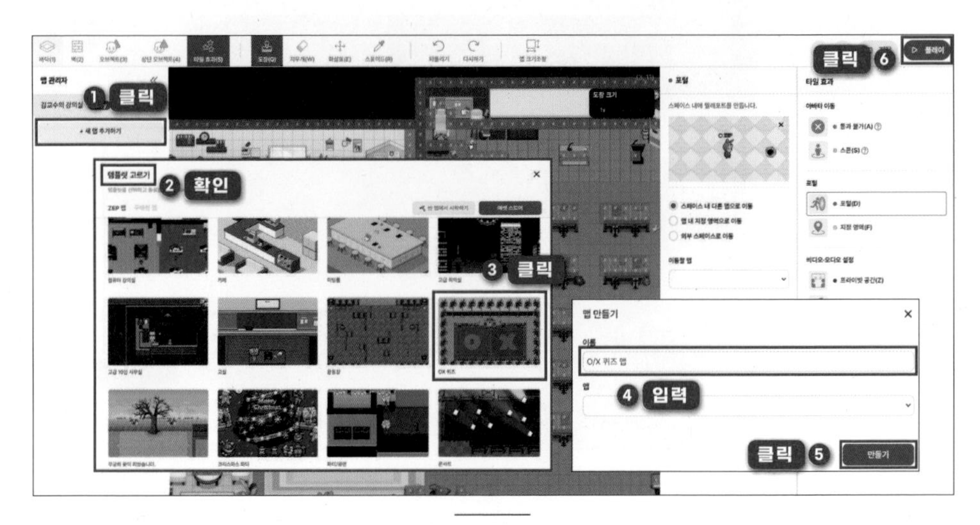

[그림 3-33] 새 맵 추가하기

B. 오브젝트 추가

❶ [맵 관리자]에서 [O/X 퀴즈 맵]이 추가되었는지 확인 〉 ❷ [오브젝트] 〉 [도장] ❸ '이동 표시 안내 세트'에서 ❹ [오브젝트] 선택 〉 ❺ [OX 퀴즈 맵]에 [오브젝트] 설치 〉 ❻ 저장한다.

[그림 3-34] OX 퀴즈 맵에 오브젝트 설정하기

C. OX 퀴즈 맵 포털 설치

❶ [타일 효과] 〉 [도장] 〉 ❷ [포털] 〉 ❸ [스페이스 내 다른 맵으로 이동] 〉 [이동할 맵] [K 교수의 강의실] 선택 〉 [지정 영역(선택 사항)] [강의실] 선택 〉 [표시 이름(선택 사항)] '강의실로 이동' 입력 〉 [이동 방법] [F키를 눌러 이동] 〉 [포털 오브젝트 숨기기] 선택 〉 ❹ [오브젝트] 위에 클릭 〉 ❺ 저장한다.

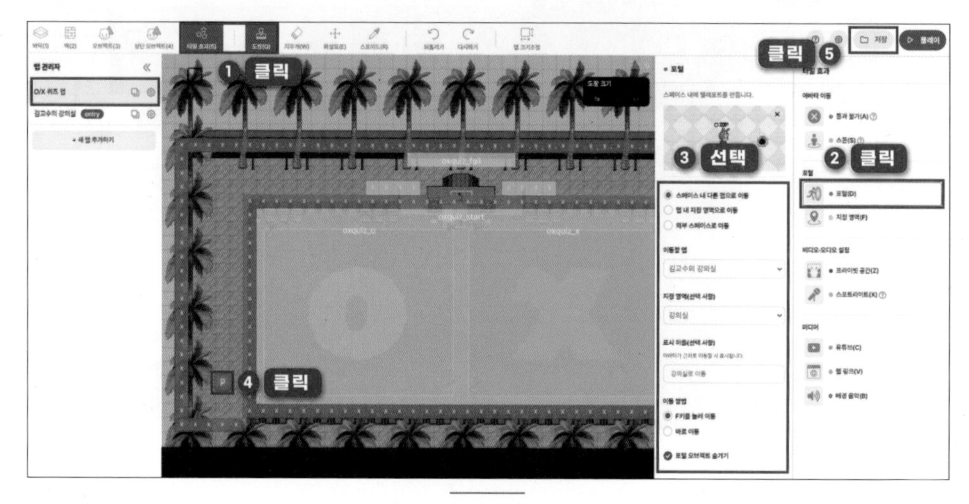

[그림 3-35] 포털 설치하기

D. 강의실에 포털 설치

❶ [K 교수의 강의실 entry] 〉 ❷ [타일 효과] 〉 [도장] 〉 ❸ [포털] 〉 ❹ [스페이스 내 다른 맵으로 이동] 〉 [이동할 맵] [O/X 퀴즈 맵] 선택 〉 [지정 영역(선택 사항)] [oxquiz_fail] 선택 〉 [표시 이름(선택 사항)] 'O/X 퀴즈 맵' 입력 〉 [이동 방법] [F키를 눌러 이동] 클릭 〉 [포털 오브젝트 숨기기] 선택 〉 ❺ 강의실에서 [오브젝트] 위에 클릭 〉 ❻ 저장한다.

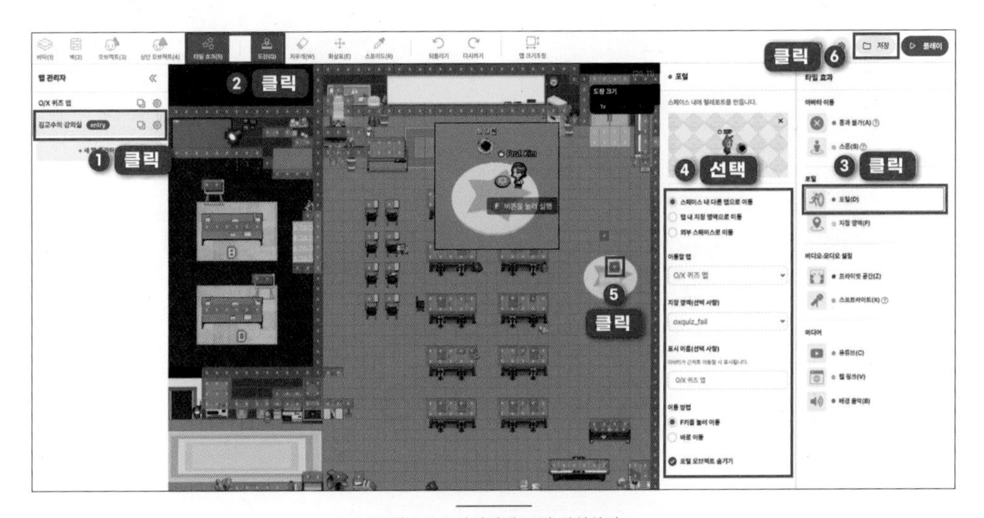

[그림 3-36] 강의실에 포털 설치하기

(5) 외부 스페이스로 이동

[K 교수의 강의실]에서 [K 교수의 오피스]으로 이동한다.

A. 이동할 외부 스페이스의 ID 복사 (앞 장에서 만들었던 'K 교수의 오피스' ID 복사)

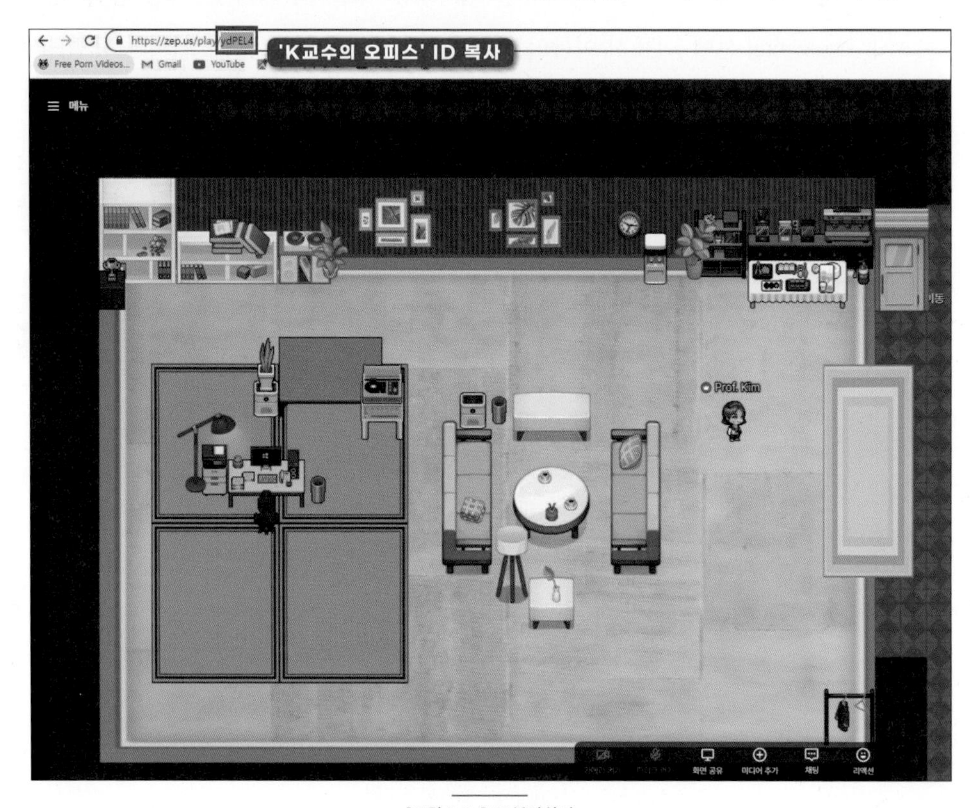

[그림 3-37] ID 복사하기

TIP 전체 주소가 아니라 ID만 복사해요.

B. 이동할 외부 스페이스 ID 입력

❶ [K 교수의 강의실 entry] 클릭 〉 ❷ [타일 효과] 〉 [도장] 〉 ❸ [포털] 〉 ❹ [외부 스페이스로 이동] 〉 ❺ [이동할 외부 스페이스의 ID] 입력 〉 ❻ [지정 영역(선택 사항)] 이름 입력 〉 ❼ [이동 방법] 〉 [바로 이동] 〉 [포털 오브젝트 숨기기] 클릭 〉 ❽ 아바타가 [외부 스페이스] 로 이동할 위치 클릭 ❾ 저장한다.

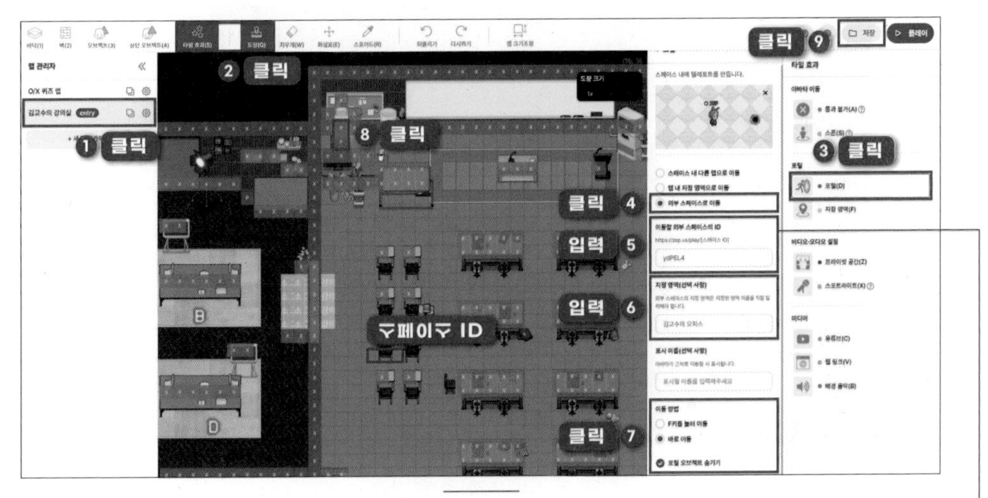

[그림 3-38] 외부 스페이스로 이동하는 방법 알아두기

TIP 이동하고 싶은 스페이스 주소 ID를 복사해서 현재 스페이스 속성에 붙여넣기를 해요.
K교수의 오피스 주소 ID -〉 K교수 강의실 속성

C. 오피스 스페이스에 강의실로 가는 문 설치하기

II-1장에서 만든 [오피스] 맵으로 이동한다.

❶ [타일 효과] 〉 [지우개] 〉 ❷ [오브젝트] 설치할 위치에 [통과 불가] 타일을 삭제한다.

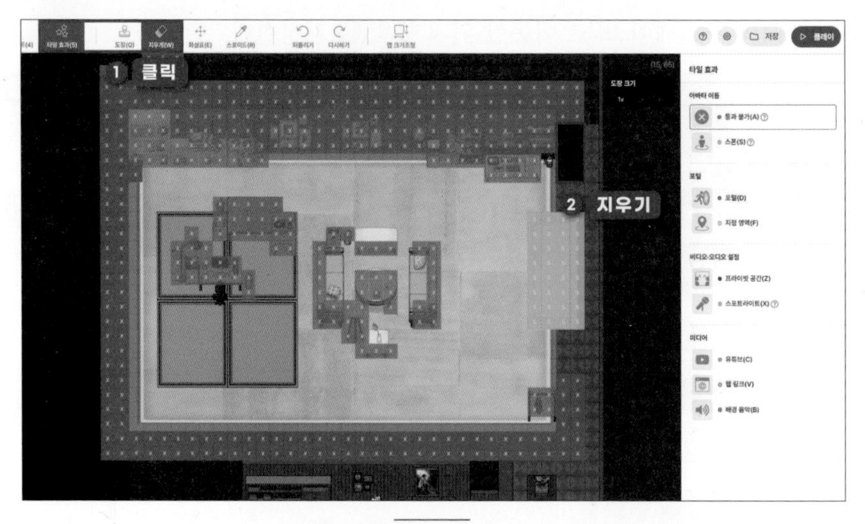

[그림 3-39] 문 설치하기

❸ [오브젝트] 〉 [도장] 〉 ❹ '방 탈출 공통 오브젝트 세트' 중에서 문 오브젝트 선택 〉 ❺ 오브젝트 [크기 조절] W 79 x H 100 〉 ❻ [맵]에 설치 〉 ❼ 저장한다.

[그림 3-40] 문 크기 조절하기

D. [오피스]에서 [강의실]로 이동하는 포털 설치

❶ [맵 관리자] 〉 [K 교수의 오피스 entry] 〉 [타일 효과] 〉 [도장] 〉 ❷ [포털] 〉 ❸ [외부 스페이스로 이동] 클릭 〉 ❹ [지정 영역(선택 사항)] 이름 'K 교수의 강의실' 입력 〉 [이동 방법] 〉 [바로 이동] 〉 [포털 오브젝트 숨기기] 클릭 〉 ❺ '문' 입구에 클릭 〉 ❻ 저장한다.

[그림 3-41] 강의실 이동 포털 설치하기

D. 결과

오피스에서 강의실로 순간 이동

5 프라이빗 공간

(1) 강의실에서 소그룹 회의실로 이동하기

❶ [타일 효과] 〉 [도장] 〉 ❷ [비디오·오디오 설정] 〉 같은 프라이빗 영역에 있는 아바타들만 얼굴을 볼 수 있고 대화가 가능하다. 〉 ❸ [영역 ID] '1' 선택 〉 ❹ 1번 프라이빗 영역 타일에 클릭한다.

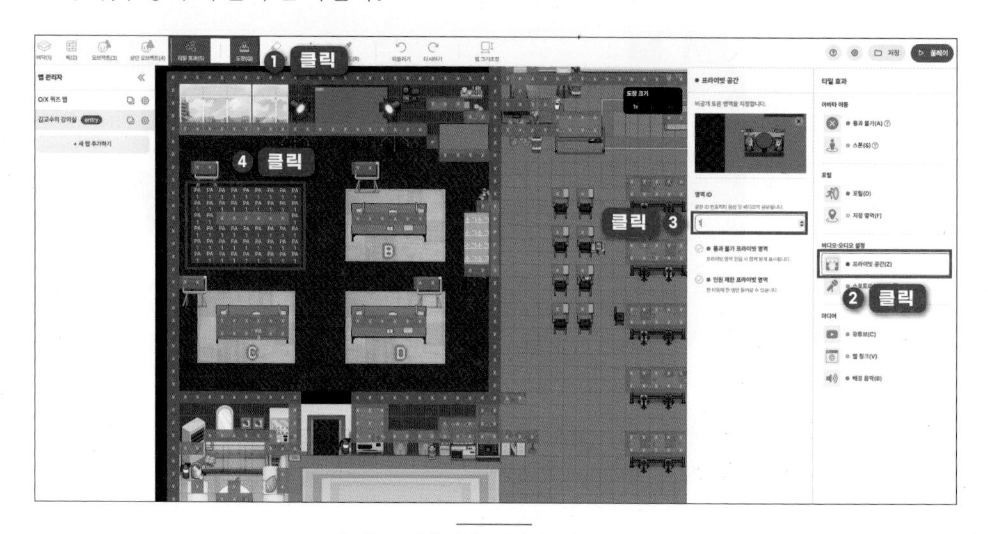

[그림 3-42] 첫 번째 프라이빗 공간 지정하기

TIP 프라이빗 영역은 비공개로 소통하는 영역입니다.

- 영역 ID가 같은 경우 프라이빗 공간이 떨어져 있어도 비공개 대화가 가능해요.
- 새로운 프라이빗 공간을 만들고 싶으면 다른 영역 아이디를 사용해주세요.
- 일반 영역과 구분을 위해 프라이빗 공간 밖은 조금 어두워져요.

어느 상황에서 프라이빗 기능을 사용하나요?

- 단 둘이 이야기 하고 싶을 때
- 공부방 맵에서 혼자 공부하고 싶을 때
- 채용 상담 등 상담을 해야하는 상황일 때

❺ [프라이빗 공간] 〉 [영역 ID] '2' 선택 〉 ❻ 두 번째 프라이빗 타일을 클릭한다.

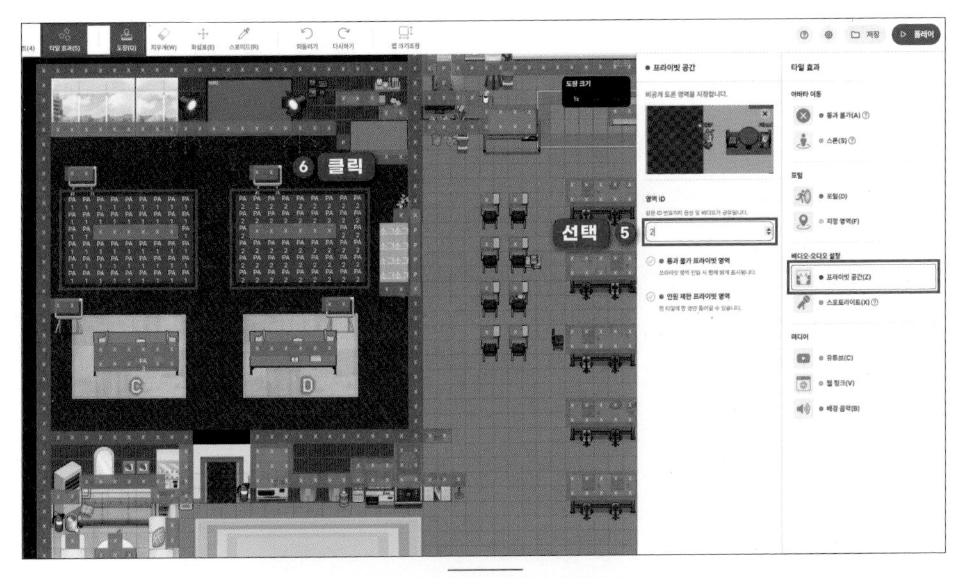

[그림 3-43] 두 번째 프라이빗 공간 지정하기

❼ [프라이빗 공간] 〉 [영역 ID] '3' 선택 〉 ❽ 세 번째 프라이빗 타일을 클릭한다.

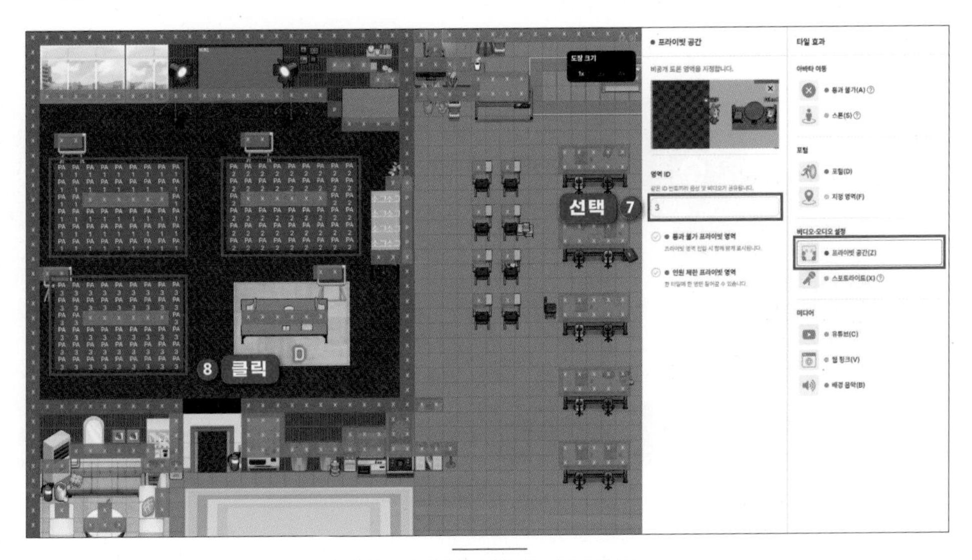

[그림 3-44] 세 번째 프라이빗 공간 지정하기

⑨ [프라이빗 공간] 〉 [영역 ID] '4' 선택 〉 ⑩ 네 번째 프라이빗 타일 클릭 〉
⑪ [저장] 〉 [플레이] 한다.

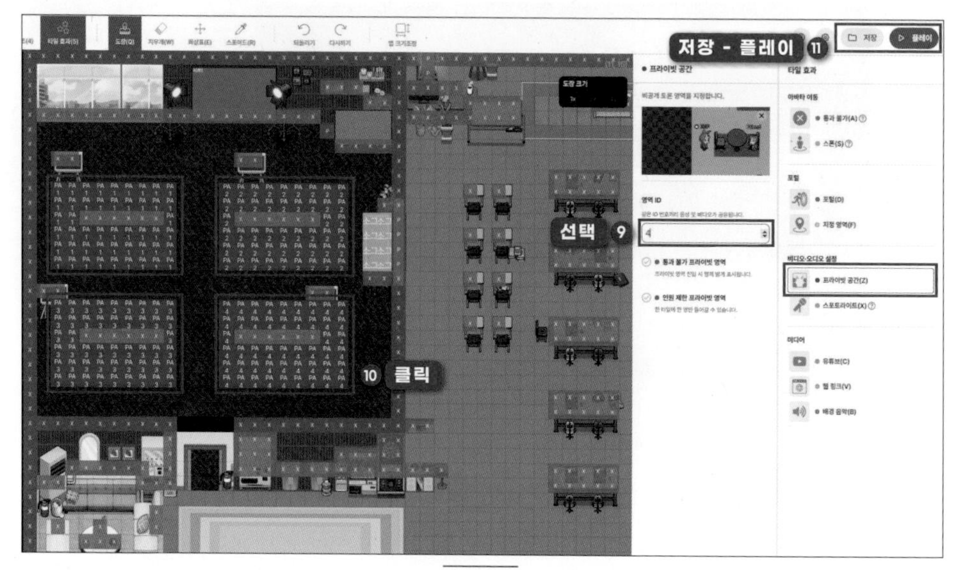

[그림 3-45] 네 번째 프라이빗 공간 지정하기

학생 아바타가 프라이빗 공간에 있을 때, 비디오가 두 개가 되면서 얼굴을 볼 수 있고 대화도 가능하다.

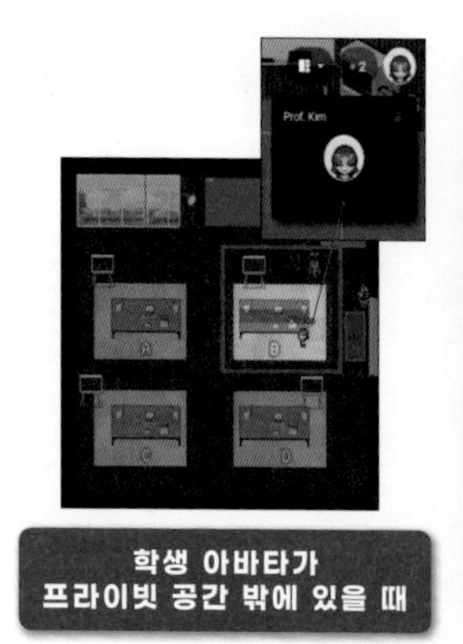

[그림 3-46] 프라이빗 공간 안/팎의 아바타 비교

6 스포트라이트

아바타가 스포트라이트 영역에 들어가면 게스트 모두에게 얼굴이 보이고 목소리가 들린다. 강의할 때 유용한 기능이다.

❶ [타일 효과] 〉 [도장] 〉 ❷ [비디오·오디오 설정] 〉 [스포트라이트] 〉 ❸ [맵]에 스포트라이트 영역 지정 〉 ❹ 저장한다.

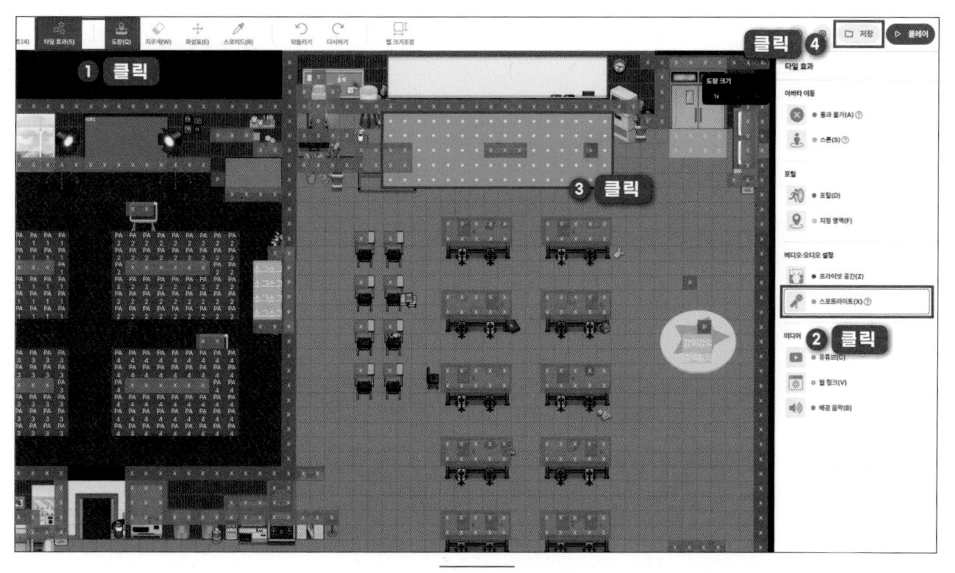

[그림 3-47] 스포트라이트 지정하기

TIP 에셋 스토어에서 미리 오브젝트 세트를 다운로드 받아요.

- 스포트라이트 영역 위로 올라가면 아이디 옆 스피커 모양의 아이콘이 생겨요.
- 스포트라이트 영역을 너무 많이 설치해서 많은 사람들이 사용할 경우 느려질 수 있어요.
- 스포트라이트는 30개 이하로 설치하는 것을 권장해요.

04. 갤러리 만들기 (캔바 활용하기)

1 갤러리 디자인 계획안

스페이스 콘셉트와 디자인을 먼저 생각한다.

에셋 스토어에서 무료 아이템을 '구매'한다.

스페이스 이름	
목 표	

	활 동	메 모
구매 목록	☐ 맵: ☐ 앱: ☐ 미니게임: ☐ 오브젝트:	
스페이스 내용	☐ ☐ ☐ ☐ ☐	
콘셉트	☐	
활용 툴	☐	
key words		
평가		☆☆☆☆☆

스페이스 이름	갤러리
목 표	내가 좋아하는 작품들을 직접 전시하고 감상할 수 있다.

	활 동	메 모
구매 목록	□ **맵:** 빈 맵 □ **앱:** 스탬프 앱 □ **오브젝트:** 명화 갤러리, 이동 표시 안내 세트, 스칸디나비아 하우스 오브젝트	무료 아이템 at 에셋 스토어
스페이스 내용	□ 젭 오브젝트 기능 알기 □ 맵 에디터 - 바닥, 벽, 오브젝트 □ 타일 효과 - 포털, 웹링크 □ 오브젝트 - 팝업 기능, 표시 기능, 웹사이트 기능	
콘셉트	□ 조용하고 편안한 분위기의 갤러리	
활용 툴	□ 캔바, 스페이셜 메타버스	2D ZEP 메타버스와 3D 메타버스가 융합된 갤러리
key words	갤러리, 오브젝트 기능, 표시 기능, 웹사이트 기능, 팝업 기능, 포털	
평가	유용한 팝업 기능을 배울 수 있어요!	☆☆☆☆☆

2 캔바로 갤러리 맵 디자인

(1) 캔바 가입 및 계정 만들기

❶ 주소창에 캔바(canva.com) 입력 〉 ❷ [가입] 클릭 〉 ❸ [캔바 이용 약관]에 동의한다.

[그림 4-1] 캔바 홈페이지

❹ [구글]이나 [페이스 북] 계정으로 가입하거나 [이메일]로 가입한다. ❺ [이메일로 계속하기] 창에 이메일을 입력하고 [계속] 클릭한다. ❻ [계정 만들기] 창에서 [이름](아이디)을 입력하고 계정 만들기를 한다. ❼ 가입한 이메일로 [코드 번호]를 확인하여 입력한다.

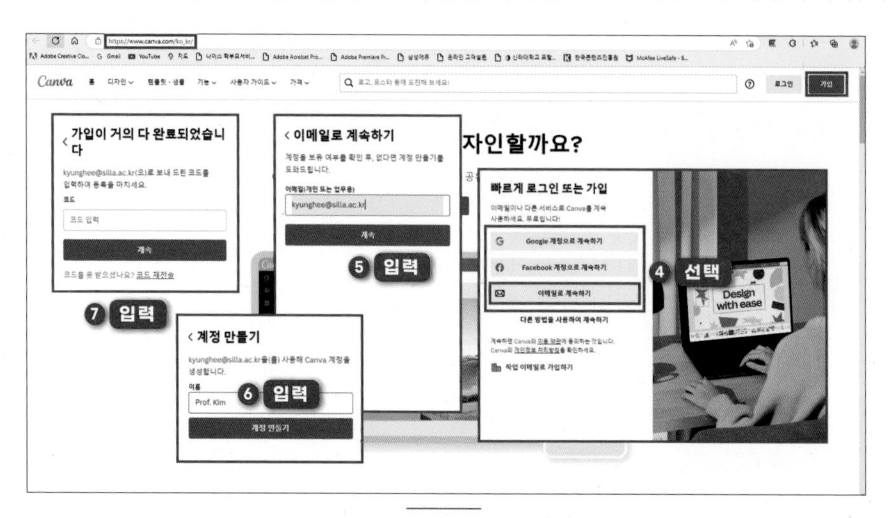

[그림 4-2] 가입하기

(2) 디자인 만들기

❶ [디자인 만들기] 〉 ❷ [프레젠테이션(16:9)]을 클릭한다.

[그림 4-3] 디자인 만들기

❸ [요소] 〉 ❹ 사진 종류 선택 〉 ❺ 워크보드에서 크기를 조절한다.

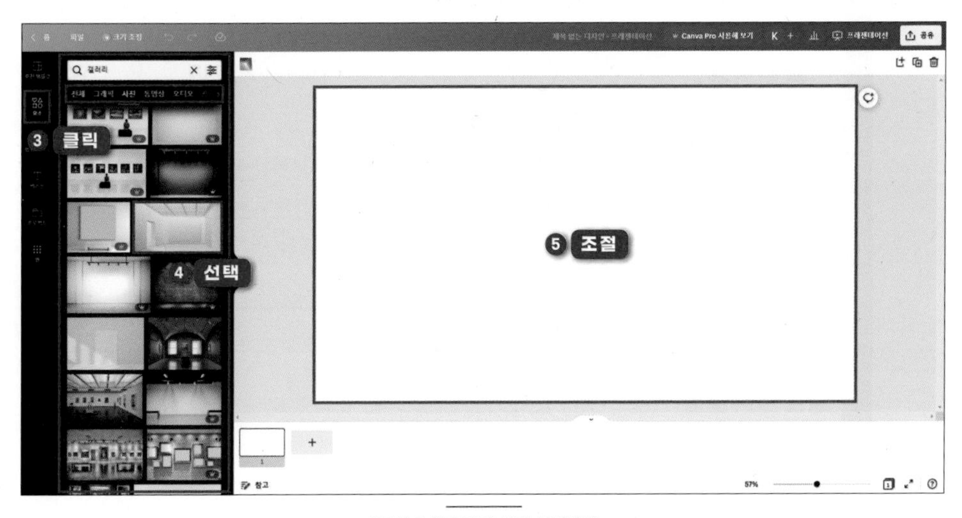

[그림 4-4] 갤러리 사진 선택하기

⑥ 필요한 오브젝트를 검색하고 선택한다.

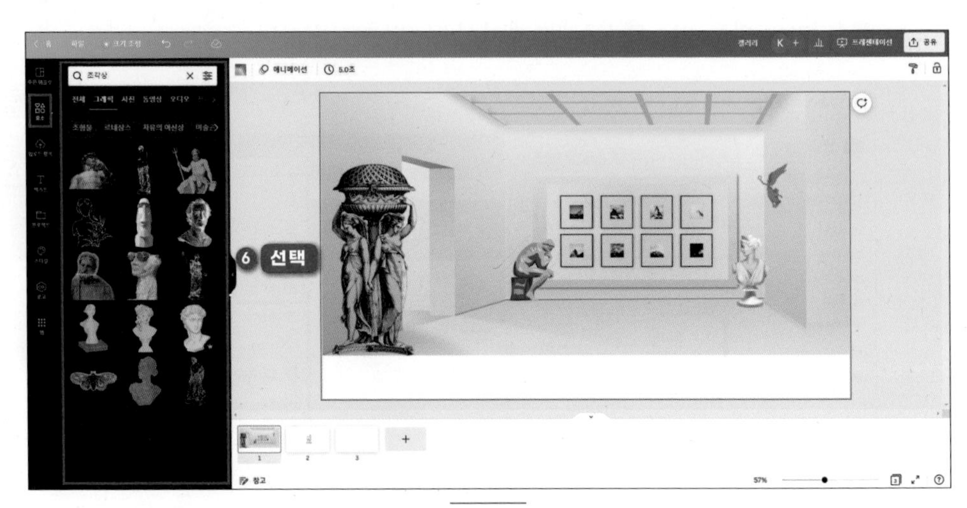

[그림 4-5] 조각상 오브젝트 선택하기

⑦ [배경 색상] 클릭 > ⑧ 사진 색상 선택 > ⑨ 그림 색상과 어울리는 배경 색상을 확인한다.

[그림 4-6] 배경 색상 선택하기

(3) 완성된 그림 다운로드

❶ 제목 입력 〉 ❷ [공유] 〉 ❸ [다운로드] 〉 ❹ [PNG] 파일 형식 선택 〉 ❺ [PNG] 파일 형식 확인 〉 ❻ 다운로드한다.

[그림 4-7] 갤러리 완성 파일 다운로드 하기

[그림 4-8] 파일형식 PNG 다운로드

3 ZEP 갤러리 크리에이터

(1) 스페이스 만들기

[ZEP 홈페이지] 〉 ❶ [+ 스페이스 만들기] 〉 ❷ [템플릿 고르기] 〉 ❸ [빈 맵에서 시작하기] 〉 ❹ [스페이스 설정]에서 [스페이스 이름]을 입력하고 [만들기]를 클릭한다.

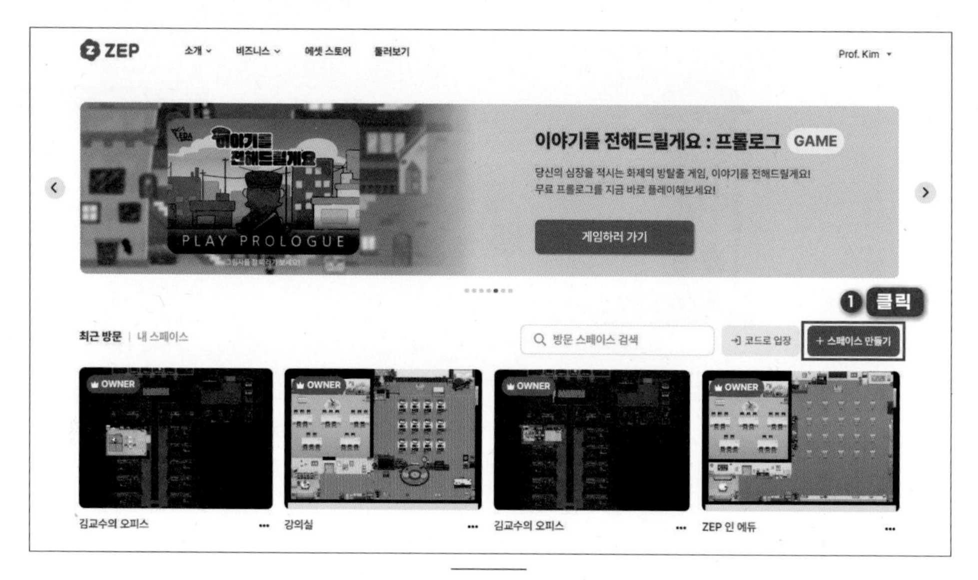

[그림 4-9] + 스페이스 만들기

[그림 4-10] 스페이스 설정하기

(2) 배경 화면 설정하기

❶ [맵 에디터]를 클릭한다.

[그림 4-11] 맵 에디터

❷ [배경 화면 설정하기] 〉 ❸ 캔바에서 다운로드한 [파일] 열기 〉 ❹ [파일 업로드] 확인 〉 ❺ 배경을 확인한다.

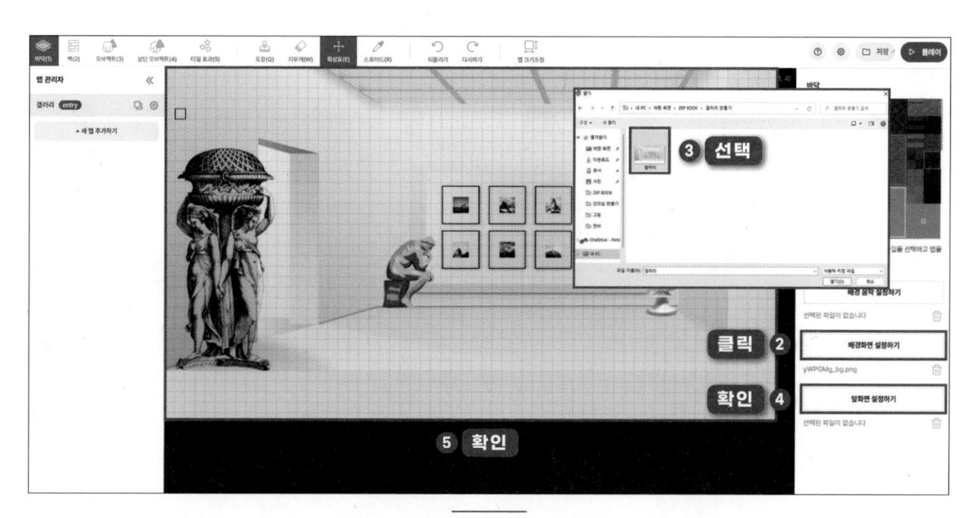

[그림 4-12] 캔바에서 다운로드한 파일 열기

(3) 캔바 오브젝트 다운로드

❶ [캔바]에서 왼쪽 툴바에서 [요소]를 클릭한다. ❷ 필요한 오브젝트를 검색한다. ❸ 오브젝트를 선택한다. ❹ 오른쪽 상단에서 [제목]을 입력한다. ❺ [공유]를 클릭한다. ❻ [PNG] 파일 형식을 선택하고 ❼ [투명배경]을 선택한다. ❽ [다운로드] 한다.

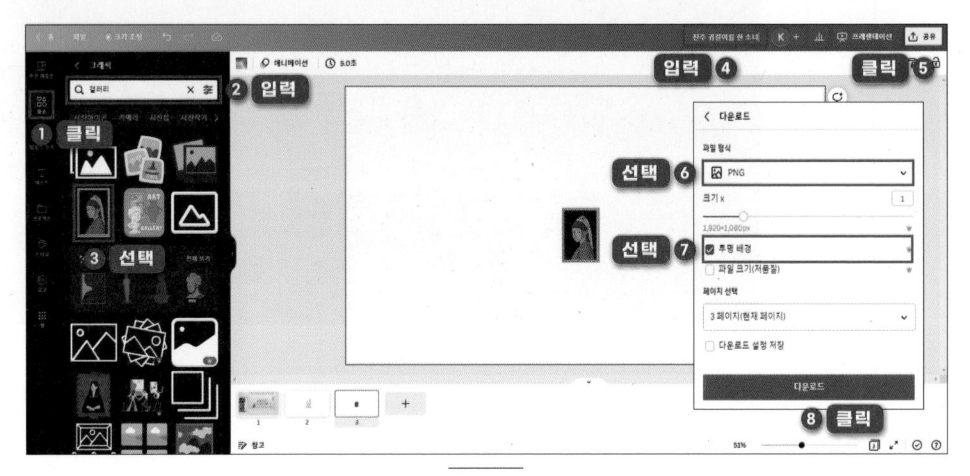

[그림 4-13] 캔바 오브젝트 다운로드하기

(4) 벽 만들기

❶ [맵 에디터] 〉 [벽] 〉 [도장] 〉 ❷ 속성에서 벽 타입 [선택] 〉 ❸ 벽을 설치한다.

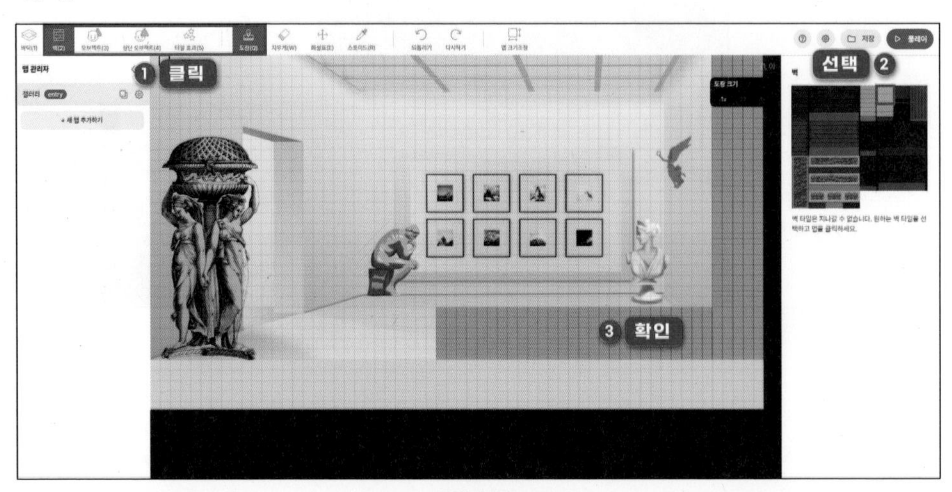

[그림 4-14] 갤러리 벽 설치하기

(5) 캔바 오브젝트 불러오기

❶ [오브젝트] 〉 [도장] 〉 ❷ [MY 나의 오브젝트] 〉 [+추가] 〉 ❸ 캔바에서 다운로드한 오브젝트 업로드 ❹ 오브젝트 클릭 ❺ [맵]에 오브젝트 위치를 정하고 클릭한다.

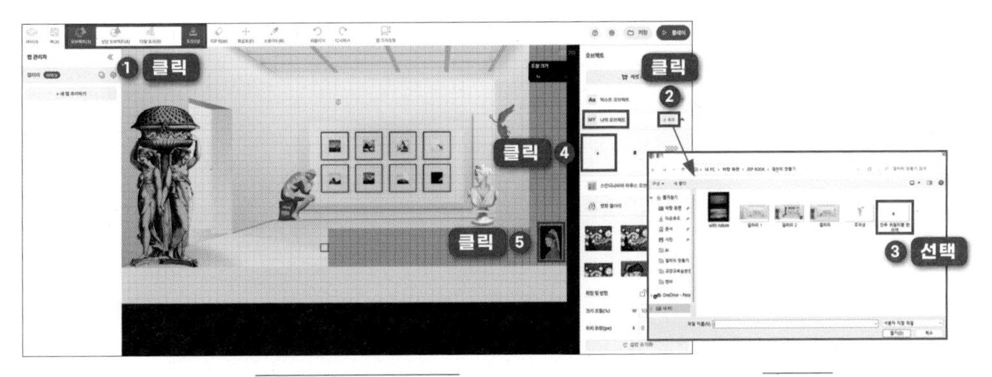

[그림 4-15] 캔바에서 다운받은 파일 ZEP에서 불러오기

[그림 4-16] PC에서 캔바 오브젝트 열기

(6) 오브젝트로 꾸미기

❶ [오브젝트] 〉 [도장] 〉 ❷ '명화 갤러리' [오브젝트] 선택 〉 ❸ 꾸미기를 한다.

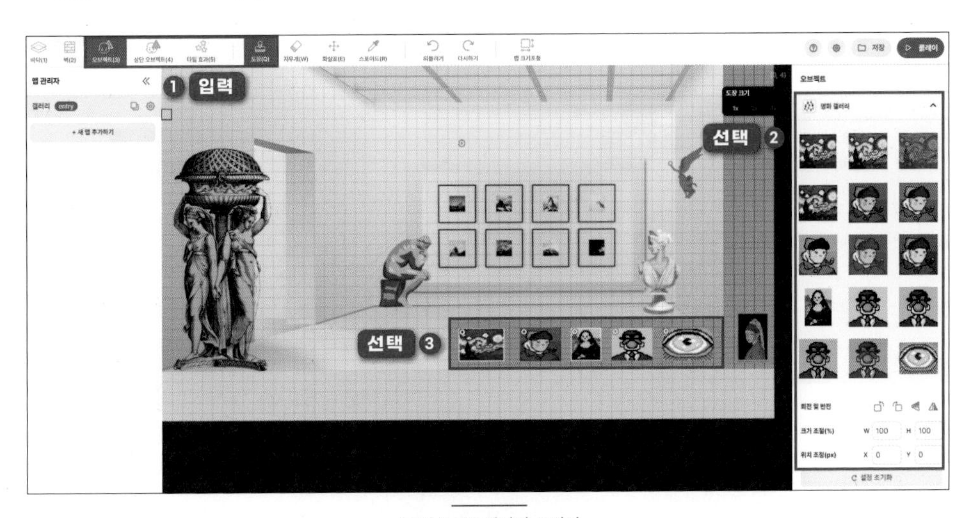

[그림 4-17] 갤러리 꾸미기

(7) 타일 효과

❶ [타일 효과] 〉 [도장] 〉 ❷ [통가 불가] 〉 ❸ 아바타가 통과할 수 없는 타일을 클릭한다.

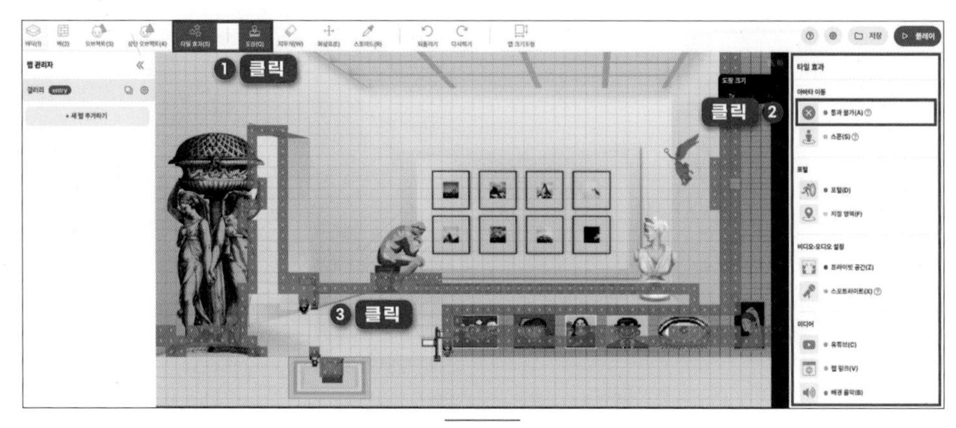

[그림 4-18] 통과 불가 영역 지정하기

(8) 스폰

❶ [타일 효과] 〉 [도장] 〉 ❷ [스폰] 〉 ❸ [맵]에 스폰 위치를 정하고 클릭한다.

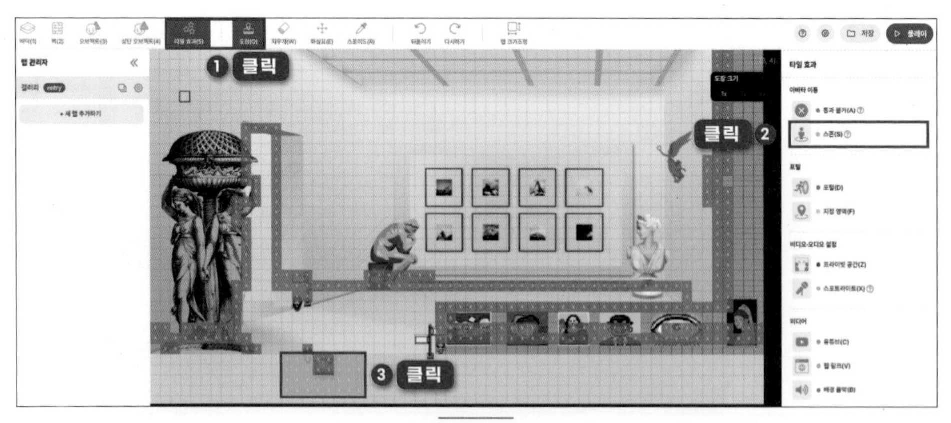

[그림 4-19] 스폰 설치

4 오브젝트 기능 활용하기

(1) 오브젝트 설정 - 말풍선 표시

❶ [오브젝트] 〉 [도장]을 클릭한다.

❷ 말풍선을 설치할 '오브젝트'의 톱니바퀴를 클릭한다.

❸ [오브젝트 설정] 팝업창에서 [말풍선 표시] 유형을 선택한다.

❹ [말풍선 텍스트]에 '갤러리에 오신 것을 환영합니다~' 문구를 입력한다.

❺ [실행 방법]에서 [바로 실행]을 선택하고

❻ 저장 [저장]하고 ▷ 플레이 [플레이]를 클릭한다.

❼ 플레이 화면에서 '말풍선'을 확인한다.

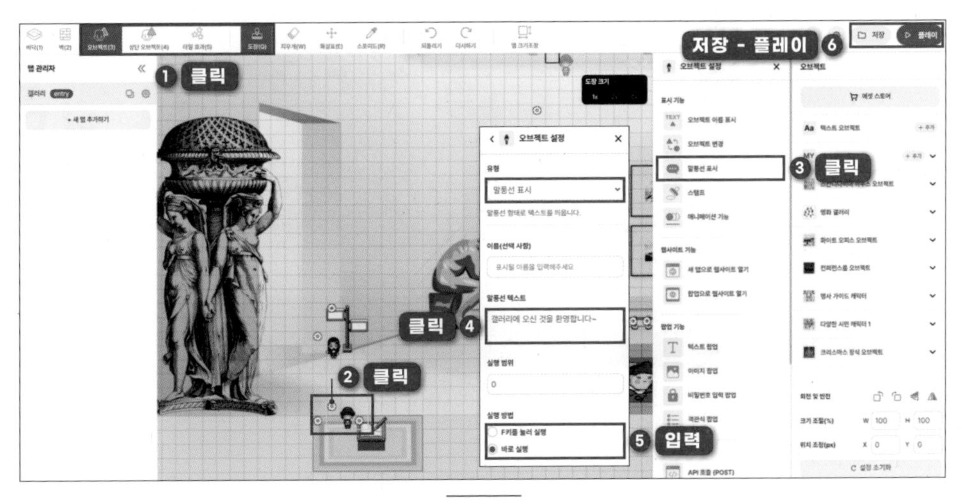

[그림 4-20] 오브젝트 설정 – 말풍선 표시

[그림 4-21] 플레이 화면에서 말풍선

(2) 오브젝트 설정 - 텍스트 팝업

❶ [오브젝트] 〉 [도장]을 클릭한다.

❷ 텍스트 팝업을 설치할 '오브젝트'의 톱니바퀴를 클릭한다.

❸ [오브젝트 설정] 팝업창에서 [텍스트 팝업] 기능을 선택한다.

❹ [텍스트 팝업]에서 [텍스트]에 '클래식 회화전' 문구를 입력한다.

❺ [실행 방법]에서 [F키를 눌러 실행]을 선택하고

❻ 저장 [저장] 〉 플레이 [플레이]를 클릭한다.

❼ 플레이 화면에서 '텍스트 팝업'을 확인한다.

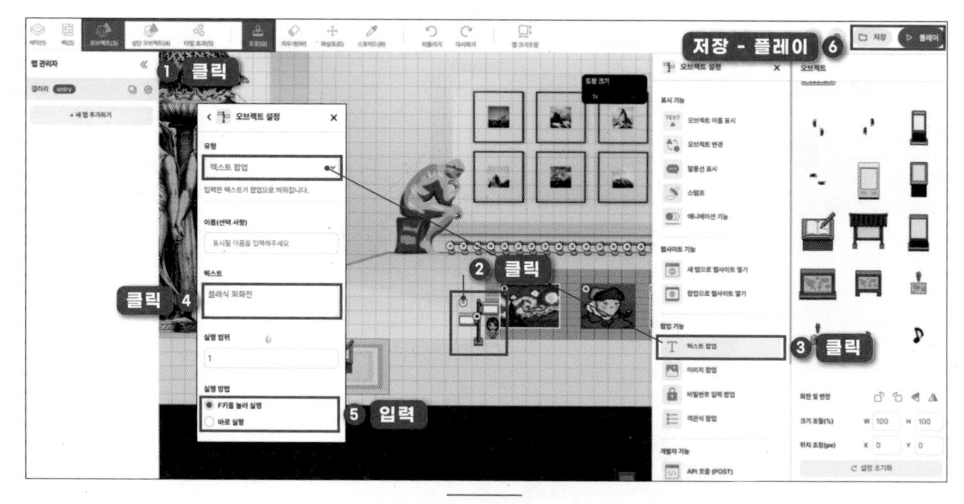

[그림 4-22] 오브젝트 설정 - 텍스트 팝업

[그림 4-23] 플레이 화면에서 텍스트 팝업

(3) 오브젝트 설정 - 객관식 팝업

❶ [오브젝트] 〉 [도장]을 클릭한다.

❷ 말풍선을 설치할 '오브젝트'의 톱니바퀴를 클릭한다.

❸ [오브젝트 설정] 팝업창에서 [객관식 팝업] 유형을 선택한다.

❹ [이름 입력(선택 사항)]에 'Choice'(선택) 문구를 입력한다.

❺ [질문 내용]에 '질문'을 입력하고 [선택지 1]과 [선택지 2] '내용'을 입력한 다음, [정답]을 선택한다. 선택지를 추가할 수도 있다.

❻ [정답 선택 시 실행할 동작] 중에서 [텍스트 팝업]을 선택하고 [텍스트] 내용을 입력한다. '3D 갤러리에 오신 것을 환영합니다'를 입력한다.

❼ [오답 메시지] 팝업창에서 오답 메시지 '다음 기회에 체험해 보시기 바랍니다' 문구를 입력한다.

❽ [실행 방법] 중에서 [F키를 눌러 실행]을 선택한다.

❾ 저장 [저장]하고 플레이 [플레이]를 클릭한다. 플레이 화면에서 '객관식 팝업'을 확인한다.

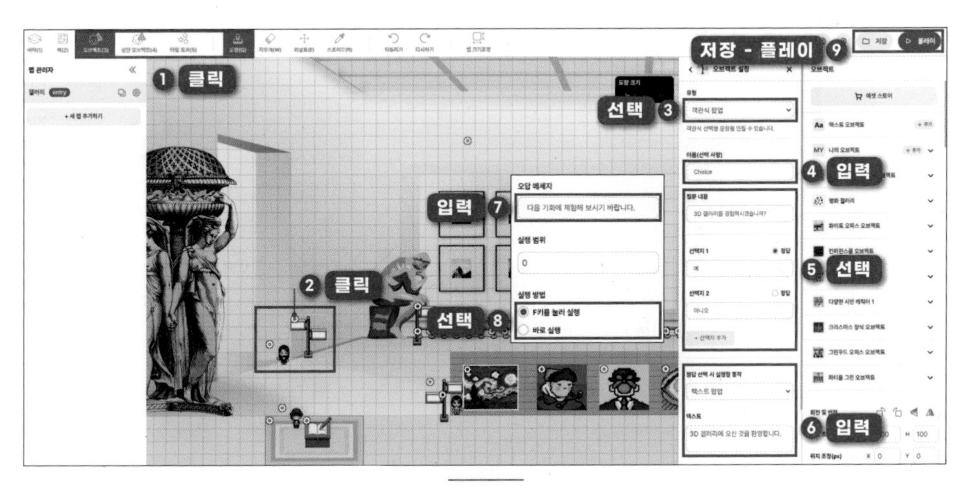

[그림 4-24] 오브젝트 설정 - 객관식 팝업

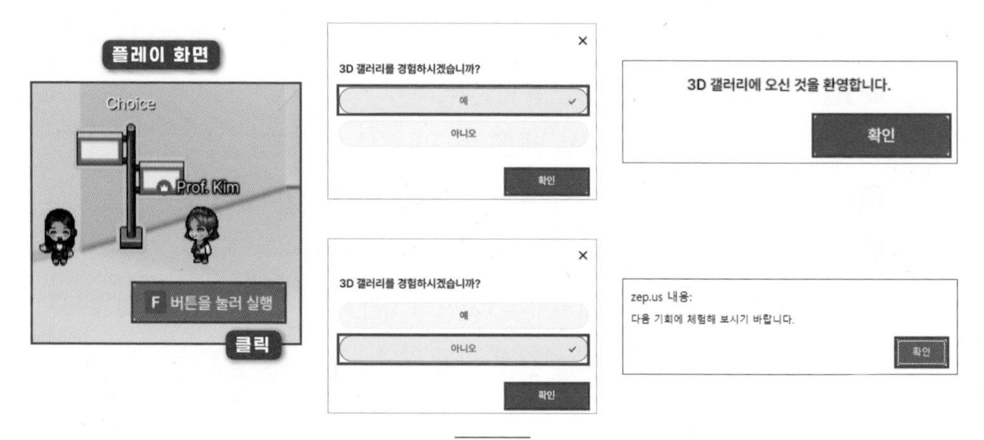

[그림 4-25] 플레이 화면 - 예/아니오 팝업창

(4) 오브젝트 설정 - 웹링크

❶ [오브젝트] 〉 [도장]을 클릭한다.

❷ [오브젝트] 중에서 '이동 표시 안내 세트'를 선택한다.

❸ [맵]에서 '3D 갤러리' 입구 위치를 선택하고 클릭한다.

[그림 4-26] 오브젝트 설정 - 웹링크

❹ [타일 효과] 〉 [도장]을 클릭한다. ❺ [웹링크]를 클릭하고 ❻ [웹링크] 팝업 창에서 [연결할 웹 URL]을 입력한다. ❼ [팝업으로 열기]를 선택하고, ❽ [팝업 정렬]은 [상단]으로 선택한다. ❾ [표시 이름(선택 사항)]을 입력한다. ❿ [이동 방법]은 [바로 이동]을 선택하고 ⓫ [포털 오브젝트 숨기기]를 클릭한다. ⓬ ❷에서 선택한 《 오브젝트에 클릭한다. ⓭ 저장 [저장] 〉 ▷ 플레이 [플레이]를 클릭한다.

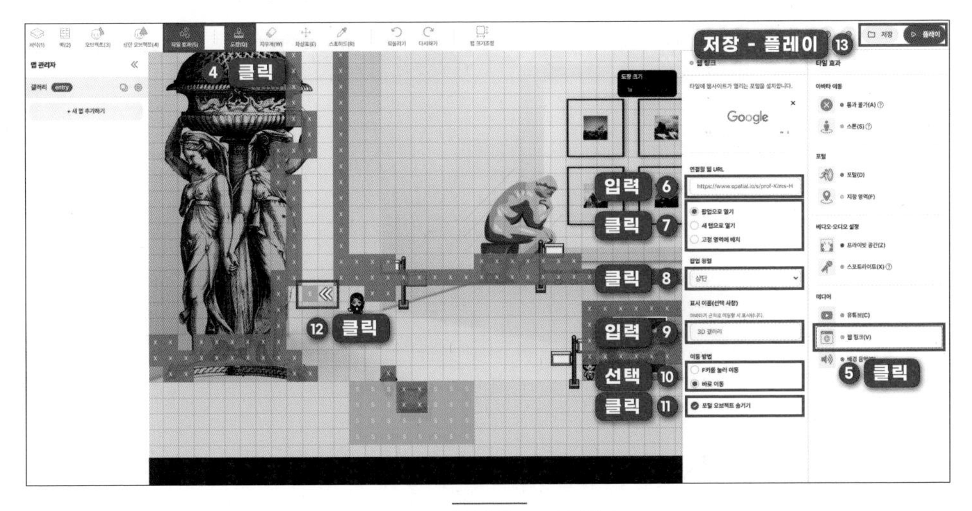

[그림 4-27] 연결할 웹 URL 입력하기

⓮ 3D 갤러리에 입장 (스마트폰으로 입장할 경우 Spatial 앱 설치 후 입장)

[그림 4-28] 3D 갤러리 입장하기

(5) 포스터 만들기 (캔바 활용)

[캔바](www.canva.com) 홈페이지에서 ❶ [디자인 만들기]를 클릭하고 ❷ [포스터(42 x 59.4)]를 선택한다.

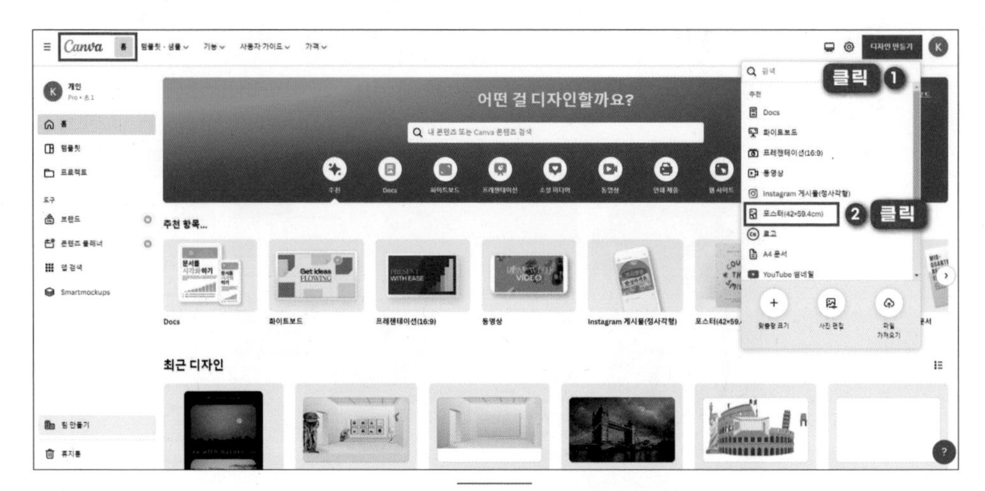

[그림 4-29] 캔바 포스터 만들기

❸ [추천 템플릿]에서 '템플릿'을 선택한다. ❹ 갤러리에 맞는 포스터로 수정한다. ❺ 제목을 입력하고 ❻ [공유]를 클릭한다. ❼ [다운로드] 팝업창에서 [PNG 파일 형식]을 확인하고 ❽ [다운로드]한다.

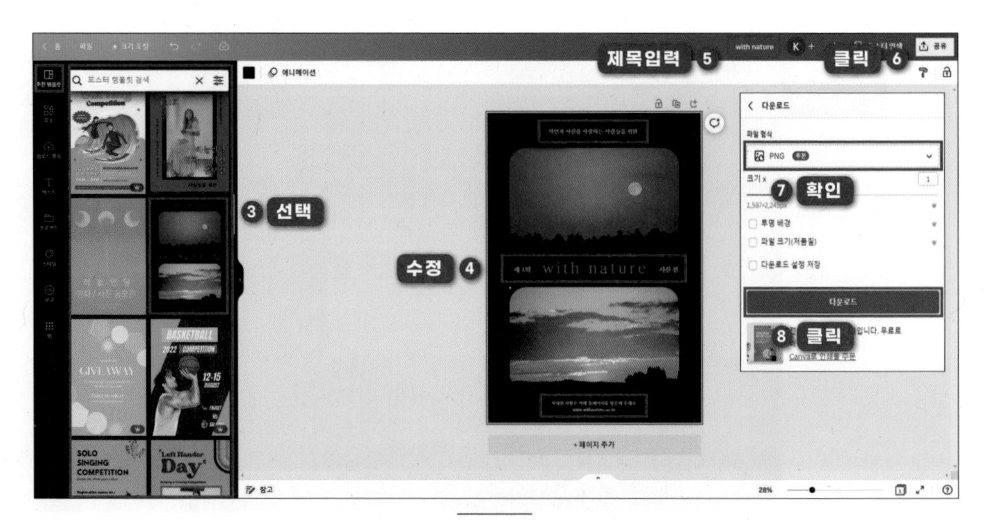

[그림 4-30] 포스터 템플릿 선택 및 변경하기

(6) ZEP 맵 관리자

❶ [오브젝트] 〉 [도장] 〉 ❷ [오브젝트] 톱니바퀴를 클릭 〉 ❸ [오브젝트 설정] 〉 [이미지 팝업] 〉 ❹ [이름(선택 사항)] 입력 〉 ❺ [이미지 파일] 클릭 〉 ❻ 캔바에서 다운로드한 [이미지 파일] 선택 〉 ❼ [실행 방법] 선택 〉 [F키를 눌러 실행] 〉 ❽ 저장 [저장] 〉 플레이 [플레이] 한다.

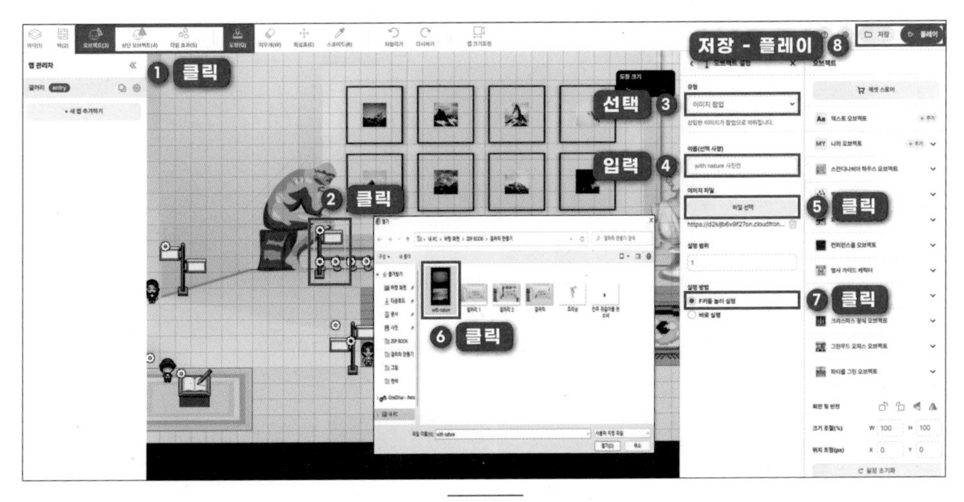

[그림 4-31] 캔바에서 다운로드한 포스터 이미지 팝업

❾ 플레이 화면

갤러리 만들기

[그림 4-32] 플레이 화면에서 이미지 팝업 확인하기

5 3D 메타버스 갤러리 만들기

(1) 스페이셜 로그인

❶ [스페이셜](spatial.io) 홈페이지에서 ❷ [로그인]을 클릭한다.

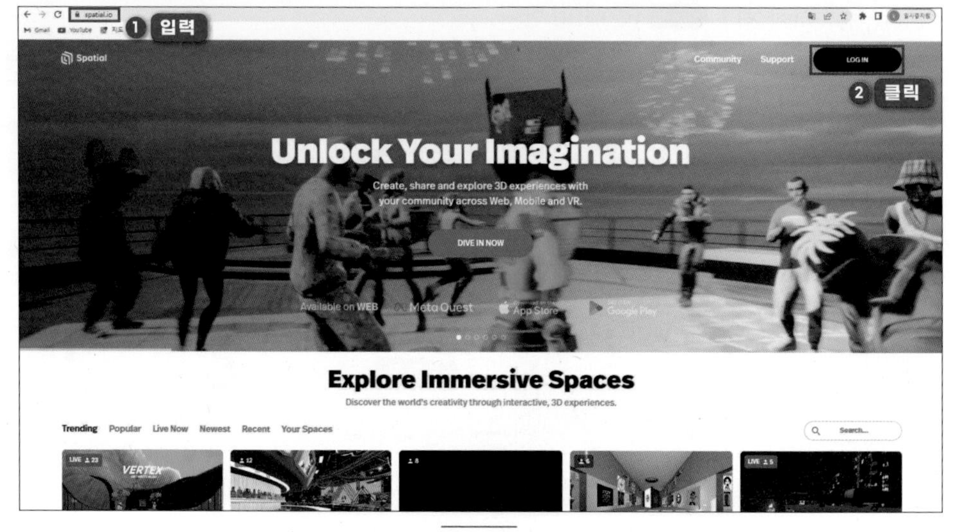

[그림 4-33] 스페이셜 홈페이지

❸ [구글], [메타마스크], [애플], [마이크로소프트], [이메일]으로 로그인이 가능하다. [이메일 사용](Use Email) 클릭 〉 ❹ 이메일 주소 입력 〉 ❺ 비밀번호 입력 〉 ❻ 이메일로 인증한다.

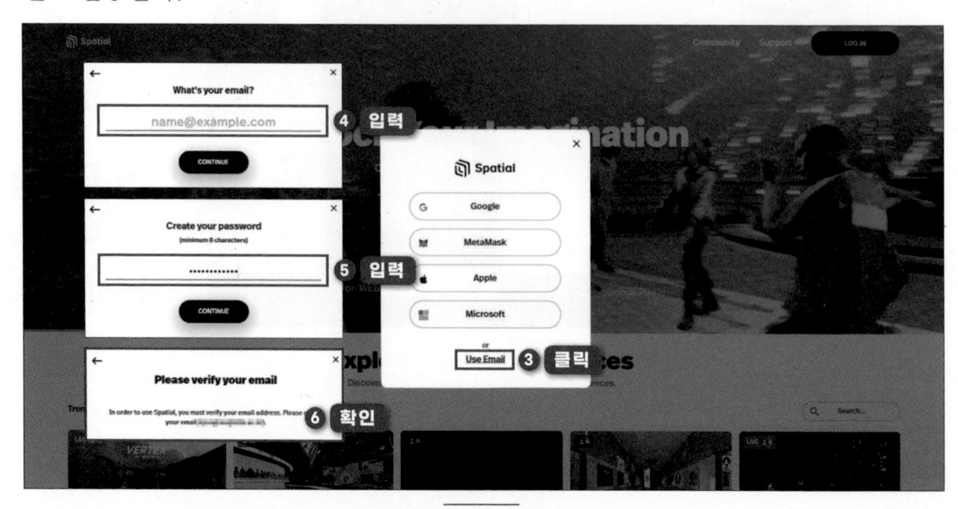

[그림 4-34] 회원 가입하기

❼ [스페이스 만들기](CREATE A SPACE)를 클릭한다.

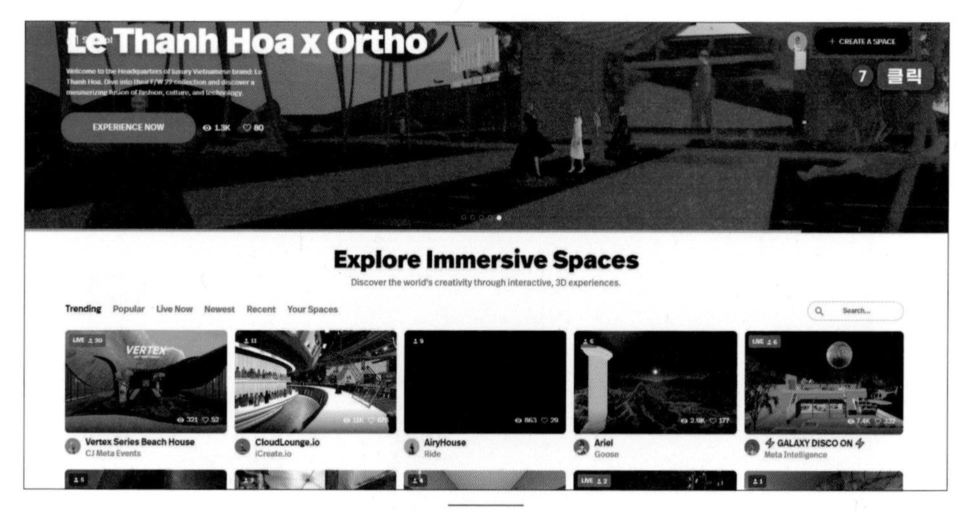

[그림 4-35] 스페이스 만들기

❽ [Let's Build] 창이 팝업하면, 템플릿을 선택한다.

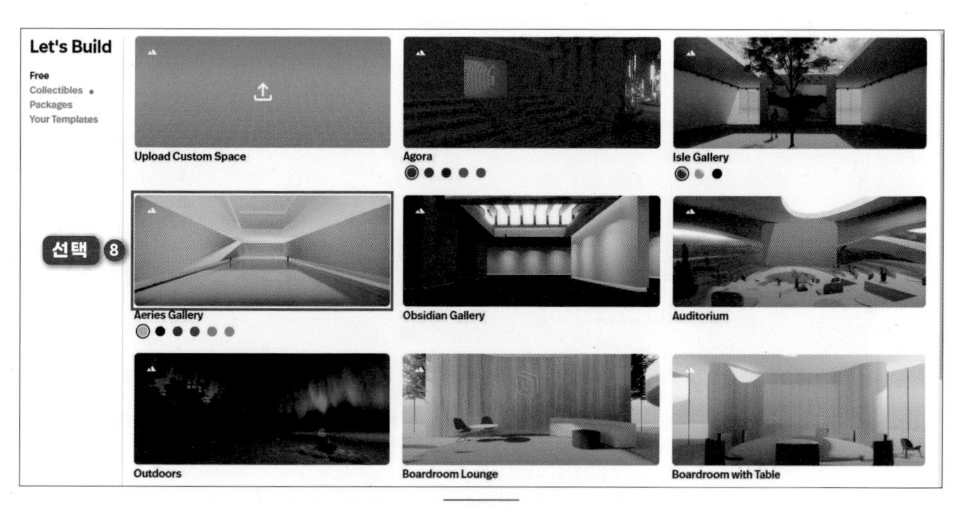

[그림 4-36] 3D 갤러리 템플릿 선택하기

(2) 3D 갤러리에 이미지 올리는 방법

❶ 빈 액자를 클릭한다.

❷ [이미지](Images) 업로드 창이 팝업하면, [업로드](UPLOAD)를 클릭한다.

❸ [SELECT FROM YOUR DEVICE] 클릭하여 PC에 있는 이미지를 업로드한다.

[그림 4-37] 3D 갤러리에 이미지 업로드 하기

❹ 그림을 확인하다.

[그림 4-38] 이미지 업로드하기

❺ 사진을 클릭한다.

❻ [정보](INFORMATION)를 클릭한다.

❼ [정보 창](INFORMATION PANEL)에 [제목], [작가], [설명], [링크], [정보 공개 여부]를 선택하고 저장한다.

[그림 4-39] 이미지 정보 입력하기

❽ 3D 메타버스 갤러리를 완성한다.

[그림 4-40] 3D 갤러리 완성

05. 퀴즈! 골든벨 강당 만들기 (캔바 활용하기)

1 퀴즈! 골든벨 강당 디자인 계획안

스페이스 콘셉트와 디자인을 먼저 생각한다.

에셋 스토어에서 무료 아이템을 '구매'한다.

스페이스 이름	
목 표	

	활 동	메 모
구매 목록	□ 맵: □ 앱: □ 미니게임: □ 오브젝트:	
스페이스 내용	□ □ □ □ □	
콘셉트	□	
활용 툴	□	
key words		
평가		☆☆☆☆☆

스페이스 이름	퀴즈! 골든벨
목 표	내가 만든 '퀴즈! 골든벨' 맵에서 게임하기

	활 동	메 모
구매 목록	□ **맵**: 콘서트 □ **앱**: 스탬프 앱 □ **미니게임**: 퀴즈! 골든벨 □ **오브젝트**: 화이트 오피스 오브젝트, 어린이방 세트, 컴퓨터 창의실, 대학 강의실 세트	무료 아이템 at 에셋 스토어
스페이스 내용	□ 젭 오브젝트 기능 알기 □ 맵 에디터 - 바닥, 벽, 오브젝트 □ 타일 효과 - 지정 영역 □ 오브젝트 - 캔바에서 골든벨과 단상 직접 제작	
콘셉트	□ 콘서트장 분위기의 퀴즈 맵 만들기	
활용 툴	□ 캔바	
key words	퀴즈! 골든벨, 지정 영역 기능, 오답자 영역, 생존자 영역, 문제 출제자 영역	
평가	퀴즈 시간이 즐거워요!	☆ ☆ ☆ ☆ ☆

젭 퀴즈! 골든벨 크리에이터

- [맵 에디터]에서 상단에 [타일 효과] 〉 [도장] 〉 [지정 영역]을 선택 후 아래의 이름으로 원하는 위치에 지정 영역을 배치한다.
- 모든 지정 영역이 최소 1개 이상 설정되어야 게임이 시작된다.

ZEP Script code

Quiz_seat_[1-50] 게임 시작 시 사용자가 위치하게 되는 장소.

Quiz_seat_stand: 게임 시작 시 50명 이상일 경우, 사용자가 이동하게 될 장소.

Quiz_mc: 게임 시작 시 출제자가 있은 영역을 설정.

Quiz_fail: 오답일 경우 탈락자가 있는 영역 위치 설정.

Quiz_survival: 게임 종료 시 생존자가 이동하는 위치 설정.

Quiz_reset: 게임 종료 시 생존자를 제외한 모든 플레이어가 이동되는 위치 설정.

2 ZEP 퀴즈! 골든벨 크리에이터

(1) 스페이스 만들기

❶ [ZEP 홈페이지] 〉 ❷ [템플릿 고르기] 〉 ❸ 템플릿 선택 〉 ❹ [스페이스 설정]에서 '스페이스 이름'을 입력하고 [만들기]를 클릭한다.

[그림 5-1] + 스페이스 만들기

(2) 타일 효과 - 지우기

❶ [맵 에디터]를 클릭한다.

[그림 5-2] 맵 에디터

❷ [타일 효과] 〉 [지우개]를 선택하여 '타일 효과'를 지운다.

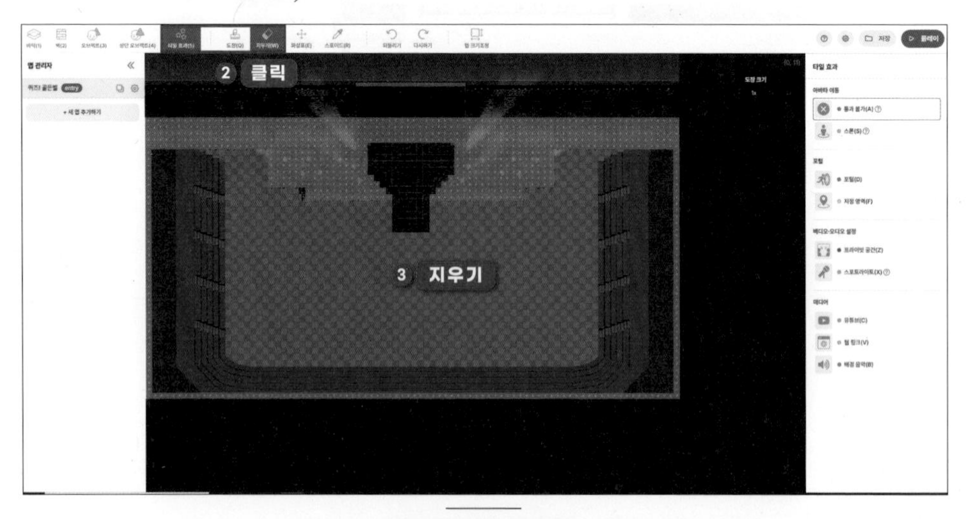

[그림 5-3] 타일 효과 지우기

(3) 의자 설치

❶ [상단 오브젝트] 〉 [도장] 〉 ❷ [오브젝트] 〉 '화이트 오피스 오브젝트' 클릭 〉 ❸ [맵]에 의자를 설치한다.

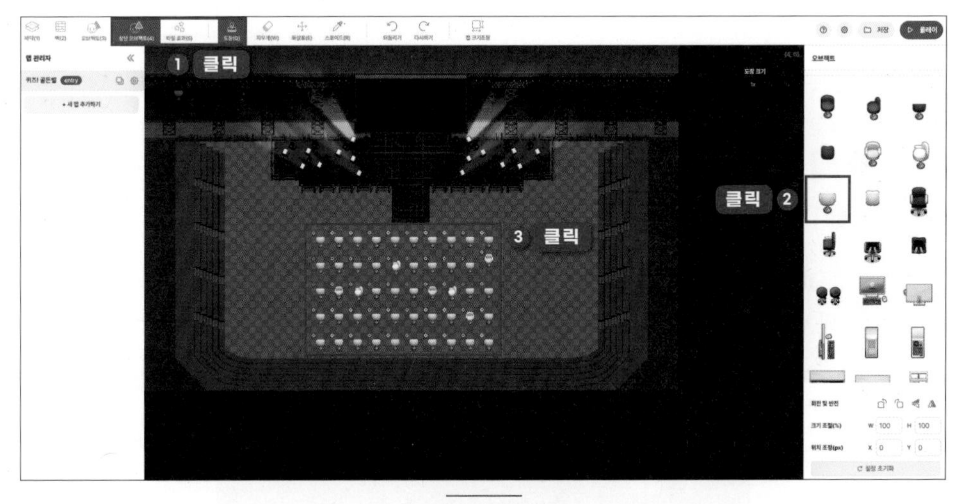

[그림 5-4] 의자 설치하기

방향이 다른 의자를 설치할 경우,

❶ [오브젝트] 〉 [도장] 〉 ❷ [오브젝트]를 선택한다.

오브젝트 방향을 바꿀 때는 [회전 및 반전]을 이용한다.

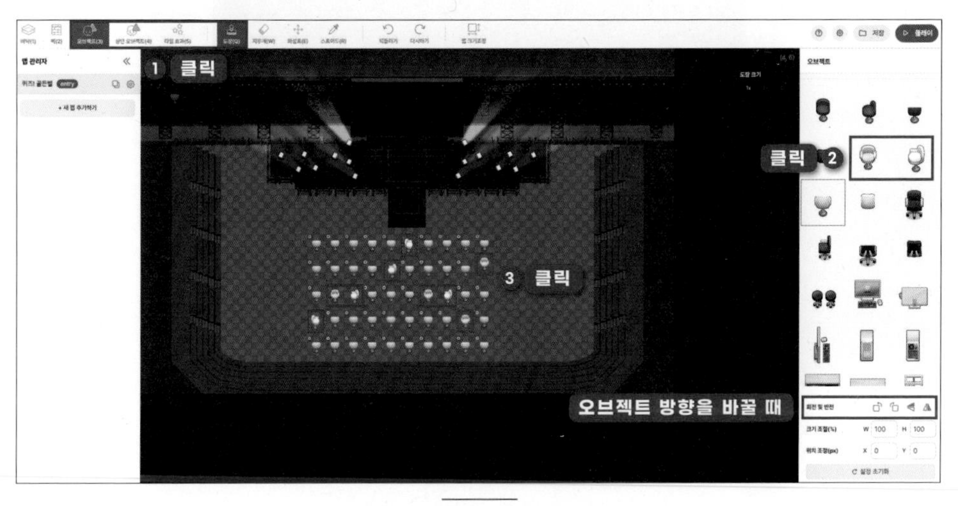

[그림 5-5] 회전과 반전 도구 이용하기

(4) 타일 효과 - 지정 영역

A-1. 참여자 위치

퀴즈 골든벨 시작할 때, 아바타들을 좌석에 착석시킬 수 있다.

[타일 효과]와 [지정 영역]을 이용한다.

❶ [타일 효과] 〉 [도장] 〉 ❷ [지정 영역] 〉 ❸ [영역 이름] 'quiz_seat_1' 입력 〉 ❹ [맵]에서 첫 번째 의자 클릭한다.

두 번째 의자의 경우, [영역 이름] 'quiz_seat_2' 〉 [맵]에서 두 번째 의자를 클릭한다.

세 번째 의자의 경우, [영역 이름] 'quiz_seat_3' 〉 [맵]에서 세 번째 의자를 클릭한다.

… 같은 방식으로 50번째 의자까지 [영역 이름]을 지정하고 의자를 클릭한다.

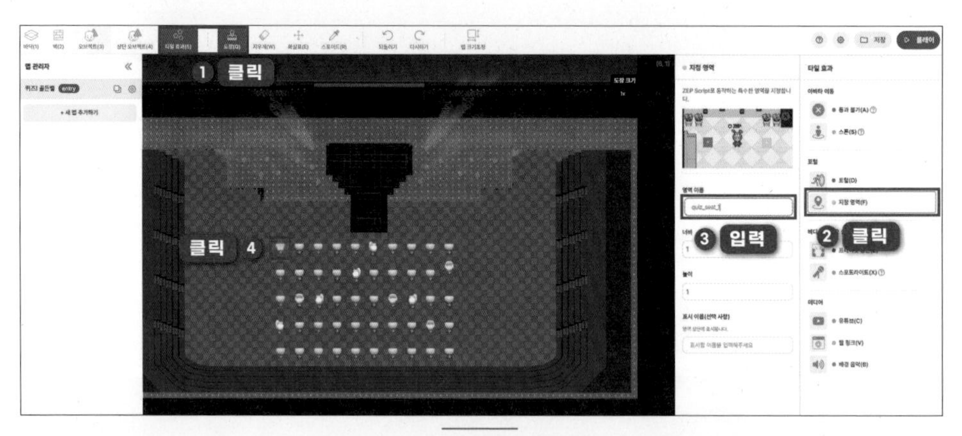

[그림 5-6] 타일 효과 - 지정 영역

⑤ [영역 이름] 'quiz_seat_50' 입력 〉 ⑥ [맵]에서 50번째 의자를 클릭한다.

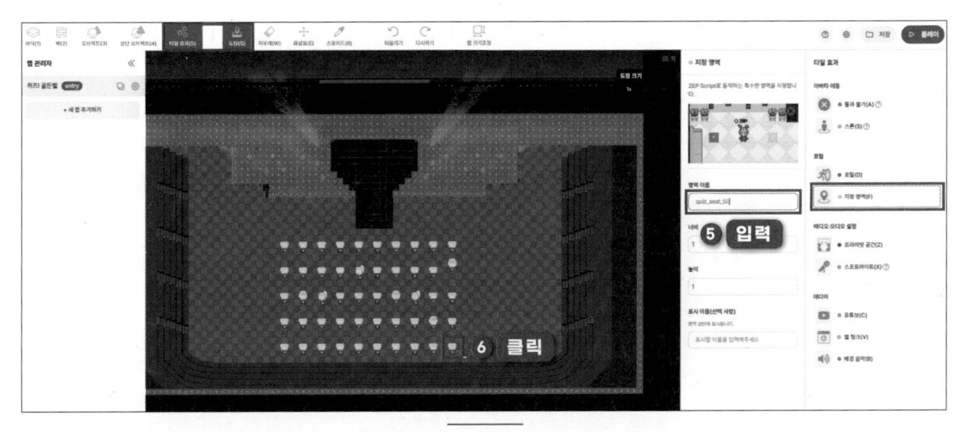

[그림 5-7] 50번째 의자 지정 영역

A-2. 50명 이상 참가자가 있을 경우, 아바타들이 준비하는 장소

[타일 효과] 〉 [도장] 〉 ⑧ [지정 영역] 〉 [영역 이름] 'quiz_seat_stand' 입력 〉 ⑧ [맵]에 지정 영역 클릭 〉 ⑨ 저장 [저장] 〉 플레이 [플레이] 한다.

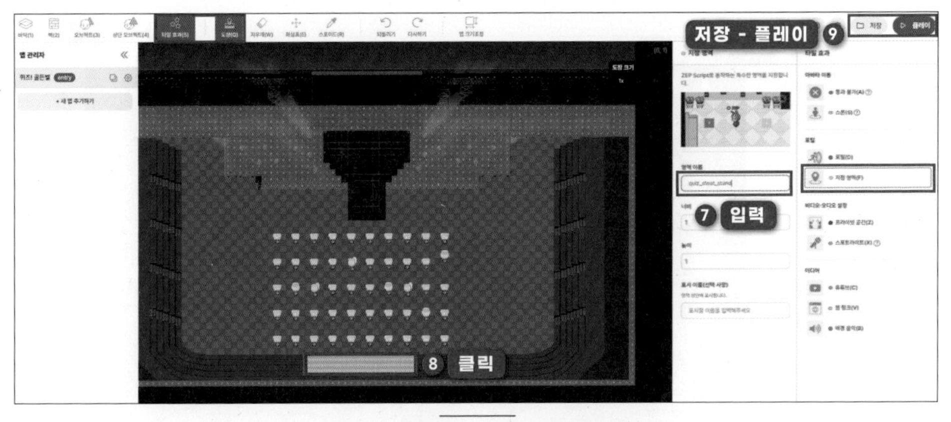

[그림 5-8] 50명 이상의 참가자가 있을 경우

B-1. 문제 출제자 위치 지정

❶ [오브젝트] 〉 [도장] 〉 ❷ [오브젝트] '어린이방 세트'와 '컴퓨터 창의실' 선택 〉 ❸ [맵]에 설치한다.

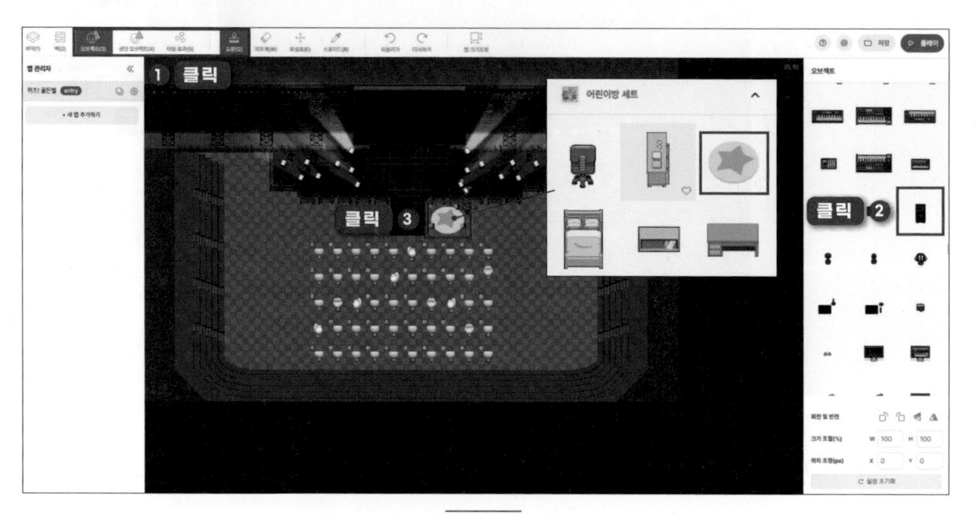

[그림 5-9] 문제 출제자 위치 지정

❹ [상단 오브젝트] 〉 [도장] 〉 ❺ [오브젝트] '대학 강의실 세트' 선택 〉 ❻ [맵]에 설치한다.

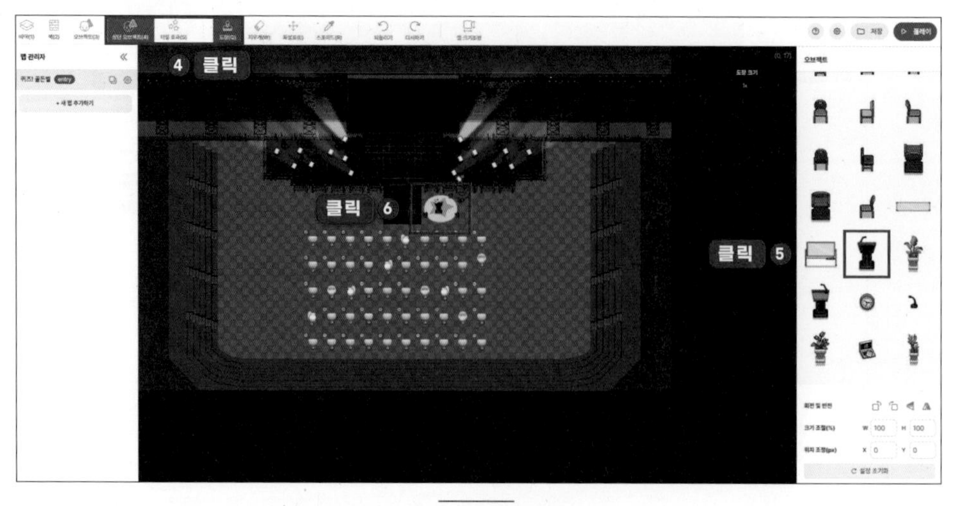

[그림 5-10] 상단 오브젝트

B-2. 타일 효과

퀴즈! 골든벨 게임을 시작할 때, 출제자 위치를 지정한다.

❶ [타일 효과] 〉 [도장] 〉 ❷ [지정 영역] 〉 ❸ [영역 이름] 'quiz_mc' 입력 〉 ❹ [맵]에 출제자 지정 영역을 클릭한다.

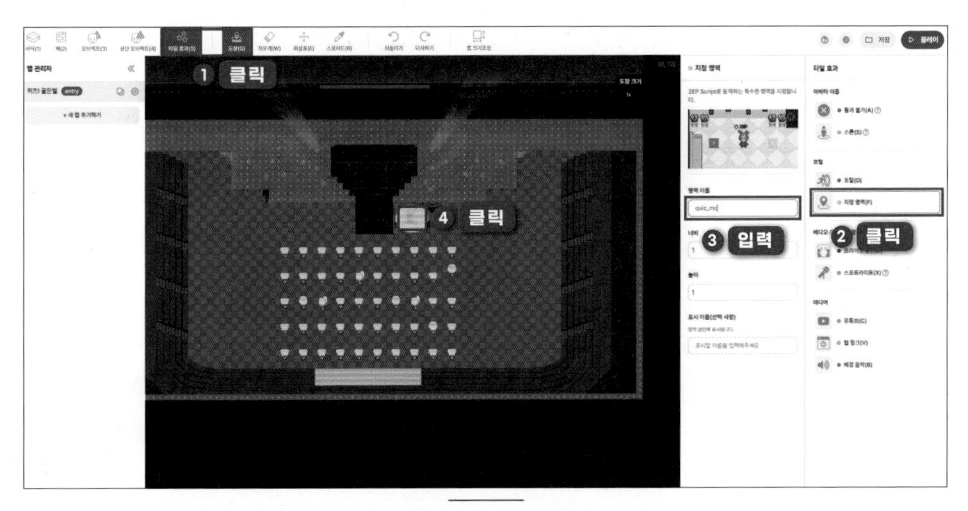

[그림 5-11] MC 지정 영역

C. 퀴즈 오답자 지정 영역

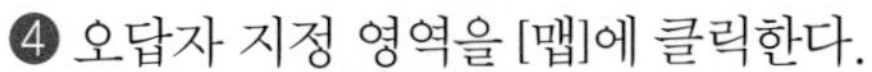

❶ [타일 효과] 〉 [도장] 〉 ❷ [지정 영역] 〉 ❸ [영역 이름] 'quiz_fail' 입력 〉 ❹ 오답자 지정 영역을 [맵]에 클릭한다.

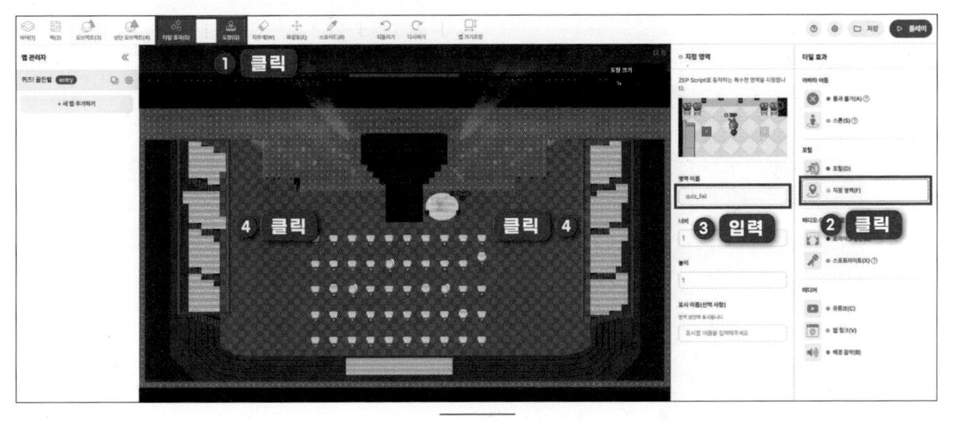

[그림 5-12] 오답자 지정 영역

3 캔바로 골든벨 만들기

(1) 골든벨 오브젝트 만들기

❶ [캔바 홈페이지] 〉 ❷ [디자인 만들기] 〉 ❸ [프레젠테이션(16:9)]을 클릭한다.

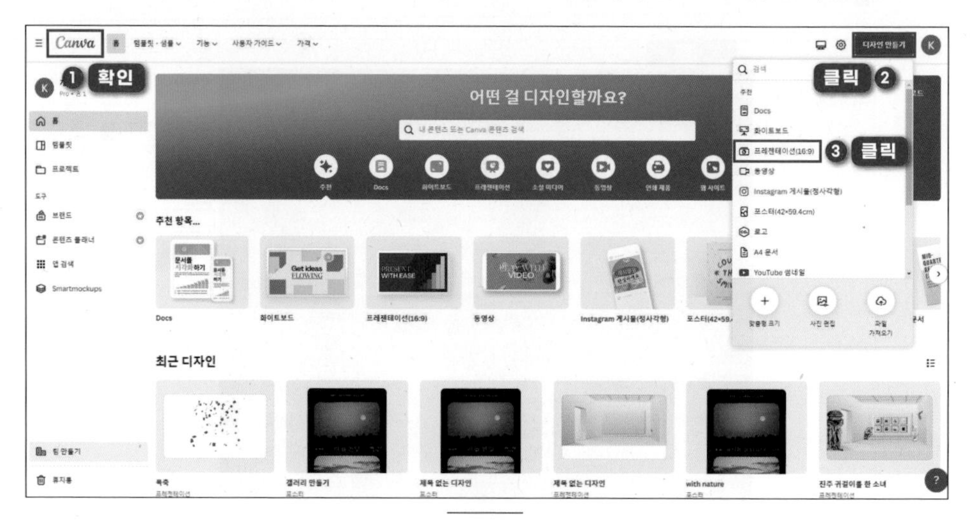

[그림 5-13] 캔바로 골든벨 디자인하기

❹ [요소] 〉 [그래픽] 〉 ❺ [골든벨 선택] 〉 ❻ 빈 슬라이드에 클릭 〉 [골든벨 크기 조절] 〉 ❼ [파일 제목] 입력 〉 ❽ [공유] 〉 ❾ [PNG] 파일 형식 선택 〉 [투명 배경] 〉 다운로드한다.

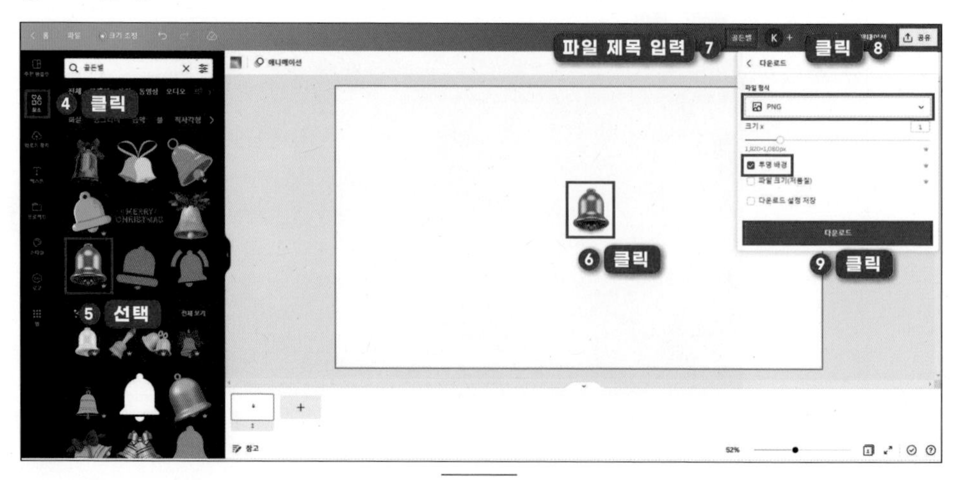

[그림 5-14] 골든벨 오브젝트 만들기

(2) 골든벨 오브젝트 ZEP으로 불러오기

❶ [오브젝트] 〉 [도장] 〉 ❷ [나의 오브젝트] 〉 [+ 추가] 〉 ❸ 캔바에서 다운로드한 [골든벨 파일] 선택 〉 ❹ [골든벨 파일] 클릭 〉 ❺ 맵에 골든벨을 설치한다.

[그림 5-15] 캔바에서 만든 골든벨 ZEP으로 불러오기

(3) 1, 2, 3등 단상 오브젝트 만들기

❶ [캔바] 〉 ❷ [요소] 〉 ❸ [단상 선택] 〉 ❹ 크기 조절 〉 ❺ [제목] 입력 〉 ❻ [공유] 〉 ❼ [PNG] 파일 형식 선택 〉 [투명 배경] 〉 다운로드한다.

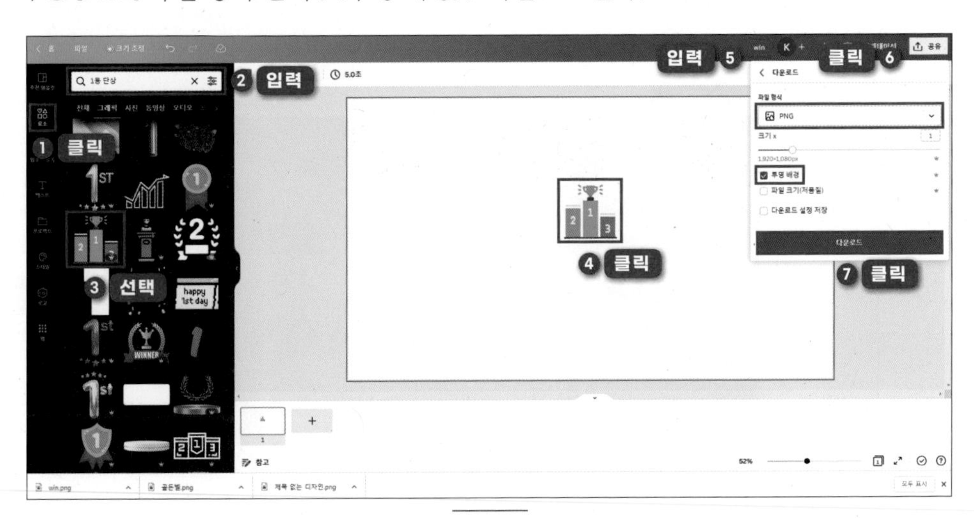

[그림 5-16] 1, 2, 3등 단상 만들기

(4) 단상 오브젝트 불러오기

❶ [오브젝트] 〉 [도장] 〉 ❷ [나의 오브젝트] 〉 [+ 추가] 〉 ❸ 캔바에서 다운로드한 [파일] 선택 〉 ❹ [맵]에서 위치 확인하고 설치한다.

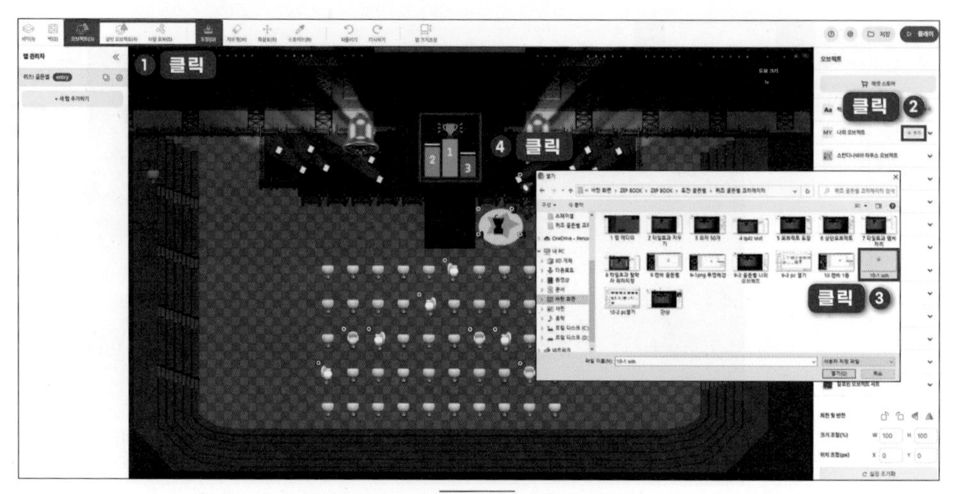

[그림 5-17] 단상 오브젝트 불러오기

(5) 골든벨 생존자 영역 지정하기

❶ [타일 효과] 〉 [도장] 〉 ❷ [지정 영역] 〉 ❸ [영역 이름] 'quiz_survival' 입력한다. ❹ [맵]에 생존자 영역을 클릭한다. 골든벨 생존자들이 머물게 되는 지정 영역이다.

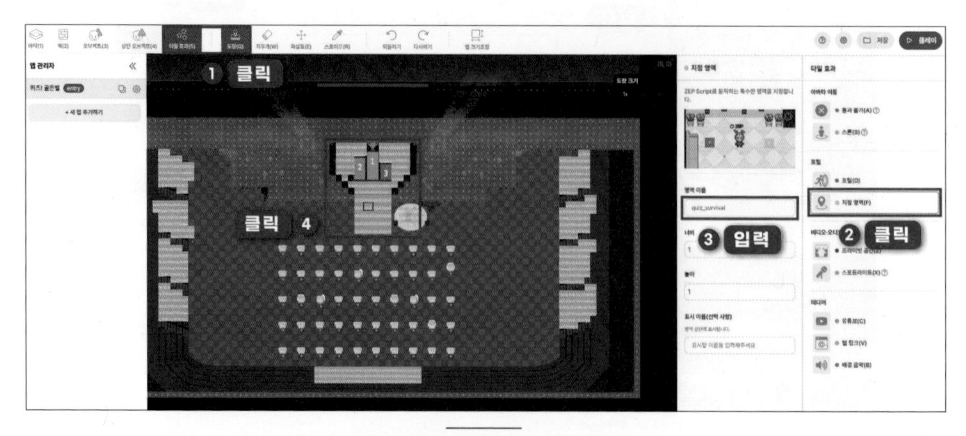

[그림 5-18] 골든벨 생존자 영역 지정하기

(6) 생존자를 제외한 모든 참가자가 이동되는 위치 설정

❶ [타일 효과] 〉 [도장] 〉 ❷ [지정 영역] 〉 ❸ [영역 이름] 'quiz_reset' 입력 〉 ❹ [맵]에 클릭한다. 생존자는 단상 위에 위치하게 되고, 나머지 참가자들이 위치하는 장소이다. 〉 ❺ [저장] 〉 [플레이] 한다.

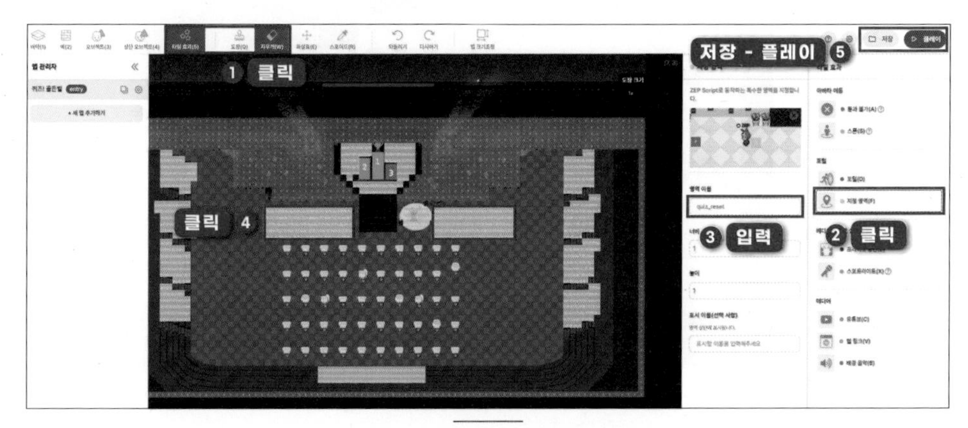

[그림 5-19] 생존자를 제외한 참가자 위치

(7) 스폰 지정하기

❶ [타일 효과] 〉 [도장] 〉 ❷ [스폰] 〉 ❸ [맵]에 스폰 위치를 클릭한다.

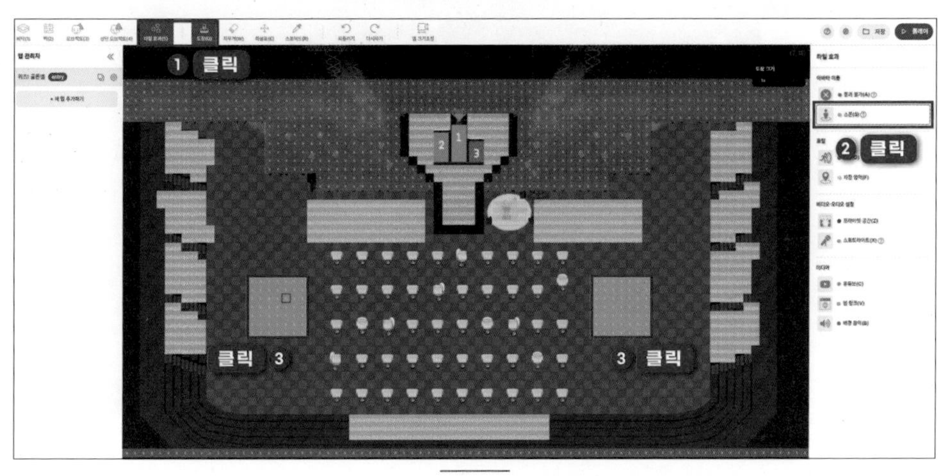

[그림 5-20] 스폰 지정하기

(8) 내가 만든 퀴즈! 골든벨로 미니게임하기 (Part Ⅳ-3 참고)

❶ [미니게임] 〉 ❷ [퀴즈! 골든벨] 〉 ❸ [시작]을 클릭한다.

[그림 5-21] 미니게임

❹ [문제]와 [정답]을 입력하고 ❺ [문제 내기]를 클릭한다.

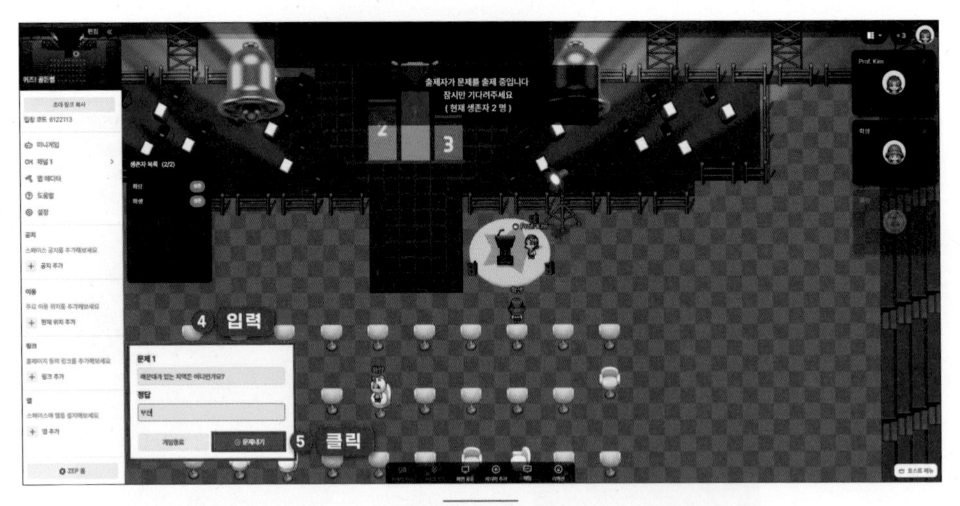

[그림 5-22] 문제 내기

❻ [생존자 목록]을 확인한다.

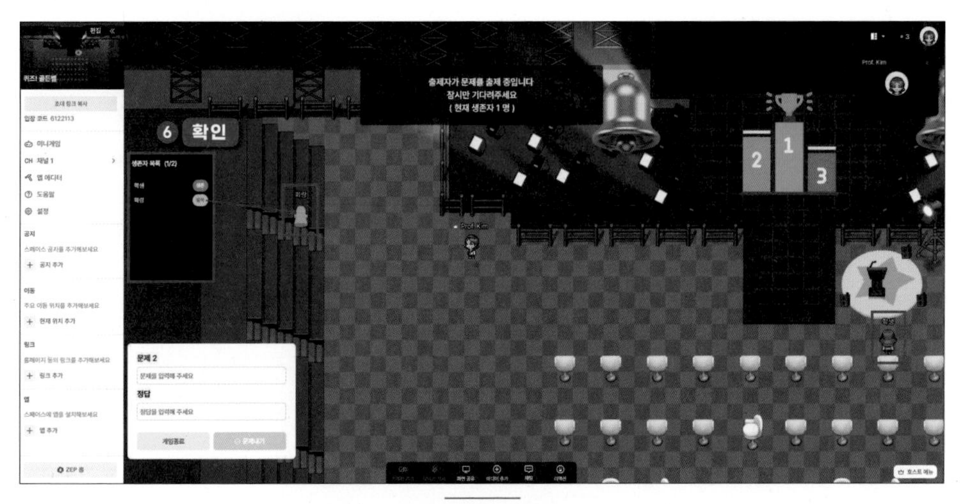

[그림 5-23] 생존자 목록

❼~❽ 게임을 종료한다.

[그림 5-24] 게임 종료

06. OX 퀴즈 학교 맵 만들기 (아이코그램 활용하기)

1 OX 퀴즈 학교 디자인 계획안

스페이스 콘셉트와 디자인을 생각한다.

스페이스 이름	
목 표	

	활 동	메 모
구매 목록	□ 맵: □ 앱: □ 미니게임: □ 오브젝트:	
스페이스 내용	□ □ □ □ □	
콘셉트	□	
활용 툴	□	
key words		
평가		☆☆☆☆☆

스페이스 이름	OX 퀴즈 학교
목 표	2.5D OX 퀴즈 학교 맵 만들기

	활 동	메 모
구매 목록	☐ **맵:** 빈 맵 ☐ **앱:** 빠른 이동, 타이틀 앱, 스탬프 앱 ☐ **미니게임:** OX Quiz ☐ **오브젝트:** 다양한 시민 캐릭터 1, 행사 가이드 캐릭터	무료 아이템 at 에셋 스토어
스페이스 내용	☐ OX 미니 게임 활동에 필요한 타일 효과 사용하기 ☐ 맵 에디터 - 배경 화면 설정 ☐ 타일 효과 - 지정 영역, 포털 ☐ 오브젝트 - 학교 맵 이미지 팝업	
콘셉트	☐ OX 퀴즈 활동이 가능하고 모든 스페이스를 연결한다.	
활용 툴	☐ 아이코그램	
key words	OX 퀴즈 운동장, 미니 게임, 2.5D 메타버스 학교, 지정 영역, 포털	
평가	신라월드가 한눈에! Good job!	☆☆☆☆☆

2 아이코그램으로 학교 디자인

(1) 아이코그램 로그인

❶ 주소창에 'icograms.com'을 입력한다.

❷ 오른쪽 마우스를 클릭하면, 팝업창에서 ❸ [한국어(으)로 번역]을 클릭한다.

[그림 6-1] 아이코그램 홈페이지

❹ 한국어로 로그인이 가능해진다. 오른쪽 상단에 [등록]을 클릭한다. ❺ [등록] 팝업창에서 [이름], [이메일], [비밀번호], [비밀번호 확인]을 입력하고 ❻ 등록한다.

[그림 6-2] 아이코그램 등록하기

영어접속은 Register - Name, Email, Password, Confirm Password - Register 클릭!

(2) 템플릿 선택하기

❶ [템플릿] 〉 ❷ [Metaverse space - school] (메타버스 공간 - 학교)를 선택한다.

[그림 6-3] 학교 템플릿 선택하기

(3) 오브젝트 설치, 복사, 삭제

❶ [선택 아이콘] 〉 ❷ [기본 도시] 〉 ❸ [건물] 오브젝트 선택 〉 [맵]에 설치한다.

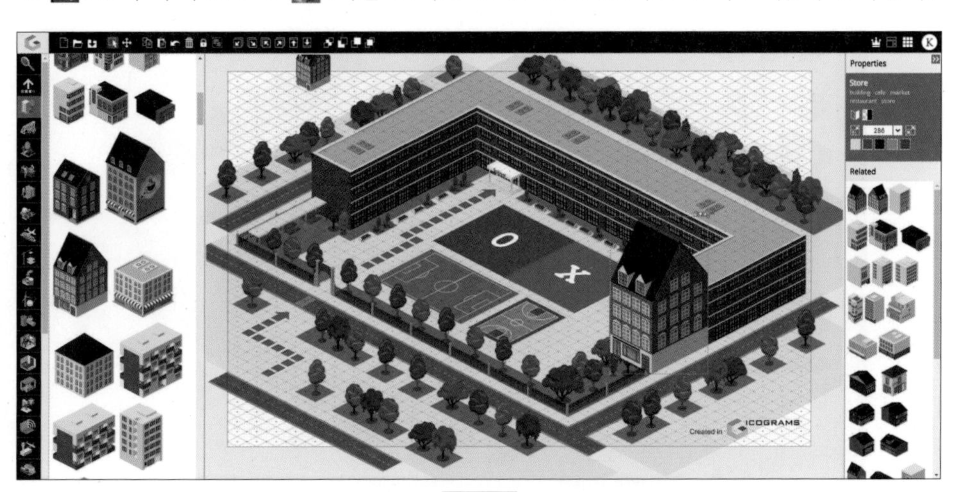

[그림 6-4] 건물 오브젝트 선택하기

❺ [복사] 〉 ❻ [방향 바꾸기] 〉 ❼ [맵]에 설치 〉 ❽ [농구 필드] 클릭 〉 ❾ [삭제] 버튼을 클릭한다.

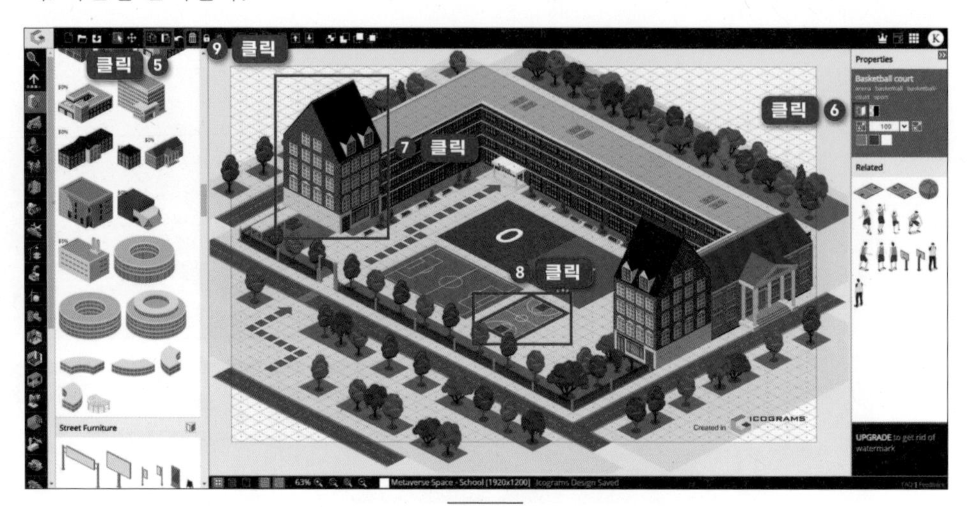

[그림 6-5] 오브젝트 설치, 복사, 삭제하기

(4) 오브젝트 크기 조절

❶ [축구장] 오브젝트 선택 〉 ❷ [오브젝트] 오른쪽 끝 모서리로 크기를 조절한다.

[그림 6-6] 오브젝트 크기 조절하기

(5) 오브젝트 복사 방향 조절

❶ [잔디]를 클릭한다.

❷ 상단 도구 툴 [오브젝트 복사 방향 조절]을 이용하여 바닥에 잔디를 깔아 준다.

❸ [사이드바]에서 다양한 오브젝트 선택하여 설치한다.

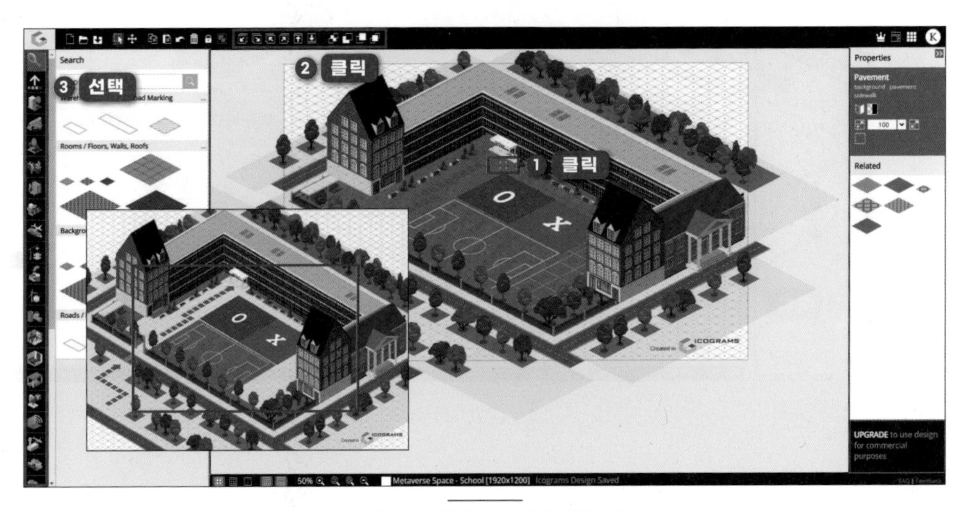

[그림 6-7] 오브젝트 복사 방향 조절하기

오브젝트 복사 방향 조절

- Clone Selected item to left down - 선택한 오브젝트를 왼 쪽 아래로 복사한다.
- Clone Selected item to right down - 선택한 오브젝트를 오른쪽 아래로 복사한다.
- Clone Selected item to left up - 선택한 오브젝트를 왼 쪽 위로 복사한다.
- Clone Selected item to right up - 선택한 오브젝트를 오른쪽 위로 복사한다.
- Clone Selected item up - 선택한 오브젝트를 위로 복사한다.
- Clone Selected item do - 선택한 오브젝트를 아래로 복사한다.

- Send Selected item back - 선택한 오브젝트를 맨 뒤로 보낸다.
- Send Selected item backward - 선택한 오브젝트를 바로 뒤쪽으로 보낸다.
- Bring Selected item forward - 선택한 오브젝트를 바로 앞쪽으로 보낸다.
- Bring Selected item front - 선택한 오브젝트를 맨 앞으로 보낸다.

(6) 텍스트

❶ [텍스트] 〉 ❷ 텍스트 종류 선택 〉 ❸ 내용 입력 〉 ❹ 위치 설정하여 클릭한다.

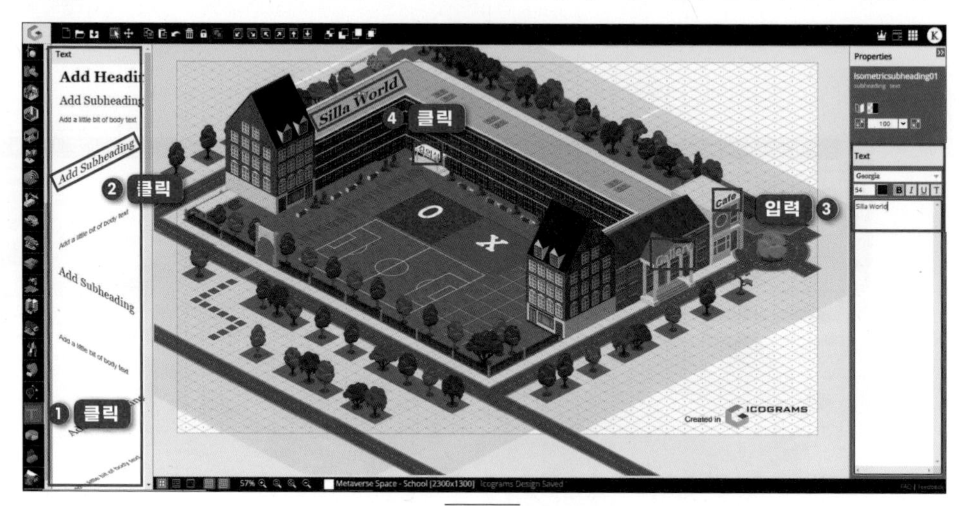

[그림 6-8] 텍스트 이용하기

(7) 이미지 저장

완성된 이미지는 PNG파일로 다운로드하여 저장하고 OX 퀴즈 학교 디자인을 완성한다.

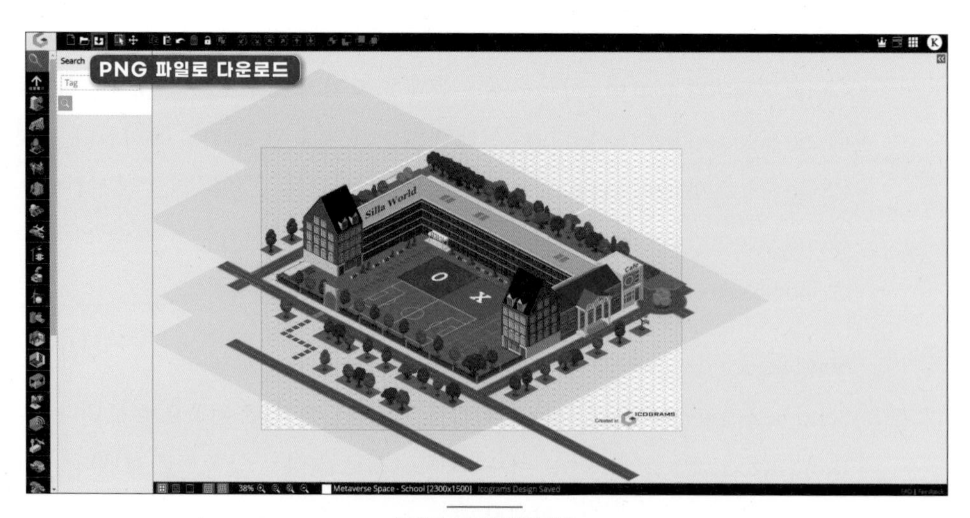

[그림 6-9] PNG 파일 저장

3 ZEP OX 퀴즈 크리에이터

❶ [ZEP 홈페이지] 〉 [+ 스페이스 만들기] 〉 ❷ [템플릿 고르기] 〉 ❸ [빈 맵에서 시작하기] 〉 ❹ [스페이스 설정]에서 '스페이스 이름'을 입력하고 [만들기]를 클릭한다.

[그림 6-10] + 스페이스 만들기

❶ [맵 에디터]를 클릭한다.

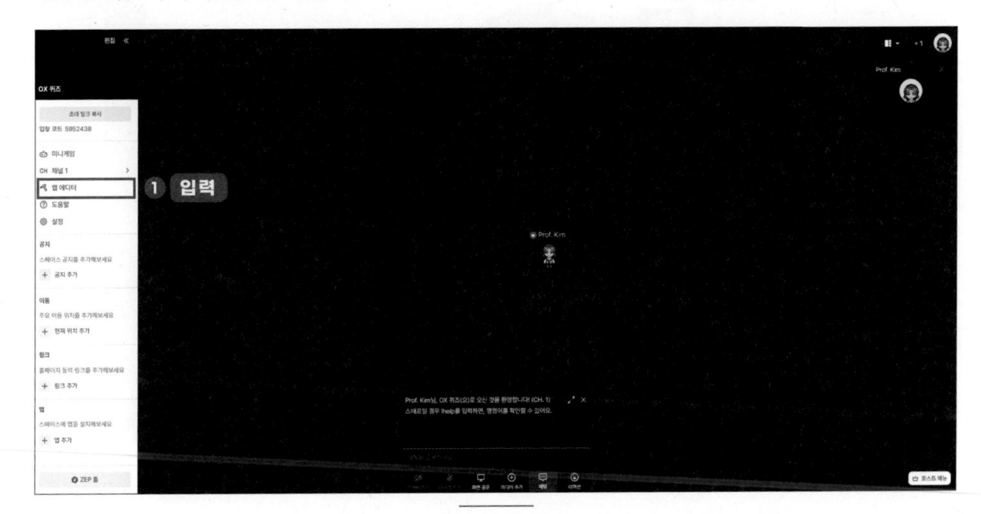

[그림 6-11] 맵 에디터

아이코그램에서 다운받은 학교 파일 불러오기를 한다.

❶ [배경 화면 설정하기] 〉 ❷ 아이코그램에서 제작한 [학교 파일] 선택 〉 ❸ [열기]를 클릭한다. ❹ [화살표]로 방향과 크기를 조절한다.

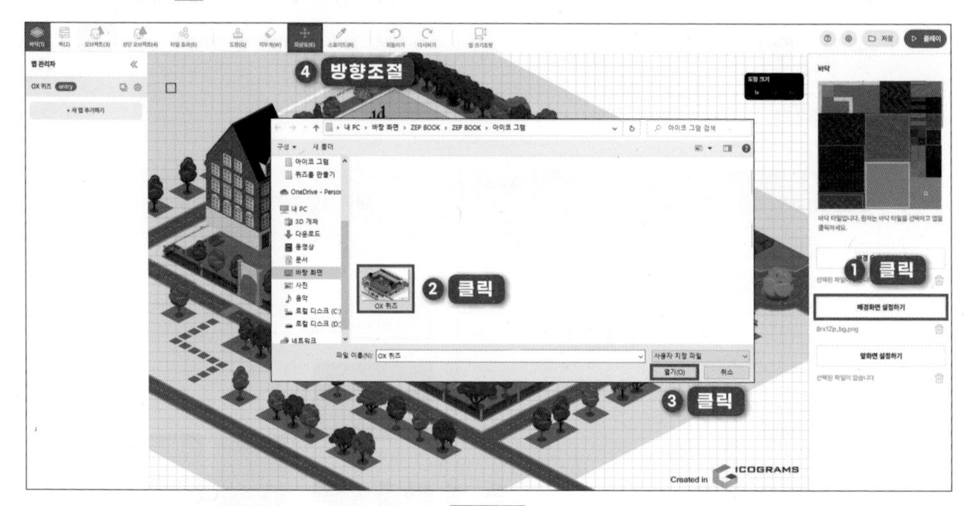

[그림 6-12] 배경 화면 설정하기

❶ [타일 효과] 〉 [도장] 〉 ❷ [통과 불가] 클릭 〉 ❸ [맵]에서 [통과 불가] 영역 클릭 ❹ 저장한다.

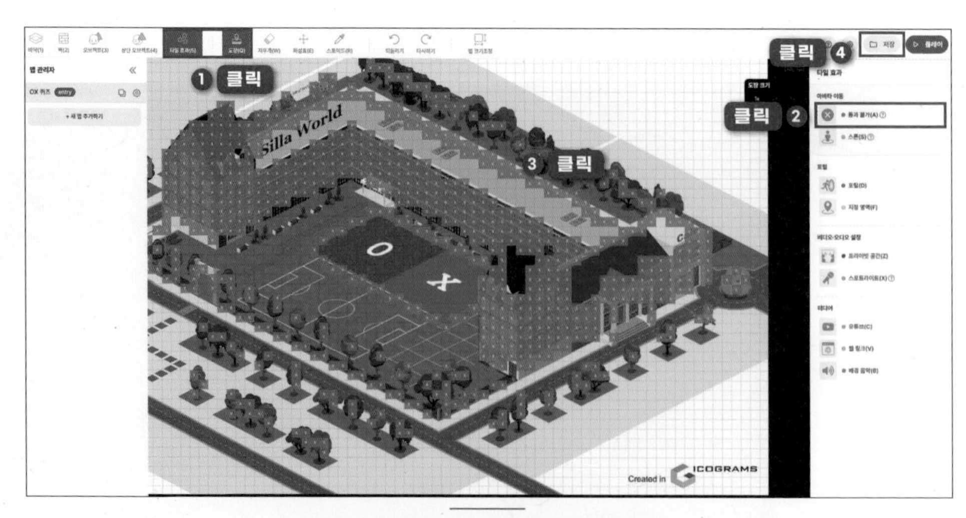

[그림 6-13] 타일 효과 - 통과 불가 영역 지정하기

4 OX 퀴즈 게임 코딩하기

(1) OX 퀴즈 시작

❶ [타일 효과] 〉 [도장] 〉 ❷ [지정 영역] 〉 ❸ [영역 이름] 'oxquiz_start' 입력 〉 [너비] 20 x [높이] 10 〉 ❹ OX 영역 위를 클릭한다. 아바타들이 머물면서 OX를 선택하여 이동하는 영역이다.

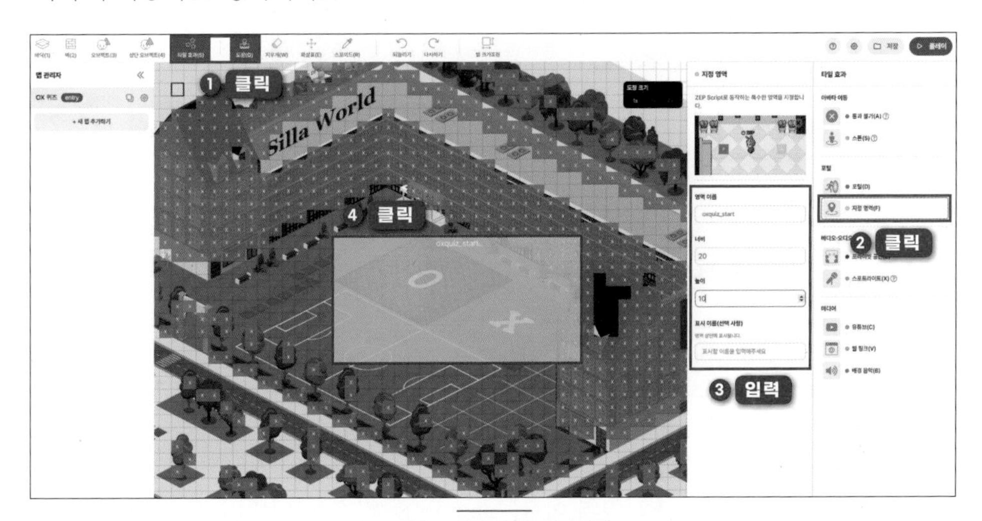

[그림 6-14] 타일 효과 - 지정 영역

(2) O 지정 영역

❶ [지정 영역] 〉 ❷ [영역 이름] 'oxquiz_o' 〉 [너비] 13 X [높이] 4 입력 〉 ❸ O 위치에 클릭한다.

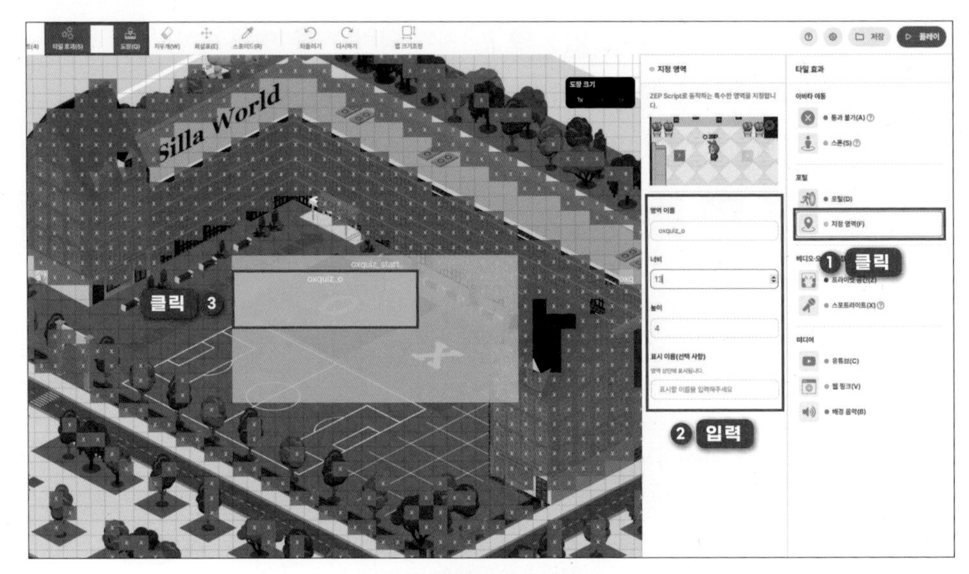

[그림 6-15] O 지정 영역 지정하기

❹ [지정 영역] 〉 ❺ [영역 이름] 'oxquiz_o' 입력 〉 [너비] 1 X [높이] 1 설정 〉 ❻ 나머지 O 위치에 클릭한다.

[그림 6-16] O 지정 영역 지정하기

(3) X 지정 영역

❶ [지정 영역] 〉 ❷ [영역 이름] 'oxquiz_x' 입력 〉 [너비] 8 X [높이] 5 설정 〉 ❸ X 위치에 클릭한다.

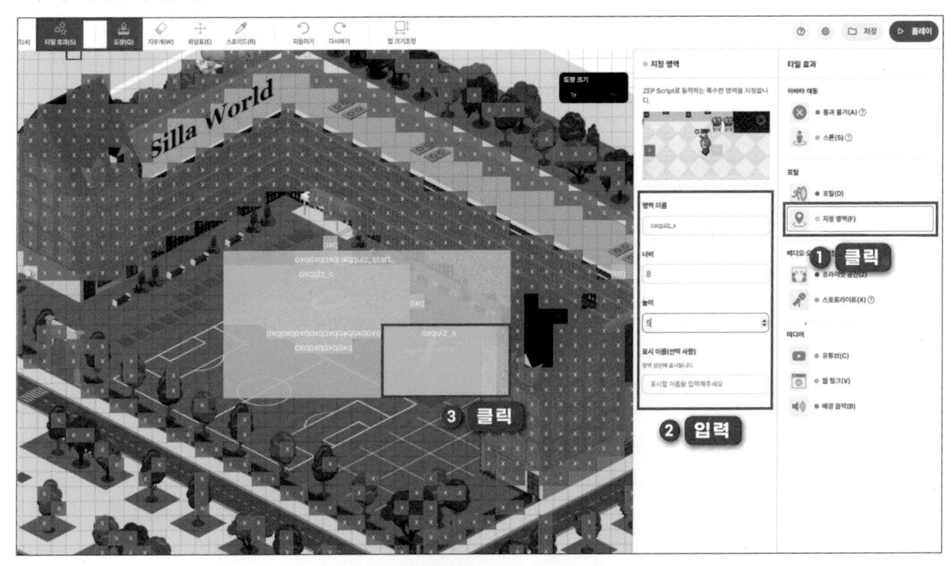

[그림 6-17] X 지정 영역 지정하기

❹ [지정 영역] 〉 ❺ [영역 이름] 'oxquiz_x' 입력 〉 [너비] 1 X [높이] 1 설정 〉 ❻ 나머지 X 위치에 클릭한다.

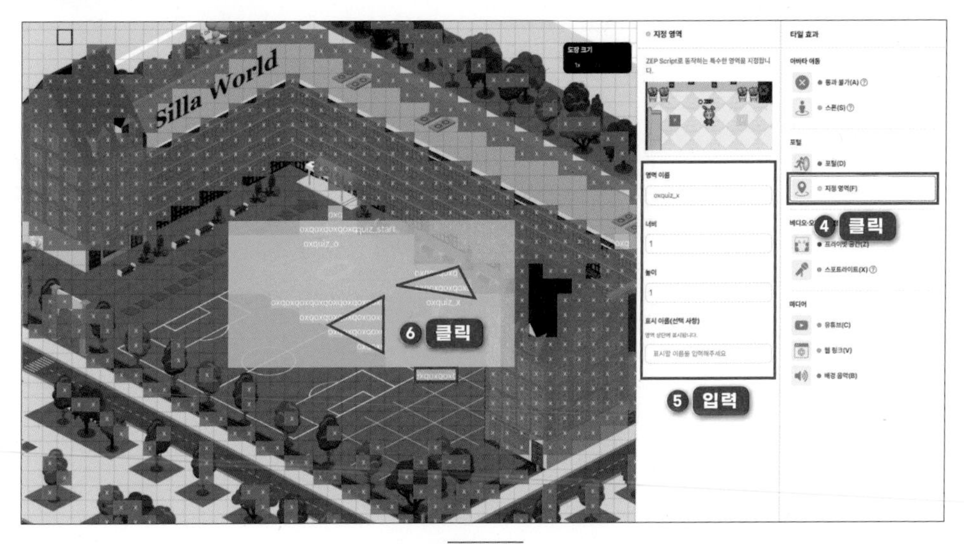

[그림 6-18] X 지정 영역 지정하기

(4) 오답자 지정 영역

오답자 아바타가 OX 퀴즈 경기장 바깥으로 강제 이동되는 곳이다.

❶ [지정 영역] 〉 ❷ [영역 이름] 'oxquiz_fail' 입력 〉 [너비] 1 X [높이] 1 〉 ❸ OX 경기장 바깥쪽에 클릭한다. ❹ 저장 [저장] 〉 ▷ 플레이 [플레이] 한다.

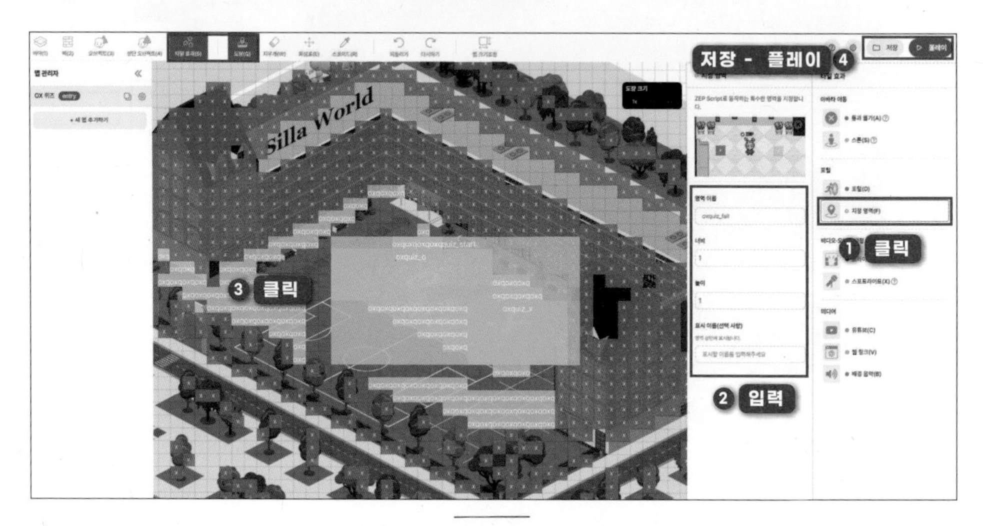

[그림 6-19] 탈락자 지정 영역 지정하기

(5) OX 퀴즈 플레이하는 방법

❶ [사이드바] 〉 [미니게임] 〉 ❷ [미니게임] 팝업창에서 OX Quiz 클릭 〉 ❸ [OX 퀴즈 시작하기]를 클릭한다.

[그림 6-20] OX Quiz 플레이 하기

❹ [문제 1]에 문제를 입력 〉 [정답 선택] 〉 ❺ [문제 내기]를 클릭한다.

[그림 6-21] 문제 내기

OX 퀴즈 미니게임이 없다면, 에셋 스토어에서 다운로드 하세요.

[그림 6-22] 게스트 모바일 화면

❻ 정답자 아바타와 오답자 아바타 위치를 확인한다.

[그림 6-23] 정답자와 오답자 아바타 위치 확인하기

(6) 맵 꾸미기

❶ [오브젝트] 〉 [도장] 〉 ❷ [오브젝트] '다양한 시민 캐릭터 1' 선택 〉 ❸ [맵]에 꾸미기를 한다.

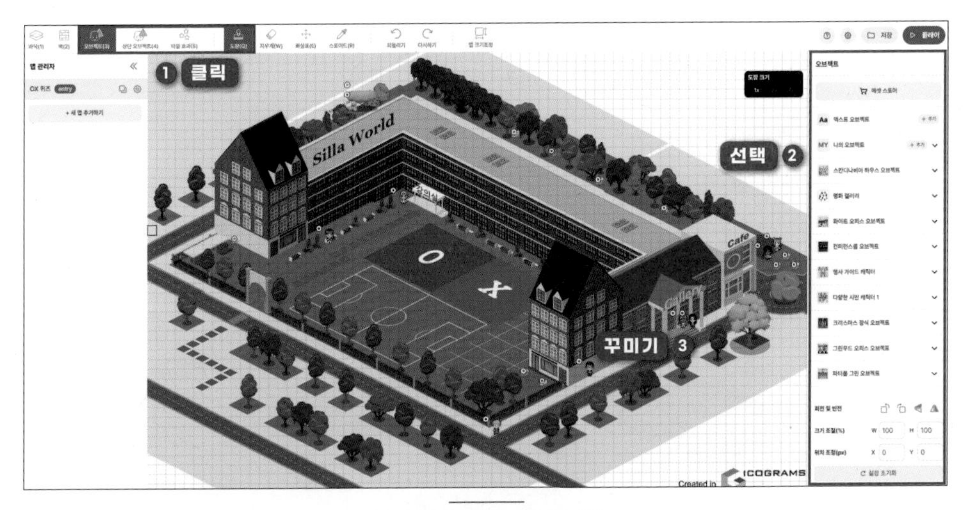

[그림 6-24] OX 퀴즈 학교 꾸미기

❹ 완성한다.

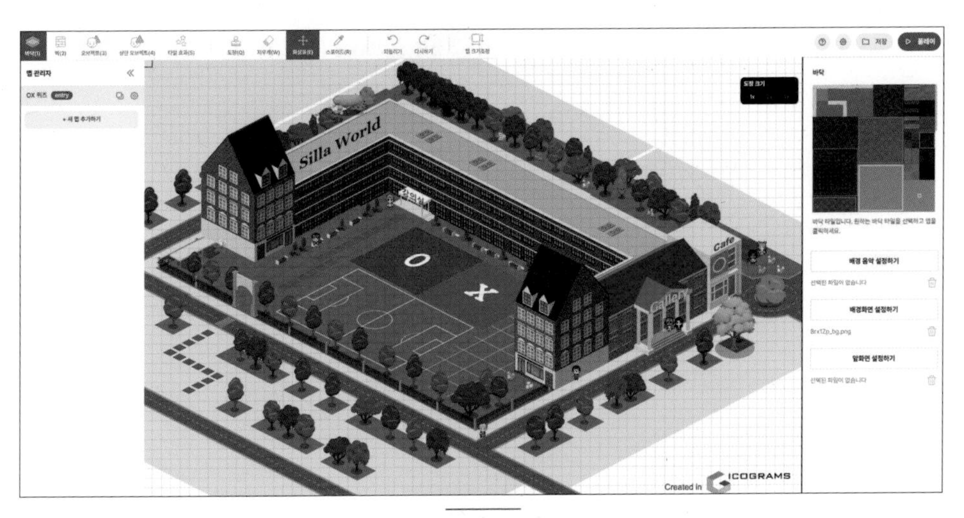

[그림 6-25] 완성

5 학교 완성하기

포털 기능으로 지금까지 만든 스페이스를 연동한다.

(1) 스폰

❶ [타일 효과] 〉 [도장] 〉 ❷ [스폰] 〉 ❸ [맵]에 스폰위치를 선택하여 설치한다.

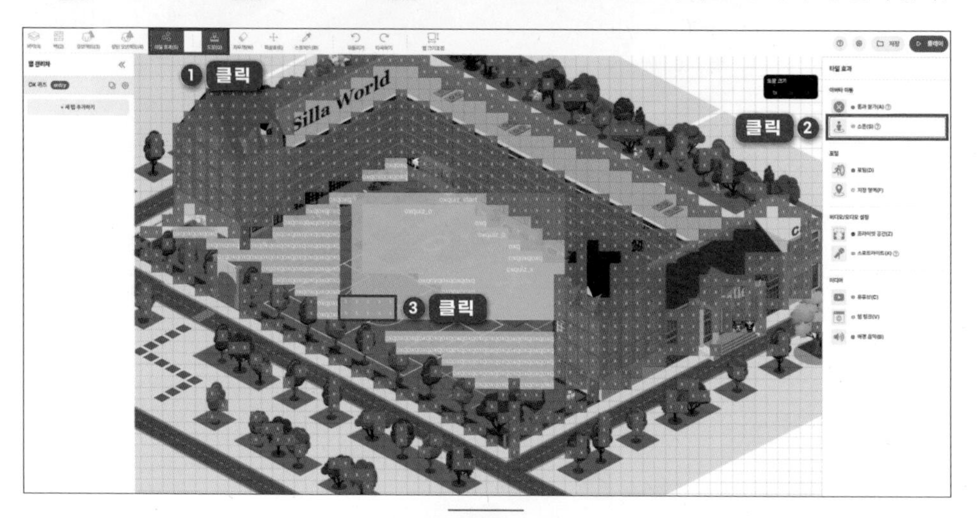

[그림 6-26] 스폰 지정하기

(2) 포털

A. 강의실로 이동

❶ [타일 효과] 〉 [도장] 〉 ❷ [포털] 〉 ❸ [외부 스페이스로 이동] 클릭 〉 ❹ [이동할 외부 스페이스 ID] 입력 〉 ❺ [지정 영역(선택 사항)] 입력 ❻ [이동 방법] 〉 [바로 이동]을 선택하고 [포털 오브젝트 숨기기] 클릭 〉 ❼ [강의실] 들어가는 입구에 설치 〉 ❽ 저장 [저장] 〉 플레이 [플레이] 한다.

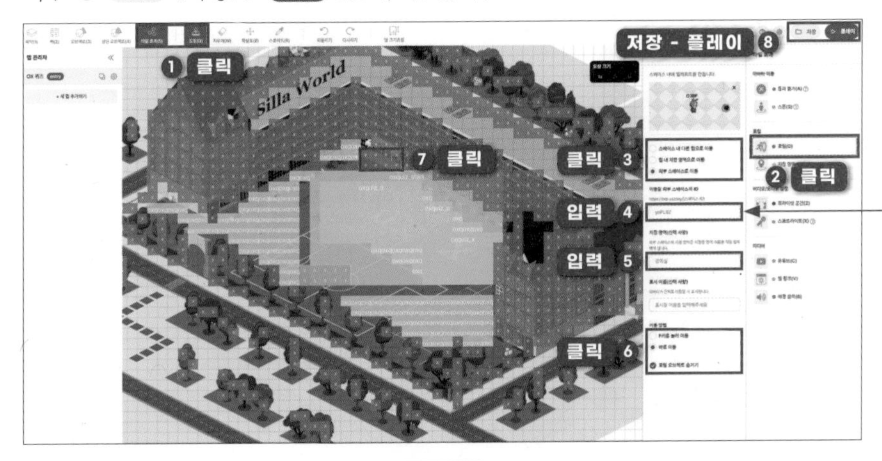

[그림 6-27] 강의실로 가는 포털 지정하기

II-3장에서 만들었던 강의실 스페이스 ID 복사하여 [이동할 외부 스페이스의 ID]에 입력한다.

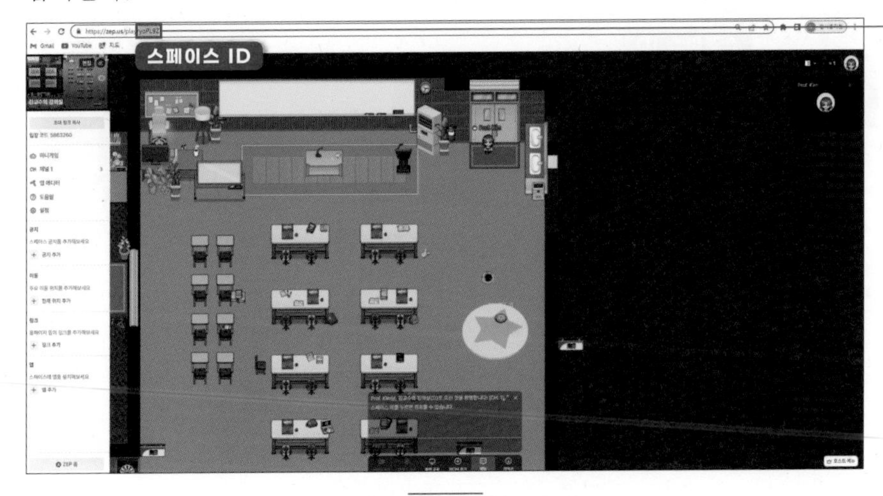

[그림 6-28] 강의실 스페이스 ID 확인하기

B. 오피스로 이동

❶ [타일 효과] 〉 [도장] 〉 ❷ [포털] 〉 ❸ [외부 스페이스로 이동] 클릭 〉 ❹ [이동할 외부 스페이스 ID] 입력 〉 ❺ [이동 방법] 〉 [바로 이동] 선택하고 [포털 오브젝트 숨기기] 클릭 〉 ❻ [오피스] 들어가는 입구에 클릭 〉 ❼ 저장 [저장] 〉 플레이 [플레이]한다.

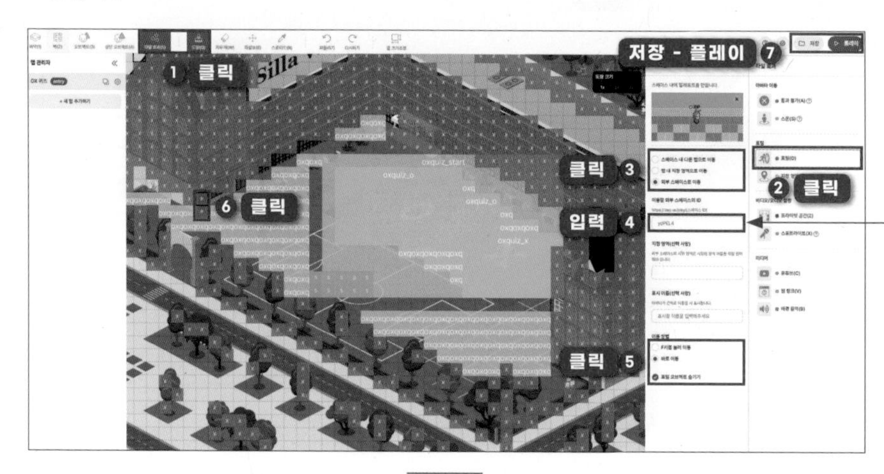

[그림 6-29] 강의실로 가는 포털 지정하기

II-2장에서 만들었던 오피스 스페이스 ID를 복사하여 [이동할 외부 스페이스의 ID]에 입력한다.

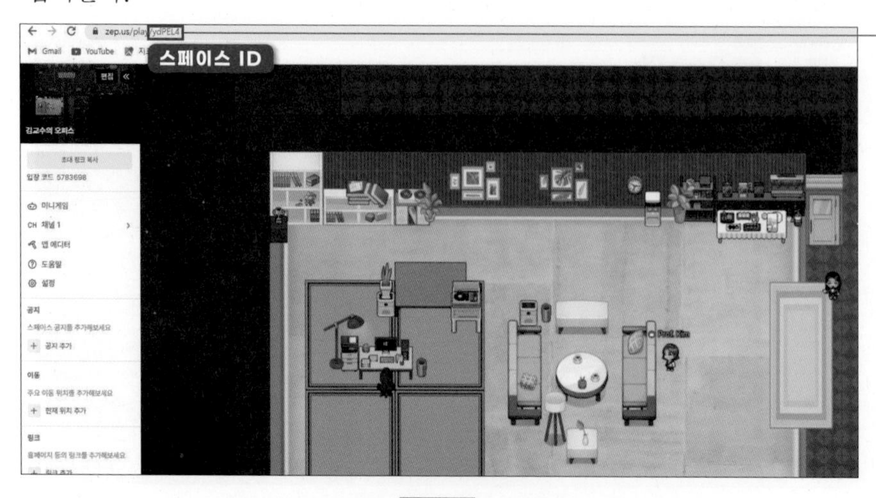

[그림 6-30] 강의실 스페이스 ID 확인하기

C. 갤러리로 이동

❶ [타일 효과] 〉 [도장] 〉 ❷ [포털] 〉 ❸ [외부 스페이스로 이동] 클릭 〉 ❹ [이동할 외부 스페이스 ID] 입력 〉 ❺ [이동 방법] 〉 [바로 이동] 선택하고 [포털 오브젝트 숨기기] 클릭 〉 ❻ [갤러리] 들어가는 입구에 클릭 〉 ❼ 저장 [저장] 〉 플레이 [플레이]한다.

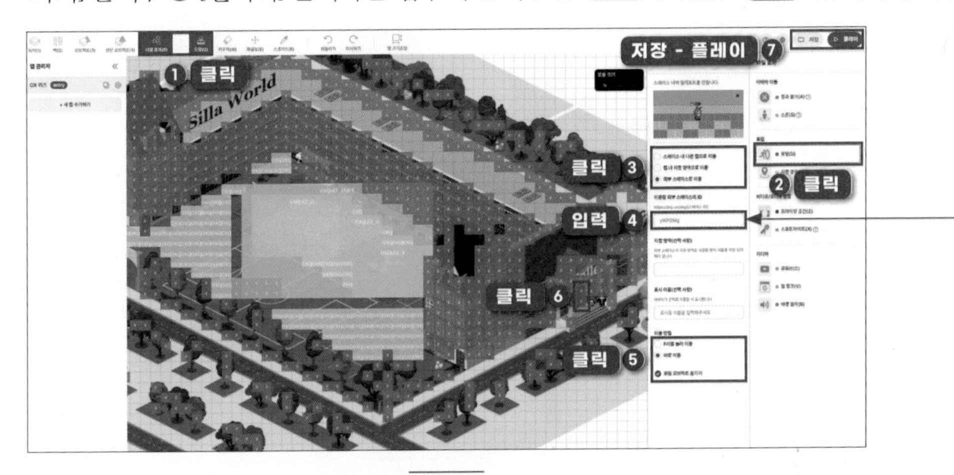

[그림 6-31] 강의실로 가는 포털 지정하기

II-4장에서 만들었던 갤러리 스페이스 ID를 복사하여 [이동할 외부 스페이스의 ID]에 입력한다.

[그림 6-32] 강의실 스페이스 ID 확인하기

일러스트레이터로 만드는 젭(ZEP) 맵

ZEP의 기본 에셋만으로 맵을 만들기보다는 일러스트레이터를 활용하여 제작하면 자신이 원하는 맵을 꾸밀 수 있어서 퀄리티 높은 맵 제작이 가능하다.

이번 장에서는 다음과 같은 내용으로 살펴보고자 한다.

첫째, 맵 만들 때 쓰이는 일러스트레이터 도구에 대해서 알아본다.

둘째, 교육이나 모임에서 사용할 나만의 오브젝트와 나만의 교실을 2D로 제작한다.

셋째, 만든 오브젝트와 맵을 맵 메이커를 통해 ZEP 맵에 적용시킨다.

01. 일러스트레이터 시작하기

맵을 제작하기 위해서 맵을 제작할 프로그램인 일러스트레이터를 컴퓨터에 설치해야 한다. 일러스트레이터는 유료 프로그램이므로 유료 결제하기 전에 7일 동안 무료 사용할 수 있는 체험판을 제공하고 있다.

1 일러스트레이터 CC 무료 체험판 설치하기

어도비 홈페이지(http://www.adobe.com/kr)에 접속한다. Adobe 회원 가입이 되어 있지 않다면 회원 가입을 진행한다. 화면 상단 ❶ [Creative] ❷ [Creative Cloud 제품 모두 보기]를 순서대로 선택해서 프로그램을 설치해 준다. (출처: Illustrator v27.1.1)

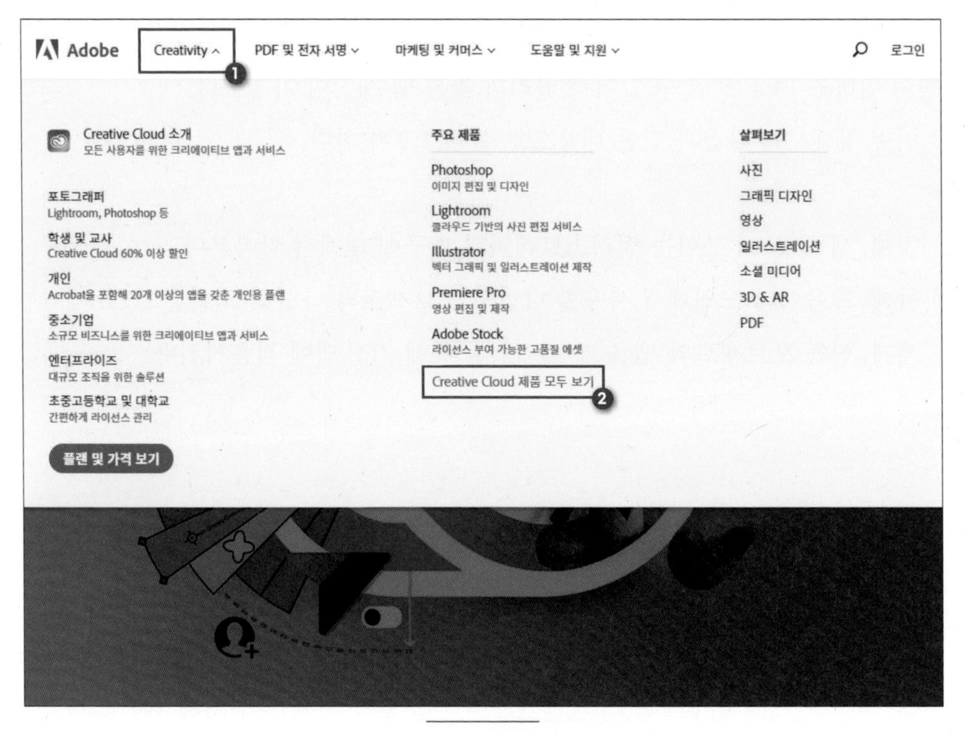

[그림 1-1] 무료 체험판 설치하기

❸ 7일간 무료로 체험하기 위해 [무료 체험판] 버튼을 클릭한다.

❹ 학생과 교사의 경우, 유료 구매 시 할인을 적용받아 어도비 크리에이티브 클라우드에서 제공하는 모든 프로그램을 월 23,100원에 사용이 가능하며, 일러스트레이터만 사용할 경우 월 24,000원에 구매할 수 있다.

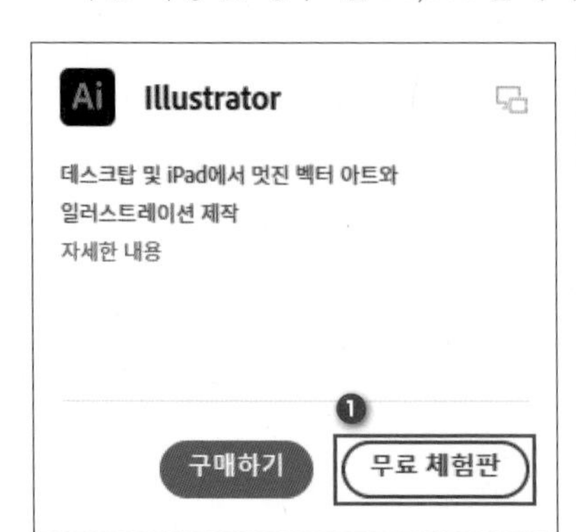

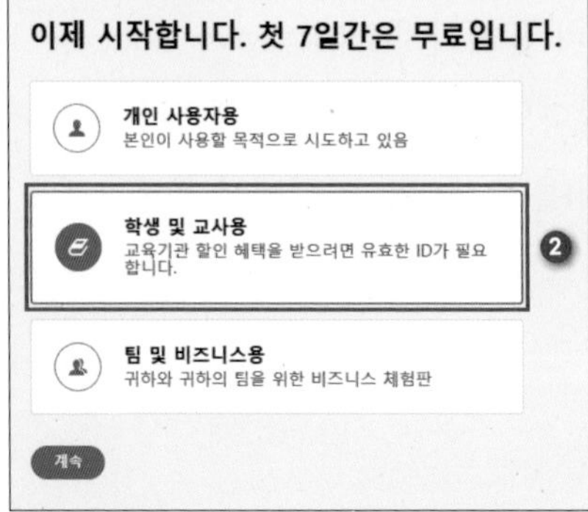

[그림 1-2] 무료 체험판 설치하기

2 일러스트레이터 시작 화면

일러스트레이터를 열면 파업창이 뜨는데, 작업했던 파일을 쉽게 불러올 수 있는 화면이다. 일러스트레이터가 새 작업 파일을 만들기 위해서 [새 파일]을 클릭한다.

[그림 1-3] 일러스트레이터 CC 실행

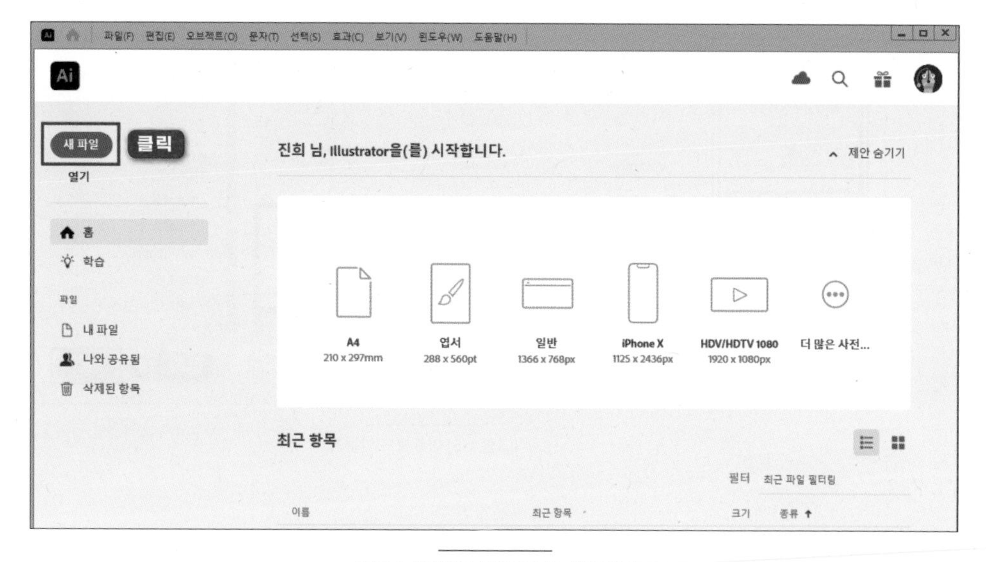

[그림 1-4] 일러스트레이터 CC 시작 화면

그림을 그릴 캔버스의 사이즈를 결정하는 창이 뜬다.

❶ 상단 탭에서 [모바일]을 클릭하면 아이폰이나 아이패드의 액정 사이즈를 볼 수 있고, [웹]에서는 사용하는 모니터의 해상도를 확인할 수 있다. [인쇄]에서는 자주 사용하는 용지 사이즈를 선택할 수 있다. 목적에 맞게 선택해도 되지만, 이후에 수정할 수 있으므로 임의로 만들어 보자.

❷ 새로운 빈 문서는 원하는 미디어로 설정하여 열 수 있는데, 옵션 창에서 [웹] 항목을 선택한다.

❸ ZEP에서 캐릭터가 한 칸 움직이는 범위는 32픽셀이다. 가로와 세로를 32로 나누어서 떨어지도록 아트보드 사이즈를 만들어 준다. 단위를 픽셀로 바꾸고 320픽셀*320픽셀로 입력한다.

❹ [만들기]를 클릭한다.

[그림 1-5] 아트보드 만들기

❶ 메뉴 표시줄: 일러스트레이터에서 이용하는 기능들을 모아 둔 공간이다. 각 메뉴를 클릭하면 세부 항목을 볼 수 있다.

❷ 컨트롤 바: 선택된 오브젝트의 옵션을 조절할 수 있다.

❸ 도구 상자: 작업하는 데 필요한 기능을 아이콘 형식으로 모아 둔 공간이다.

❹ 패널: 다양한 기능을 쉽게 사용할 수 있도록 사용자가 자주 사용하는 패널로 구성해서 사용할 수 있다.

❺ 아트보드: 실제로 작업하는 이미지를 보여 주는 창이다.

❻ 상태 표시줄: 작업 중인 문서 파일 크기, 화면 배율, 아트보드 번호, 선택한 도구에 대한 간단한 정보를 표시한다.

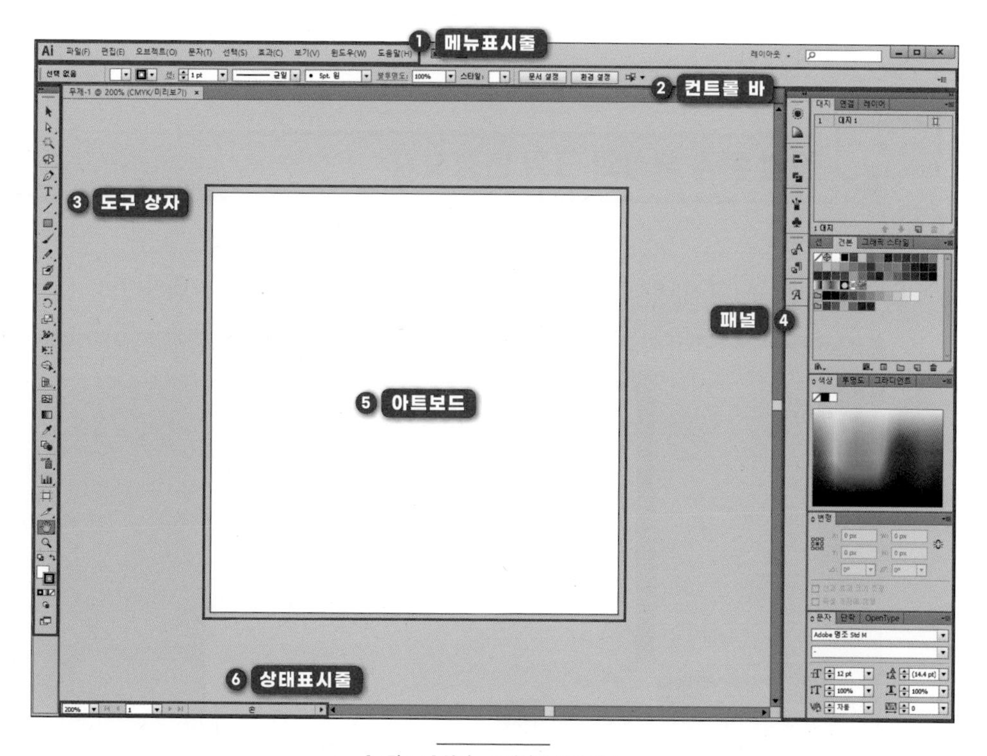

[그림 1-6] 일러스트레이터 작업 화면

❼ 320픽셀*320픽셀 크기의 그림을 그릴 수 있는 빈 화면인 아트보드가 만들어진 것을 확인할 수 있다. 이 아트보드의 사이즈는 작업 중에도 수정이 가능하다. 일러스트레이터 화면이 열리면, 우측 상단 [작업 영역 관리] 〉 [레이아웃]으로 설정해서 기본 화면을 만들어 준다.

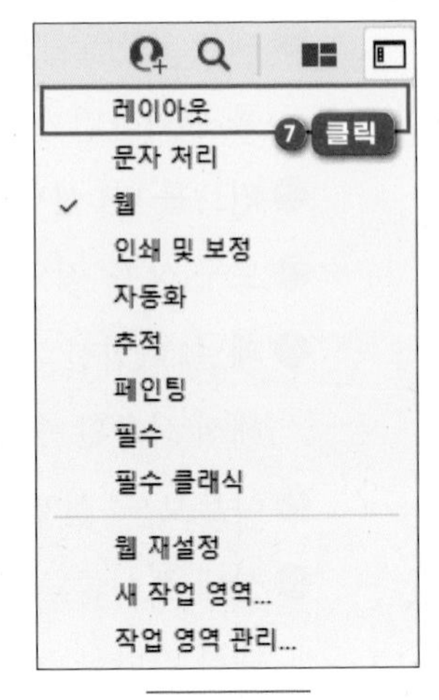

[그림 1-7] 레이아웃 설정

3 작업 환경 색상과 크기 변경하기

❶ 상단 메뉴 [편집]에서 '환경 설정' 〉 '사용자 인터페이스'를 선택한다.

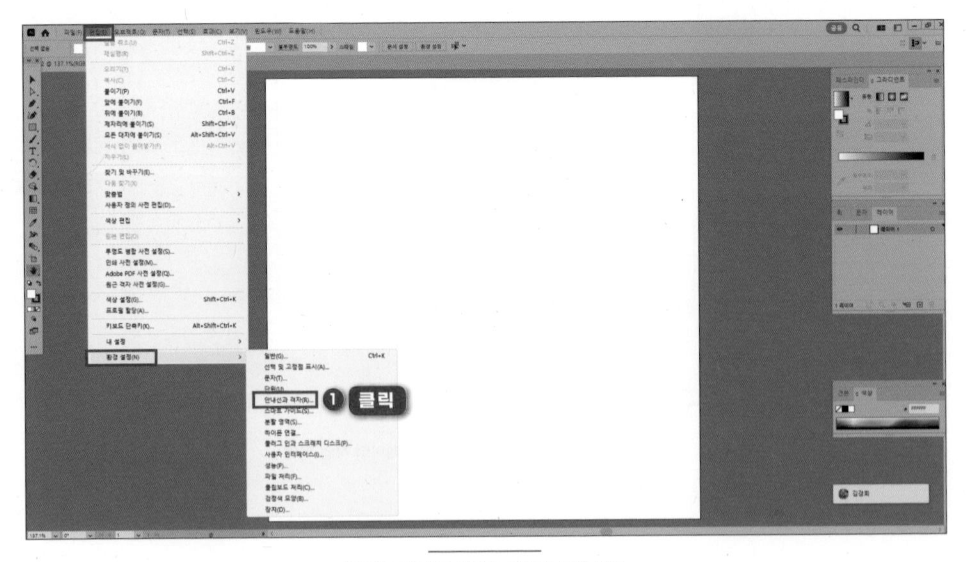

[그림 1-8] 작업 환경의 색상과 크기 변경

❷ [환경 설정] 창의 '밝기' 항목에서 4단계 색상 중 하나를 선택하면 화면의 색상이 바뀐다.

❸ '내 크기 조절' 항목에서 슬라이더를 드래그해서 화면 크기를 선택하면 메뉴와 툴이 선택한 크기로 바뀐다.

❹ 설정이 끝났으면 '확인' 버튼을 누른다.

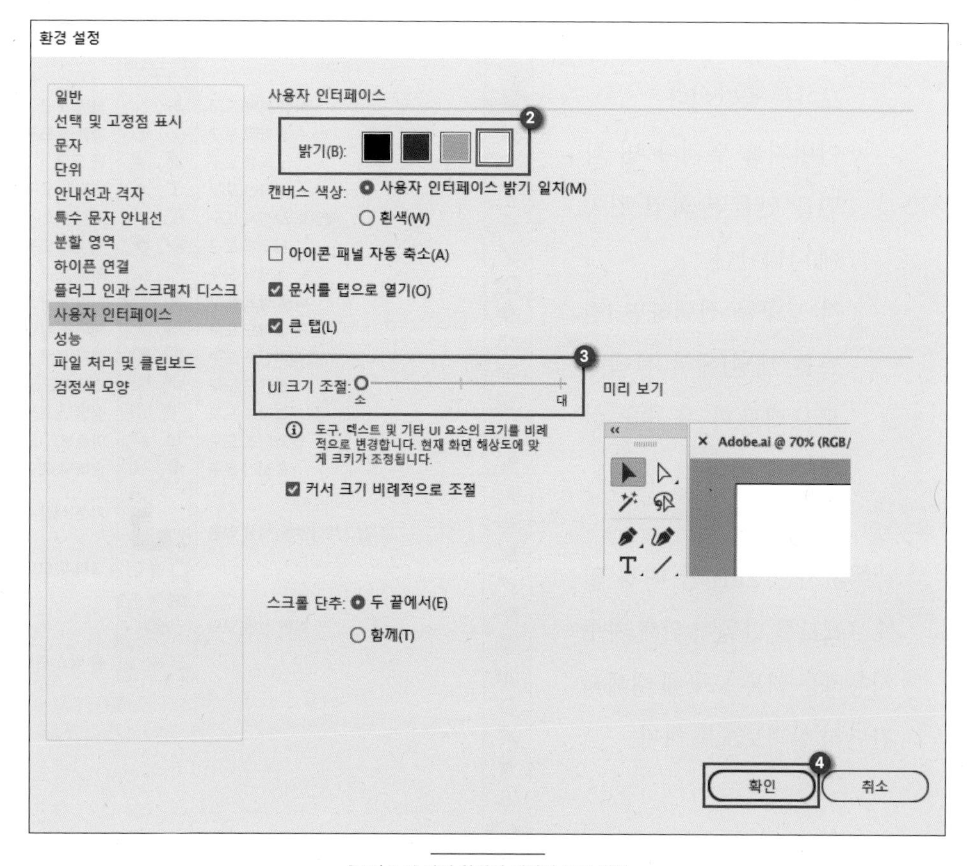

[그림 1-9] 작업 환경의 색상과 크기 변경

4 일러스트레이터 기본 도구 알아보기

- [도구 상자(패널)]는 일러스트 작업에 필요한 기능을 아이콘 형식으로 모아둔 공간이다.
- 이미지를 열거나 빈 화면을 만들면 화면 왼쪽에 나타난다.
- 각 도구를 선택하면 [컨트롤 패널]에서 선택된 오브젝트의 옵션을 설정할 수 있다.

여기서는 ZEP 맵 배경 및 오브젝트를 만들기 위해 자주 사용하는 기본 도구에 대해서 간단히 살펴보도록 하자.

■ 도구 상자(패널)의 도구별 명칭

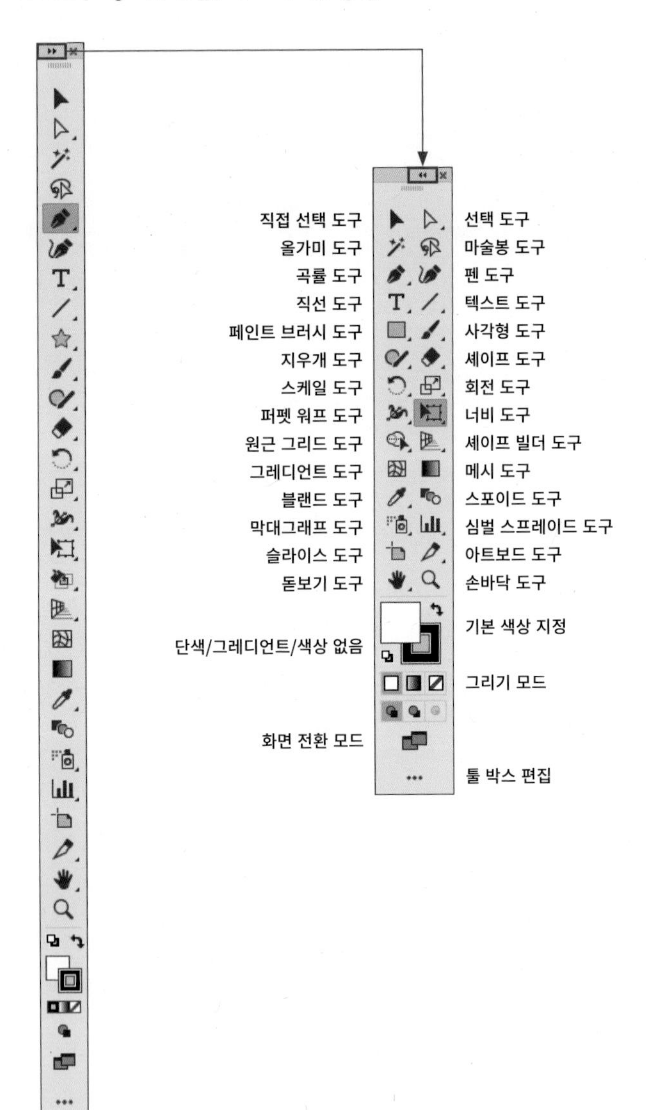

[그림 1-10] 도구 상자의 명칭

■ 선택 도구

: 선택 도구를 사용하면 개체 E는 개체 그룹을 선택 및 이동하고 조절할 수 있다.

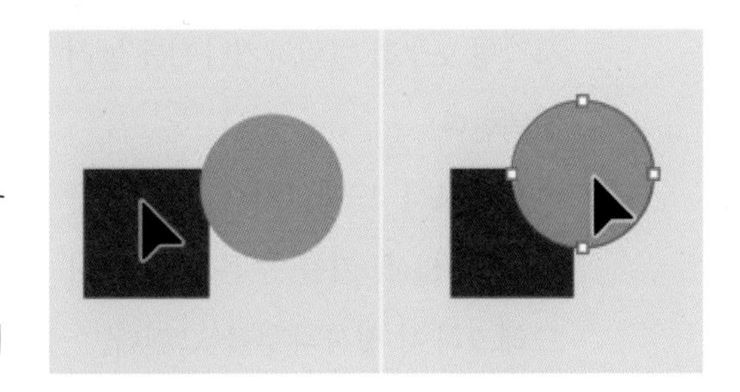

- 선택 도구를 클릭하거나 V를 누른다.
- 개체를 클릭하여 선택한다.
- 선택한 개체를 드래그하여 원하는 위치로 이동한다.
- 개체의 크기를 변경하려면 테두리 상자의 가장자리를 드래그한다.
- 여러 개체를 선택하려면 Shift 키를 누른 상태에서 개체를 한 번에 하나씩 클릭하거나 여러 개체 주위의 윤곽을 드래그한다.

[직접 선택 도구]

: 직접 선택 도구를 사용하면 패스 또는 모양의 특정 점 및 패스 세그먼트를 선택, 이동 또는 수정할 수 있다.

- 직접 선택 도구를 클릭하거나 A를 누른다.
- 개체를 선택하여 기준점과 패스 세그먼트를 표시한다.
- 기준점을 클릭하여 선택하거나 Shift 키를 누른 상태에서 클릭하여 여러 기준점, 패스 세그먼트 또는 둘 다 선택한다.

■ **사각형 도구**

: 사각형 도구를 사용하면 아트워크에 사각형 및 정사각형 모양을 만들 수 있다.

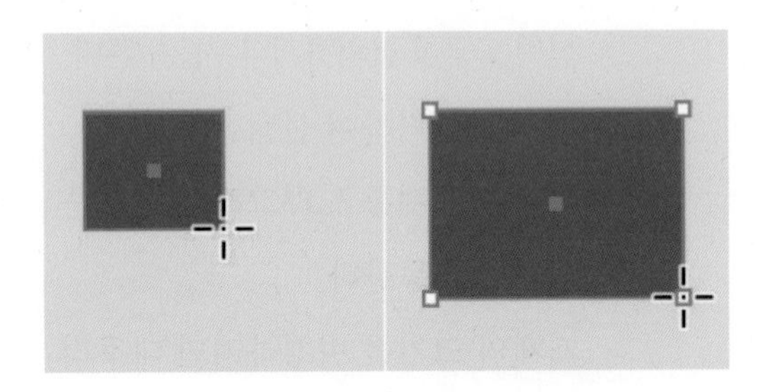

· 사각형 도구를 클릭하거나 U를 눌러 선택한다.
· 아트보드를 드래그하여 사각형을 그린다. Shift 키를 누른 상태에서 드래그하여 정사각형을 그린다.
· Shift+Alt 키를 누른 상태에서 드래그하여 가운데에서 정사각형을 그린다.
· 포인트 단위로 크기를 지정하려면 사각형을 선택하고 속성 패널의 사각형 섹션에서 높이 및 폭의 값을 입력한다.

■ **둥근 사각형 도구**

: 둥근 사각형 도구를 사용하면 모퉁이가 둥근 정사각형과 직사각형을 그릴 수 있다.

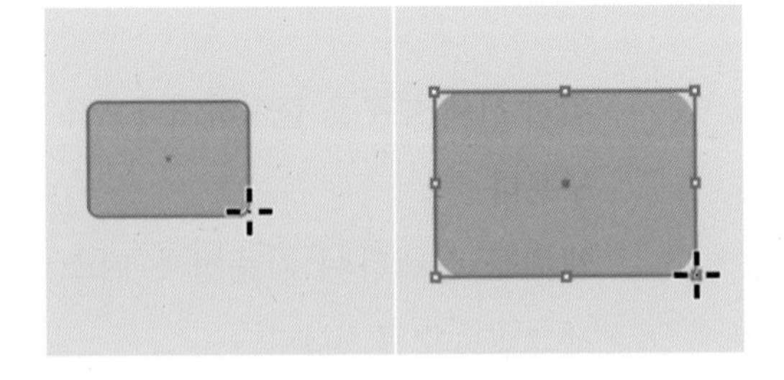

· 둥근 사각형 도구를 클릭한다.
· 드래그하여 둥근 사각형을 그린다. 비율을 제한하고 정사각형을 만들려면 Shift 키를 누른 상태에서 드래그한다.
· 모양 내의 모퉁이 핸들을 드래그하여 더 둥글게 만들거나 덜 둥글게 만든다.
· 모양의 크기를 수정하려면 오브젝트를 선택하고 속성 패널에서 높이 및 폭의 값을 입력한다.

■ 타원 도구

: 타원 도구를 사용하면 아트워크에 타원과 원을 만들 수 있다.

- 타원 도구를 클릭한다.
- 아트보드를 클릭하고 드래그한다.
- 타원 크기를 지정하려면 속성 패널에서 높이 및 폭의 값을 선택하고 입력한다.

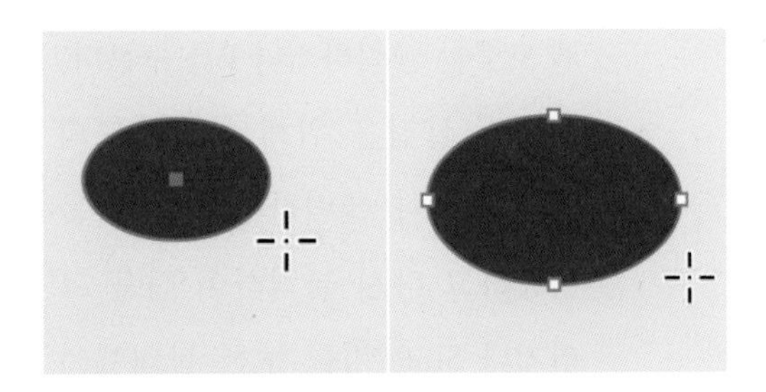

■ 다각형 도구

: 다각형 도구를 사용하면 아트워크에 다각형 및 삼각형 모양을 만들 수 있다.

- 사각형 도구를 길게 클릭한 다음 다각형 도구를 클릭한다.
- 다각형의 가장자리를 정렬하려면 Shift 키를 누르고 포인터를 드래그한다.

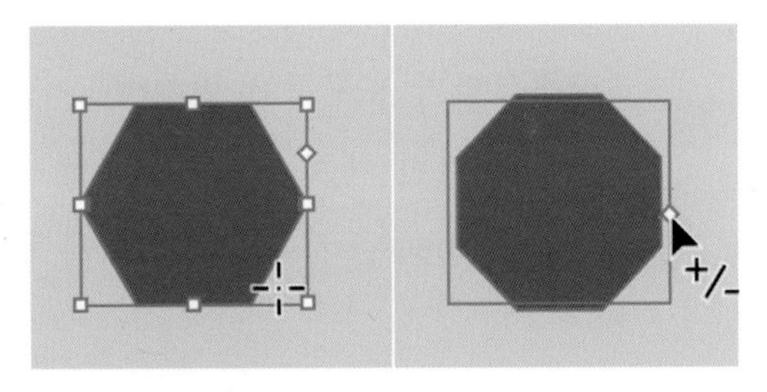

- 위쪽 화살표와 아래쪽 화살표를 키를 눌러 다각형에 면을 추가하거나 제거한다.
- 다각형의 크기를 사용자 정의하려면 다각형을 선택하고 속성 패널에서 높이 및 폭의 값을 지정한다.

■ 펜 도구

: 펜 도구를 사용하면 기준점과 핸들을 사용하여 패스 및 모양을 그릴 수 있다.

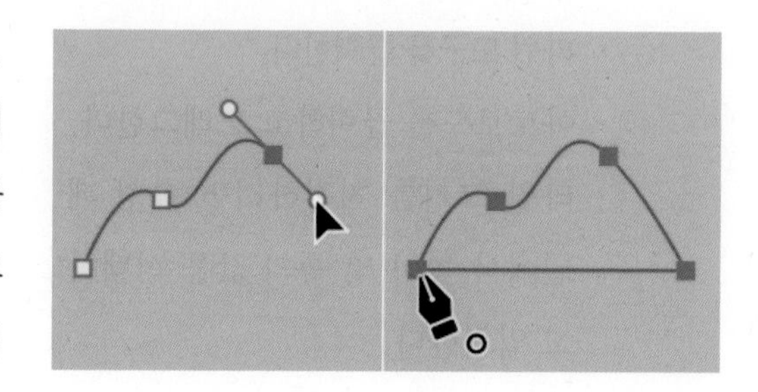

- 펜 도구를 클릭하거나 P를 누른다.
- 기준점 설정을 위해 아트보드의 아무 곳이나 클릭한다. 포인터를 이동하고 다시 클릭하여 선을 그리거나 Shift 키를 누른 상태에서 클릭하여 세그먼트 각도를 45°의 배수로 제한한다.
- 곡선을 그린다.
  - 아트보드에서 펜 도구를 드래그한 뒤 기준점의 방향 핸들을 만든다.
  - 다시 드래그하여 곡선 세그먼트의 경사를 설정하고 놓는다.
- 패스를 닫거나, 열린 채로 두어 패스를 완료한다.
  - 패스 닫기: 도구를 첫 번째(빈) 기준점 위에 놓고 클릭한다.
  - 패스 열린 채로 두기: 도구를 개체에 멀리 배치하고 Cmd(macOS) 또는 Ctrl(Window) 키를 누른 상태에서 클릭한다.

■ 그레이디언트 도구

: 그레디언트 도구를 사용하면 선형, 방사형 또는 자유형 그레디언트를 사용하여 색상 간 점진적인 블랜드를 만들 수 있다.

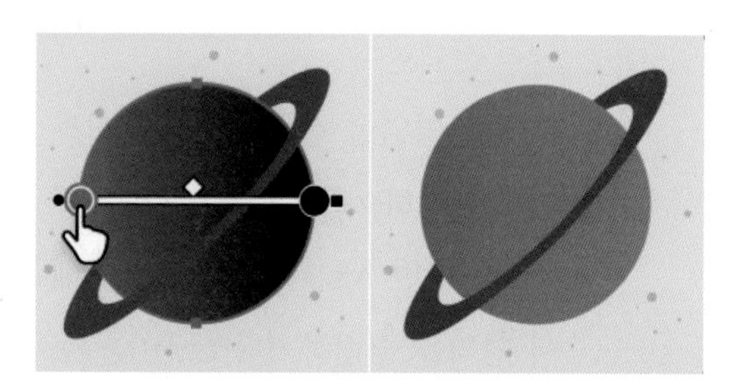

- 그레이디언트로 채우려는 개체 또는 영역을 선택한다.
- 그레이디언트 도구를 두 번 클릭하거나 G를 눌러 그레이디언트 패널을 연다.
- 선형, 방사형 및 자유형 중에서 그레이디언트 유형을 선택한다. 기본적으로 선형 그레이디언트 유형이 선택된다.
- 획, 각도, 종횡비 또는 불투명도를 변경하여 그레이디언트를 편집한다. 그레이디언트 패널이나 개체에서 그레이디언트 슬라이더를 사용하여 색상 블랜드 위치를 변경한다.
- 선택한 영역의 점을 드래그 및 조정하여 색상 블랜드 효과를 변경한다.

■ 손바닥 도구

: 손바닥 도구를 사용하면 일러스트레이터 문서에서 캔버스와 아트보드 전체에 걸쳐 이동할 수 있다.

- 손바닥 도구 [✋] 를 클릭하거나 H를 누른다.
- 원하는 방향으로 드래그하여 캔버스 주변을 이동한다.

■ 돋보기 도구

: 확대/축소 도구를 사용하여 아트보드 및 캔버스 보기를 확대 및 축소한다.

- 확대/축소 도구를 클릭하거나 Z를 눌러 선택한다.
- 확대할 영역을 한 번 이상 클릭하여 드래그하여 영역을 선택한다.
- 축소하려면 Alt 키를 누른 상태에서 영역을 클릭하거나 Ctrl+0을 누른다.

■ 칠과 선

: [칠과 선] 도구를 사용하여 개체의 색상, 패턴 또는 그레이디언트를 채운다. 또한, [선] 패널을 사용하여 획 두께를 변경할 수 있다.

- 선택 도구 또는 직접 선택 도구를 사용하여 개체를 선택한다.
- 도구 모음, 속성 패널, 제어판 또는 색상 패널에서 칠과 선 도구를 클릭한다.
- 개체 칠에 대해 칠을, 윤곽선에 대해 획을 두 번 클릭한다. 디스플레이의 색상 패널에서 색상을 선택하면 선택한 개체에 자동으로 색상이 적용된다.

02. 오브젝트 만들기

일러스트레이어터의 레이어와 ZEP의 기본 그리드에 대해서 알아보도록 하자.

1 레이어 불러오기

레이어는 오브젝트를 수정하거나 편집하기 쉽도록 오브젝트를 레이어로 따로 관리한다. 여러 개의 레이어 위에 그림을 그린 후 겹쳐서 보면 제일 위에 있는 레이어 그림 아래에 있는 그림들은 가려져서 보이게 된다.

즉 레이어 놓는 순서에 따라서 위에 보이게 되는 그림이 다르게 되는 것이다.

필요한 패널은 상단 메뉴바 ❶ [윈도우]에서 찾을 수 있고, ❷ [레이어]를 선택한다.

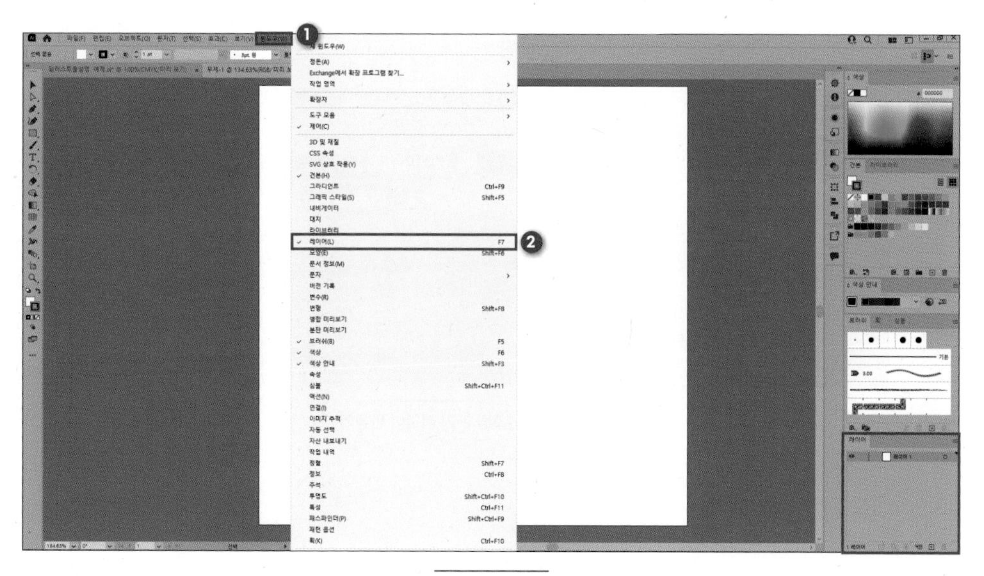

[그림 2-1] 레이어 패널 불러오기

2 레이어 만들기

* ZEP의 맵 에디터에는 업로드 가능한 항목이 세 가지가 있다.

첫 번째 background. 아바타 밑에 깔리는 배경
두 번째는 object. 아바타와 상호작용을 할 수 있는 물체
세 번째는 foreground. 아바타 위에 깔리는 배경

❶ 레이어 하단 + 버튼을 누르면 새로운 레이어가 만들어진다.
❷ 레이어 글자 위를 더블클릭하면 이름을 변경할 수 있다.
❸ 두 번째 레이어는 '백그라운드', 세 번째 레이어는 '오브젝트', 네 번째 레이어는 '포그라운드', 다섯 번째 레이어는 '기타' 레이어로 조명이나 기타 효과를 넣어 줄 수 있는 작업을 위해 만들어 둔다.

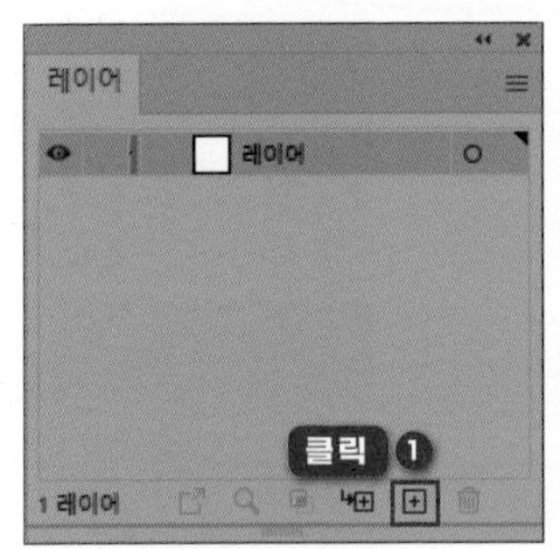

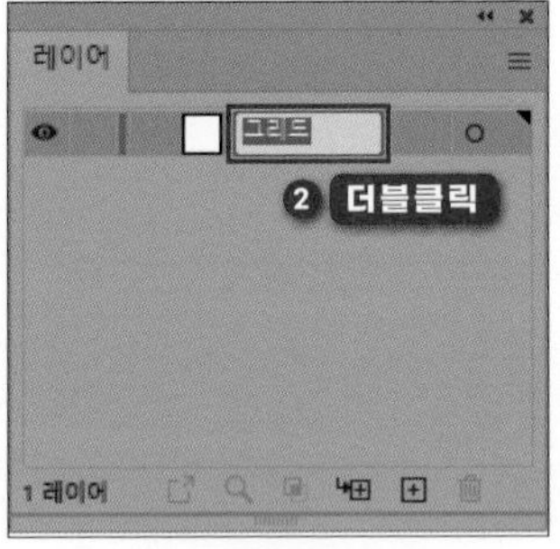

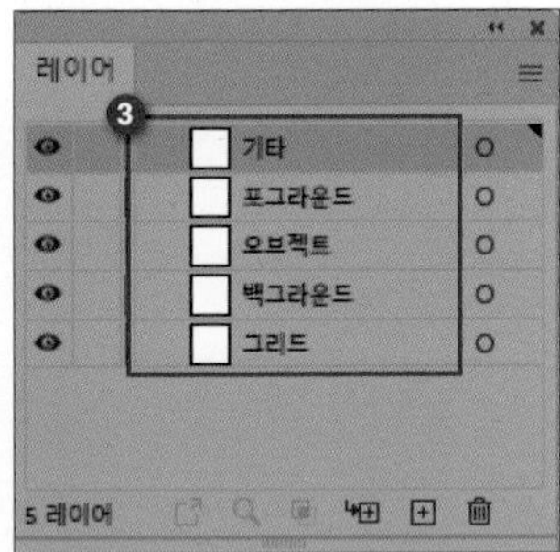

[그림 2-2] 레이어 만들기

3 그리드 만들기

ZEP에서는 아바타가 한 칸 움직였을 때의 범위를 그리드를 만들어 정확한 위칫값을 파악할 수 있는데, 그 값을 선을 그어 표현하는 것이다. 눈으로 보기 편하게 설정해 보자.

상단 메뉴 바에서 ❶ [편집] 〉 ❷ [환경 설정] 〉 ❸ [안내선과 격자]를 순서대로 눌러 준다.

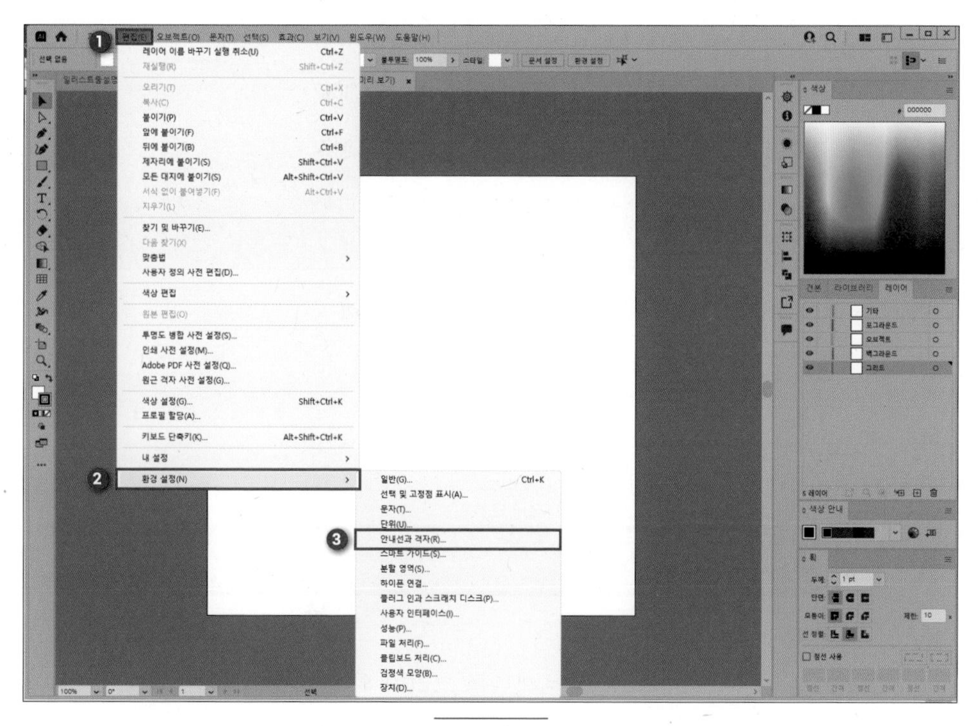

[그림 2-3] 그리드 만들기

❹ '안내선과 격자'의 '격자 간격'에서 32픽셀로 맞춰주면 그리드 값이 적용된다.

❺ 픽셀이 아닌 다른 단위가 적용되었을 경우 '단위'에서 '일반'과 '선'을 픽셀로 바꿔 주고 다시 '안내선과 격자'에서 32픽셀로 수정해 주면 된다.

❻ 격자 색상은 '컬러 피커'를 클릭해서 선택할 수 있다.

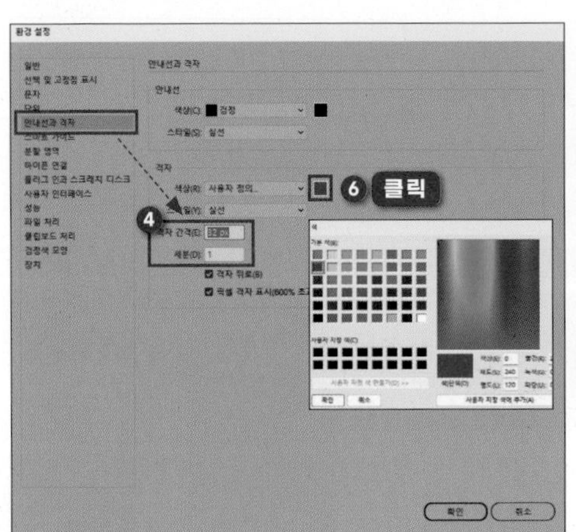

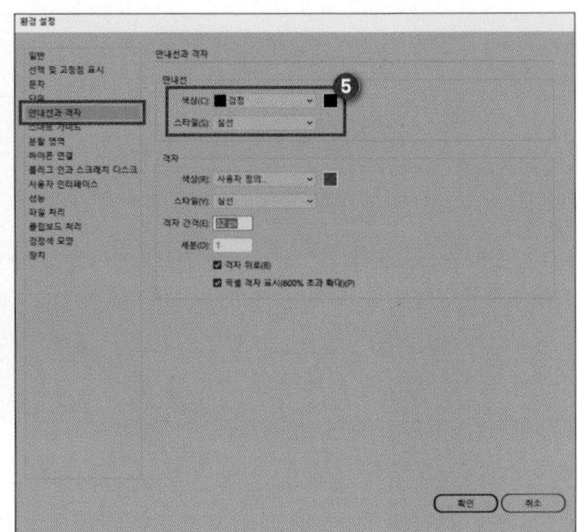

[그림 2-4] 그리드 설정하기

4 그리드 실행하기

그리드를 이용해서 간단한 오브젝트를 그리기 위해 메뉴의 ❶ [보기]에서 ❷ '격자 표시'와 '격자에 물리기'를 눌러서 '그리드'를 설정한다.

단축키를 사용해서 그리드를 켜고 끄기를 하면 빠른 작업을 할 수 있다.

격자표시: Ctrl + "

격자에 물리기: Shift+Ctrl+"

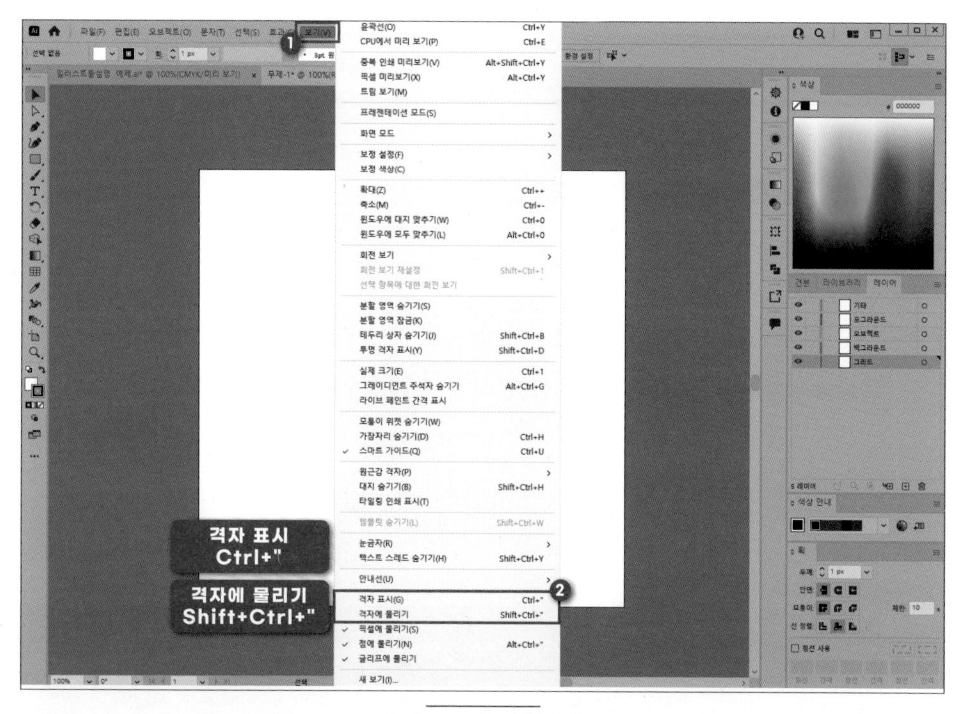

[그림 2-5] 그리드 실행하기

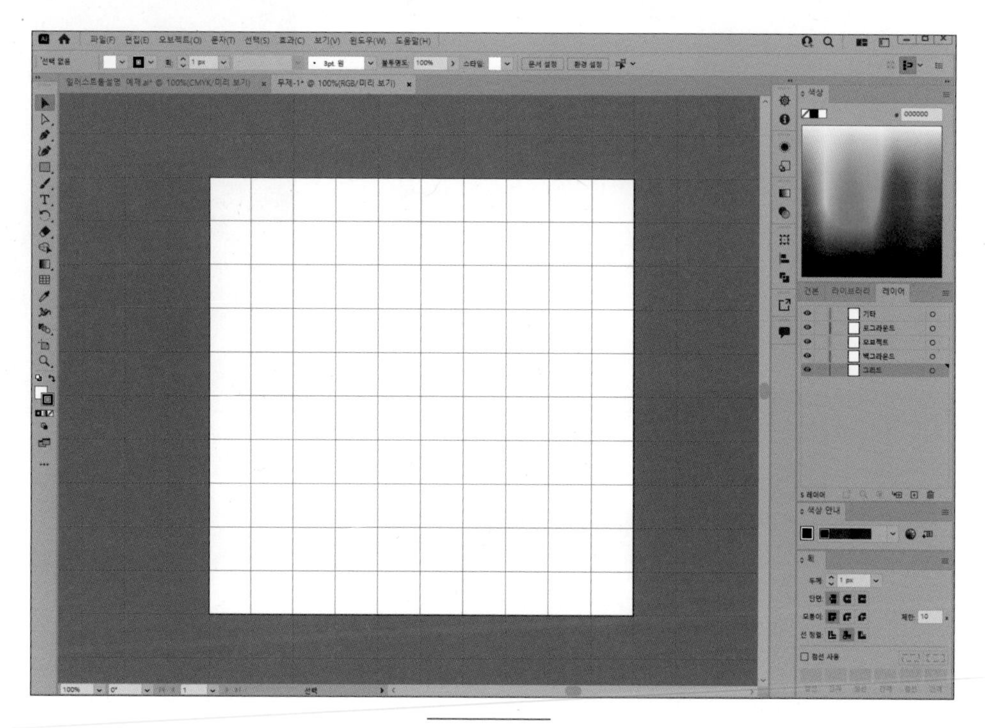

[그림 2-6] 그리드 적용하기

5 아바타 불러오기

화면 확대/축소 〉 Alt + 마우스 드래그

상하 이동 〉 Shift + 마우스 드래그

오브젝트는 아바타 아래에 있어야 하므로 '백그라운드 레이어'를 선택한다.

ZEP의 아바타 크기는 가로 32픽셀이지만 세로 사이즈가 32픽셀보다 크기 때문에 사이즈를 고려해서 작업한다.

ZEP 아바타가 저장되어 있다면 파일을 열어 일러스트레이터로 드래그해서 가져오면 파일이 열린다.

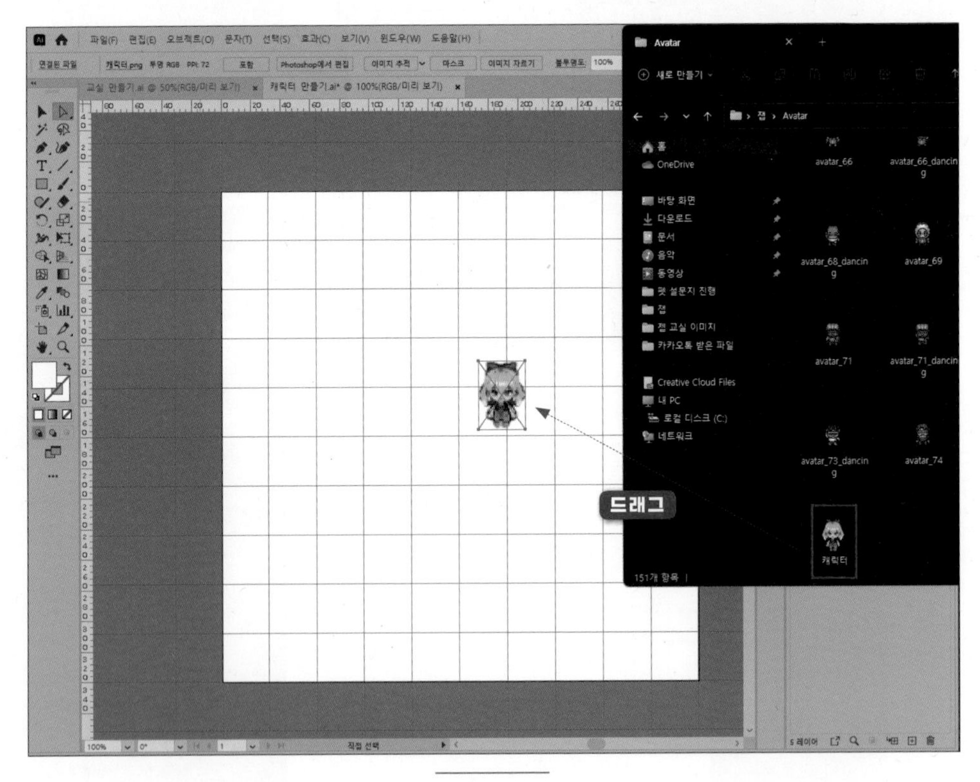

[그림 2-7] 아바타 불러오기

6 의자 만들기

Alt + 드래그 : 화면 확대 및 축소

Ctrl + : [개체 뒤로 보내기

Ctrl + :] 개체 앞로 보내기

(1) 의자 만들기

'Alt + 드래그'하여 화면을 축소 또는 확대해서 작업하기 좋은 화면의 크기를 만든다.

❶ 도구 상자의 [사각형 도구]를 선택한다.

❷ [칠과 선]에서 [칠]을 더블클릭해서 색상을 선택한다.

❸ 빈 화면을 '클릭+드래그'해서 사각형을 그리면 모서리에 작은 동그라미 모양의 위젯이 나타난다.

❹ 위젯에 마우스 포인터를 가져가면 마우스 포인트 모양이 바뀐다. 이때 안쪽으로 드래그해서 모서리를 둥글게 만든다.

*** [직접 선택 도구로] 한쪽 위젯을 클릭하고 안쪽으로 드래그하면 선택한 위젯의 모서리만 둥글어진다.**

❺ [칠과 선]의 굽은 화살표를 누르면 면 색과 선 색이 맞바뀌면서 선에 색상이 입혀진다.

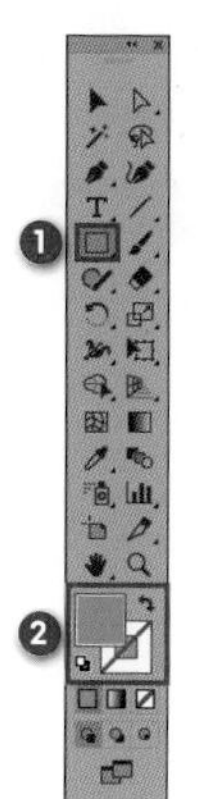

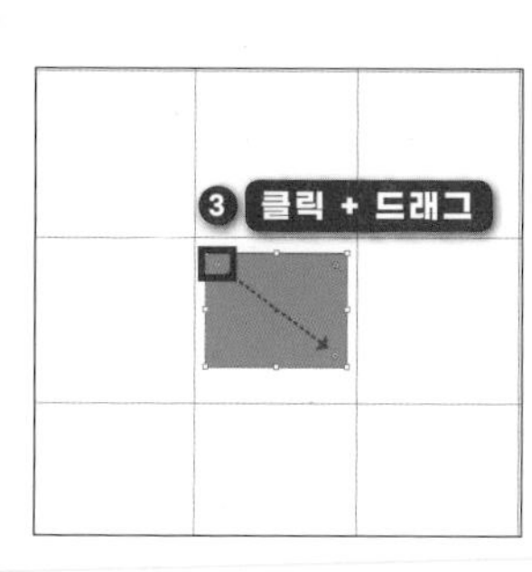

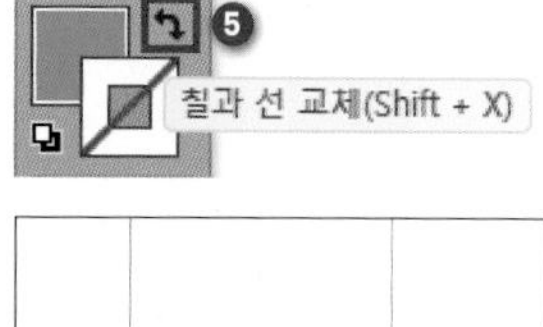

[그림 2-8] 의자 만들기

❻ [선택 도구]로 오브젝트를 선택한다.

❼ 위 방향으로 'Alt+드래그'해서 선택한 오브젝트를 복사한다.

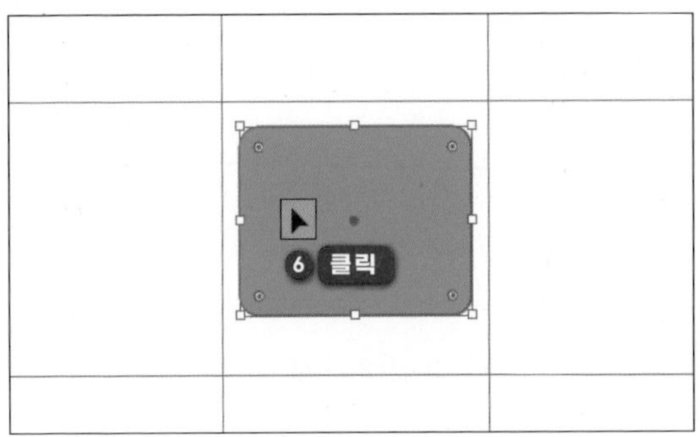

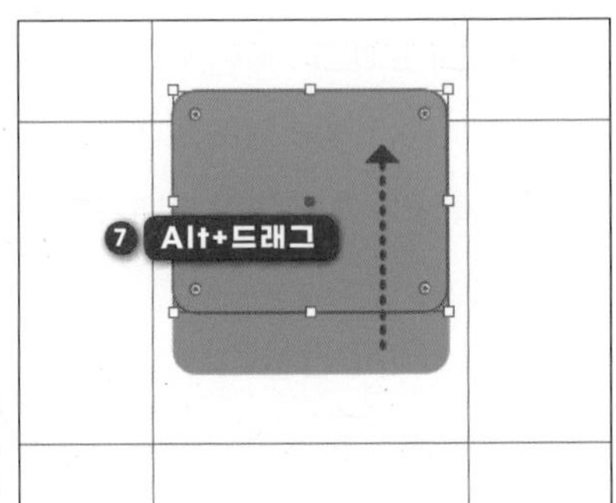

[그림 2-9] 의자 모양 복사하기

❽ 복사한 오브젝트가 선택되어 있는 상태에서 색상을 바꿔 주기 위해 '칠'을 더블클릭한다.

❾ '연한 하늘 색상의 오브젝트'를 선택하고 '확인'을 누른다.

❿ 'Ctrl+빈 화면을 클릭'해서 선택된 오브젝트를 해제한다.

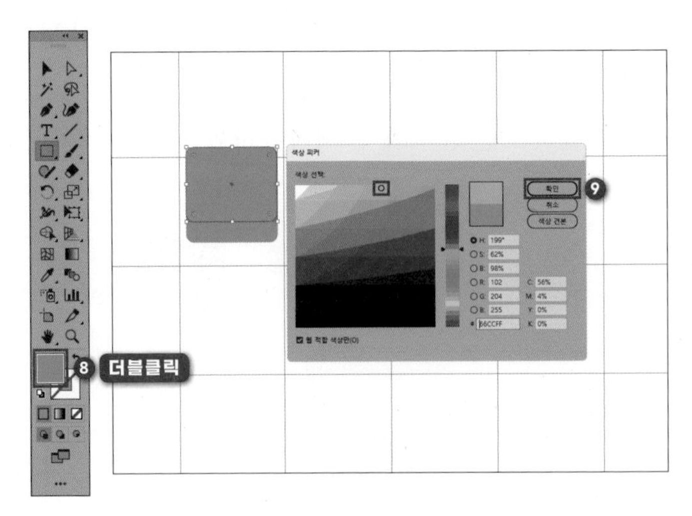

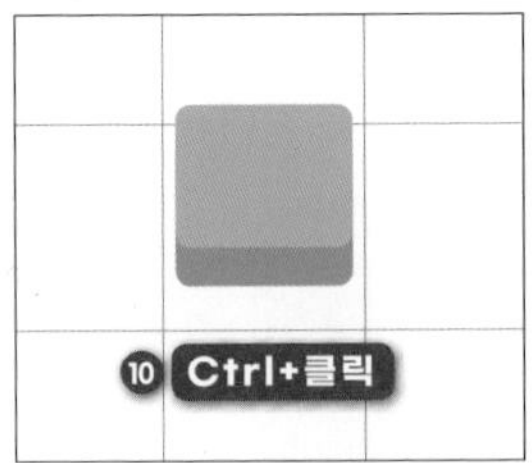

[그림 2-10] 의자 모양 배색하기

(2) 의자 다리 만들기

[스포이드 도구]을 사용하면 개체 또는 이미지에서 색상을 선택하고 다른 개체에 적용할 수 있다.

❶ [사각형 도구]로 '클릭+드래그'해서 의자 다리를 그린다. ❷ [스포이드 도구]로 진한 색상의 오브젝트를 '클릭'하면 선택한 '의자 다리 오브젝트'에 적용된다. ❸ '의자 다리 오브젝트'를 'Alt+Shift+드래그'해서 수평으로 복사한다.

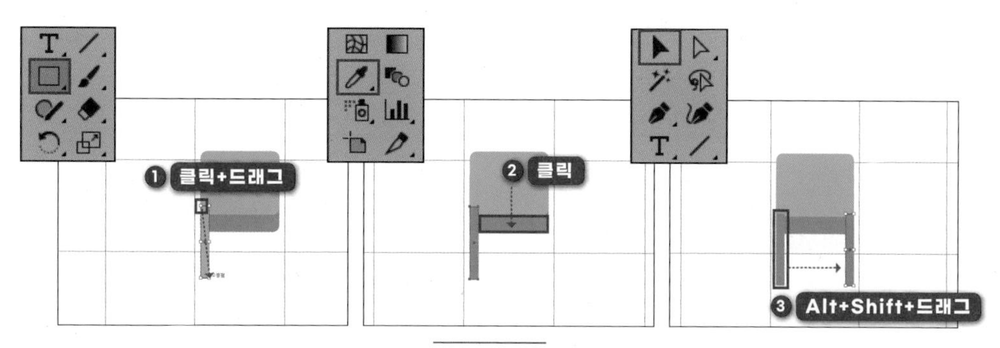

[그림 2-11] 의자 다리 만들기

(3) 의자 다리 복사하기

❶ [선택 도구]로 '의자 다리 오브젝트'를 드래그해서 선택한다. ❷ 오브젝트 위치를 바꿔 주기 위해 마우스 오른쪽 버튼을 클릭해서 '정돈' 〉 '뒤로 보내기' 해서 위치를 정리한다. (메뉴〉오브젝트〉뒤로 보내기) ❸ [선택 도구]로 '빈 화면을 클릭'해서 선택 해제한다.

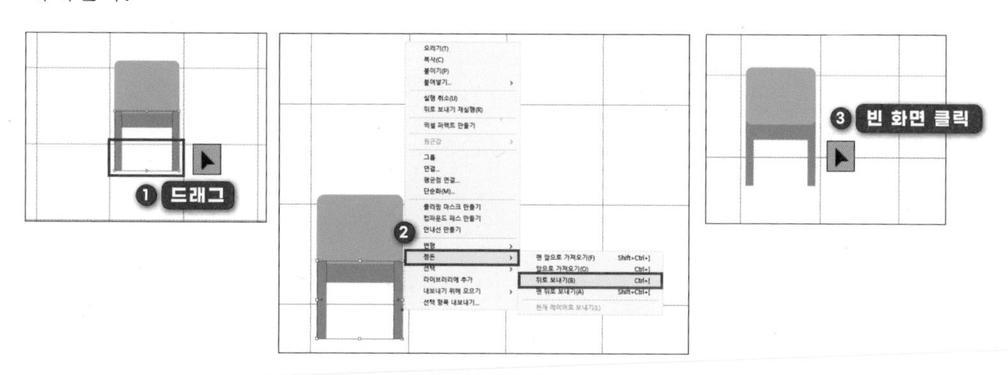

[그림 2-12] 의자 다리 복사하기

(4) 의자 등받이 만들기

❶ [선택 도구]로 오브젝트를 선택하고 위 방향으로 'Alt+드래그'해서 오브젝트 복사한다.

❷ [스포이트 도구]로 변경할 색상을 '클릭'해서 색상을 바꾼다.

❸ 위 방향으로 'Alt+드래그'해서 오브젝트를 복사한다.

❹ [스포이트 도구]로 변경할 색상을 '클릭'해서 색상을 바꾼다.

❺ [선택 도구]로 진한 색상의 오브젝트를 선택한다.

❻ 오브젝트 위치를 바꿔 주기 위해 마우스 오른쪽 버튼을 클릭해서 ❼ '정돈'〉'맨 위로 가져오기' 해서 위치를 정리한다.

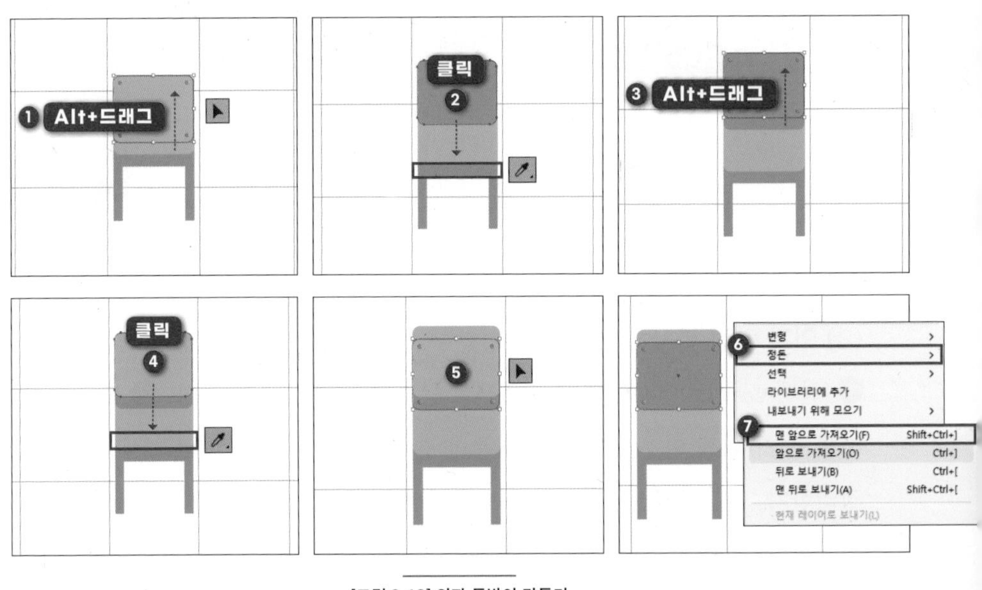

[그림 2-13] 의자 등받이 만들기

(5) 의자 완성하기

❶ '의자 오브젝트'가 완성되었다. '의자 오브제트'를 모두 '드래그'해서 선택하고 'Ctrl+G' 또는 상단 메뉴 바에서 '오브젝트' 〉 '그룹(G)' 한다. '그룹'이 된 '의자 오브젝트'는 [선택 도구]로 선택했을 때 모두 선택된다.

❷ [선택 도구]로 '빈 화면을 클릭'해서 선택 해제한다.

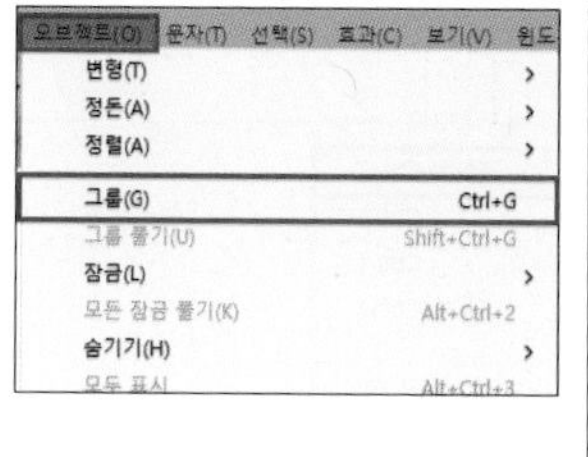

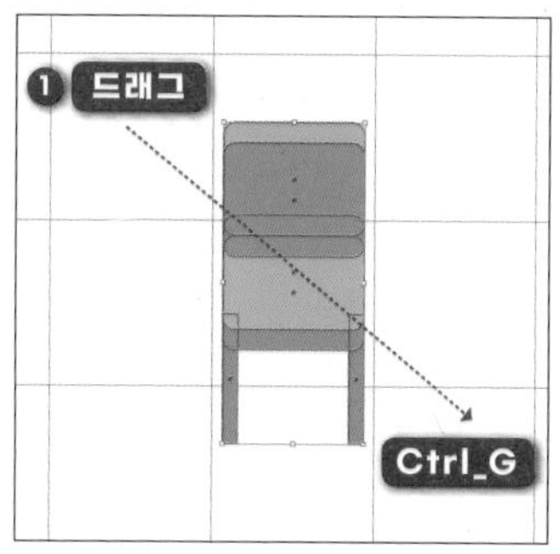

[그림 2-14] 의자 완성하기

7 의자 위치 맞추기

아바타가 이동하는 범위의 수치에 맞추어서 정확한 위치에 오브젝트를 배치하는 것이 중요하다. 그래서 아바타를 그리드에 맞추어서 의자의 위치를 조정해 준다. 실제 ZEP에서 맵에 적용했을 때 같은 위치에 있게 된다.

❶ ZEP 아바타를 가져온다.

❷ 아바타가 선택되어 있는 상태에서 오른쪽 버튼을 클릭해서 아바타를 '맨 앞으로' 가져온다.

❸ 아바타의 위치를 확인한다.

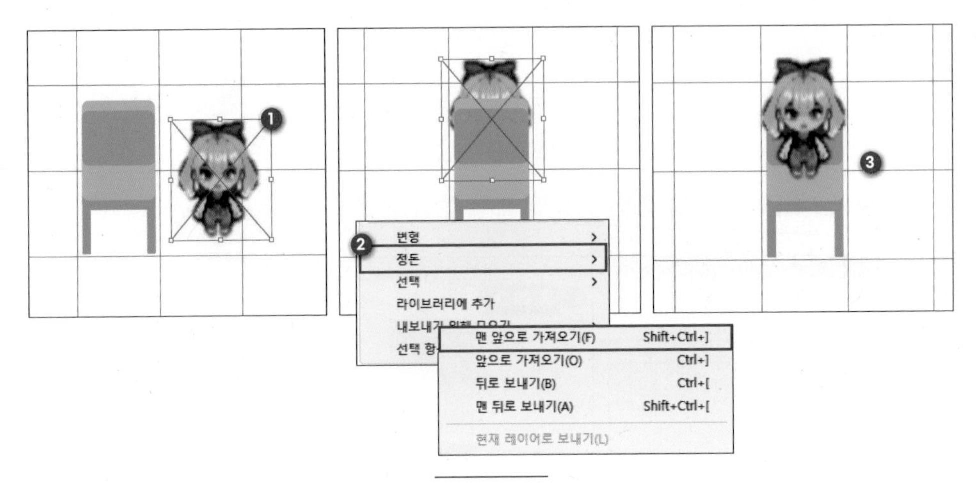

[그림 2-15] 의자 위치 맞추기

❹ 상단 메뉴 [파일]에서 '다른 이름으로 저장' 후 파일 이름을 입력하고 일러스트레이터 원본 파일로 저장한다.

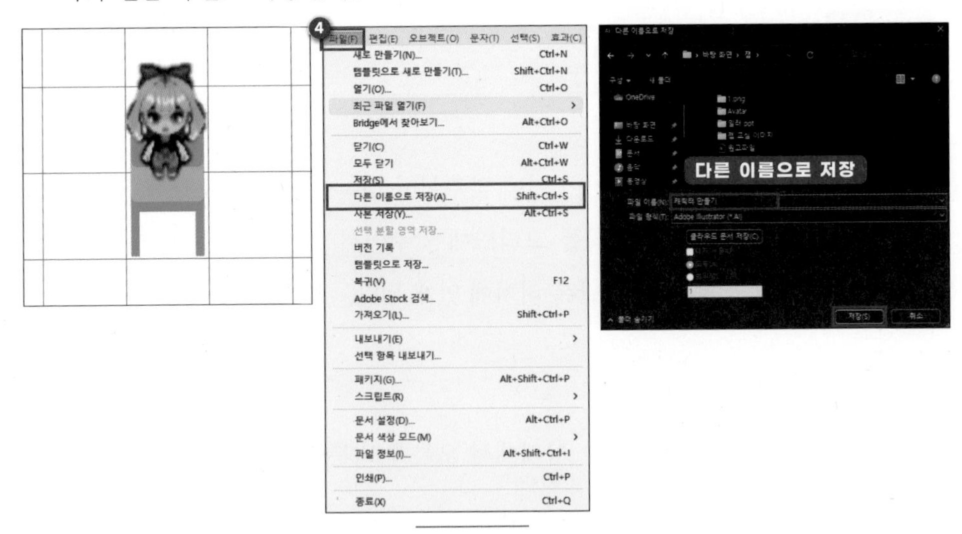

[그림 2-16] 의자 원본 파일 저장하기

03. 2D 교실 백그라운드 만들기

직접 사용할 ZEP 맵을 만들어 보기로 하자.

1 일러스트레이터 실행하기

새로운 창을 만들기 위해 일러스트레이터를 실행한다.

❶ '새 파일'을 누른다.

❷ 900픽셀*600픽셀을 입력한다.

❸ '만들기' 버튼을 클릭한다.

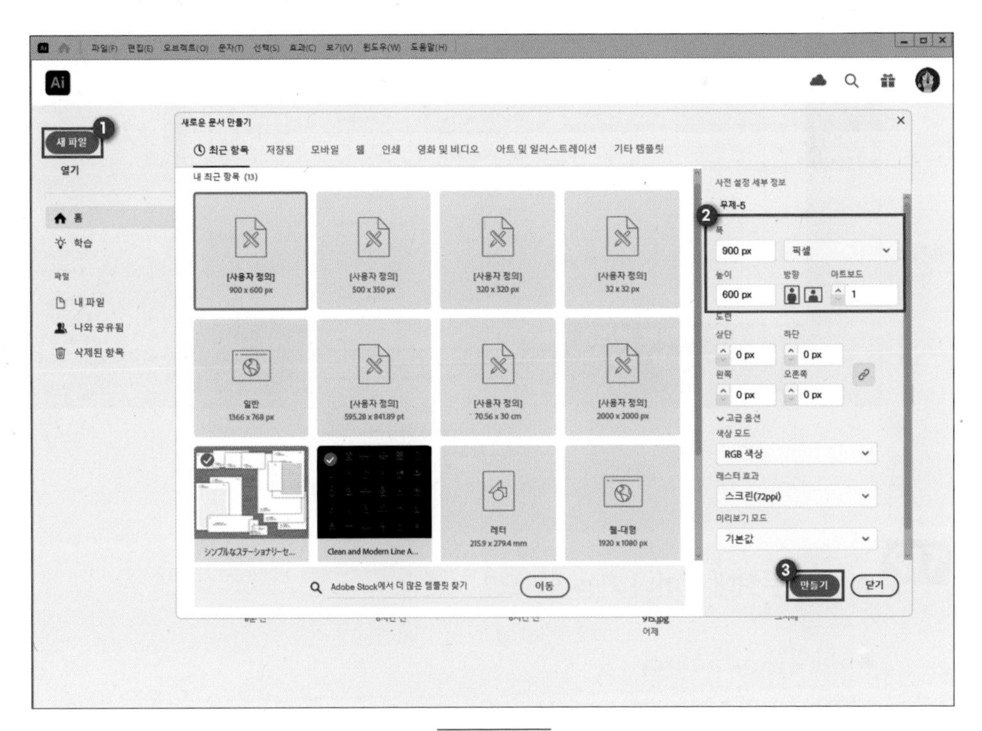

[그림 3-1] 아트보드 만들기

2 새로운 창 열기

❶ 그리드에 맞추어서 오브젝트가 생성될 수 있도록 상단 [메뉴]에서 '격자 표시'와 '격자에 물리기'를 눌러서 그리드를 설정한다.

❷ 레이어의 순서는 '그리드' 〉 '백그라운드' 〉 '오브젝트' 〉 '포그라운드' 〉 '효과'로 시작한다.

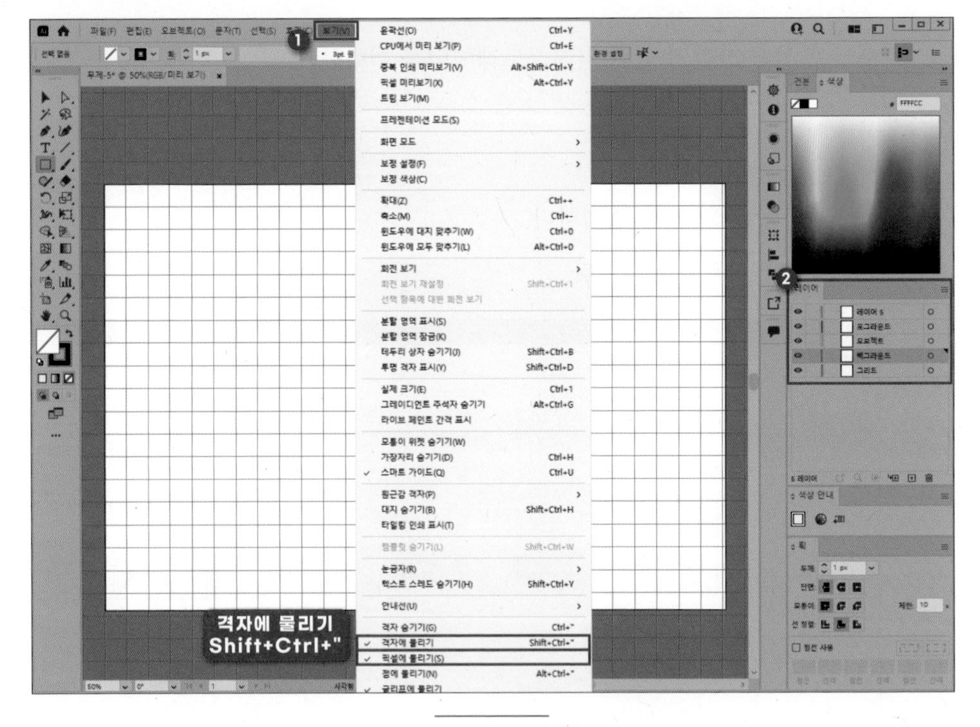

[그림 3-2] 새 창 설정하기

TIP 맵 크기는 최대 얼마나 가능한가요?

- 1타일은 32*32pixel
- 배경 이미지 크기 폭 & 높이 4000pixel 미만으로 권장. 용량 최대 10MB
- 타일 기준 : 최대 512타일, 권장 125타일 (최적한 사용을 위한 타일 기준)

3 벽과 바닥 만들기

❶ '벽'을 그리기 위해서 '백그라운드' 레이어를 선택 후 [사각형 도구]로 드래그한다.

❷ [색상]에서 [칠]을 더블클릭해서 색상을 선택하고 [선]은 없음으로 하고 [확인] 버튼을 누른다.

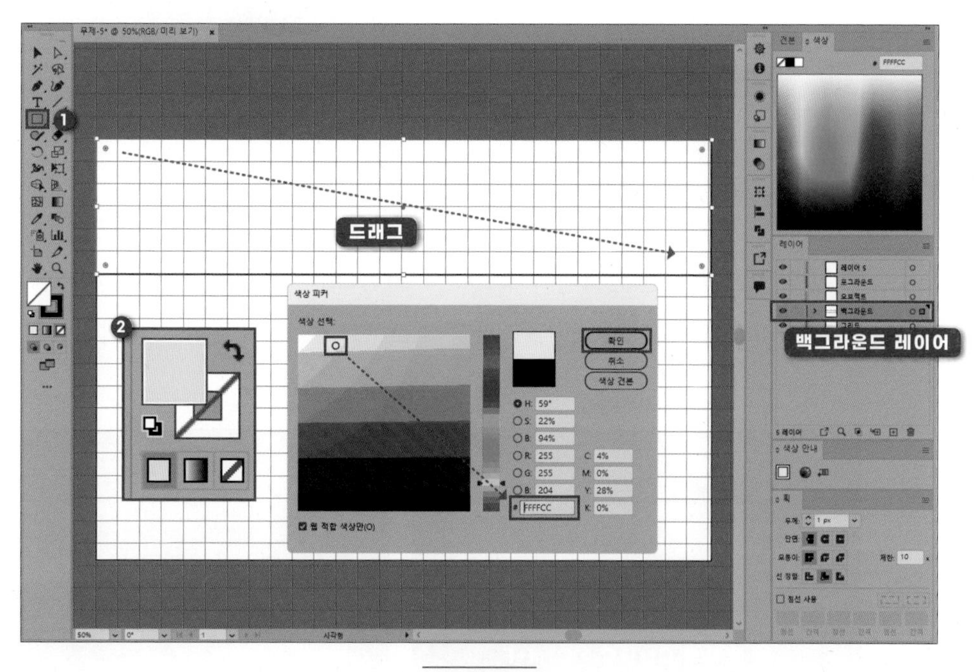

[그림 3-3] 벽 그리기

❸ '벽'을 복사해서 '바닥'을 그리기 위해서 [선택 도구]로 벽 오브제트를 클릭하고, 'Alt+Shift+드래그'해서 수직으로 복사한다.

❹ 바운딩 박스 조절점을 아래로 드래그해서 '바닥'을 만든다.

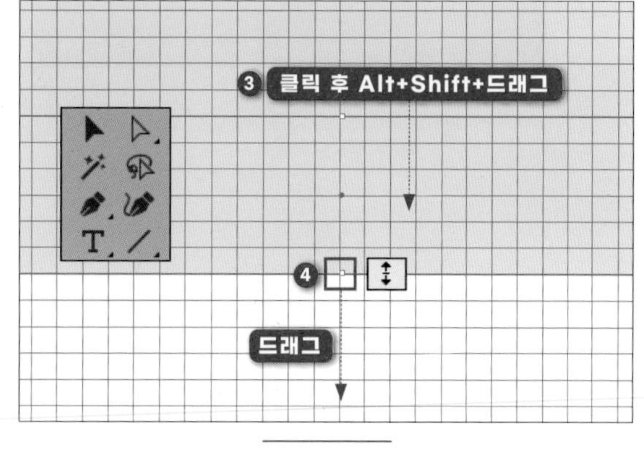

[그림 3-4] 벽 복사하기

⑤ [칠]을 더블클릭해서 색상 창이 열리면 바닥 색상(#CC9966)을 입력하고 '확인' 버튼을 누른다.

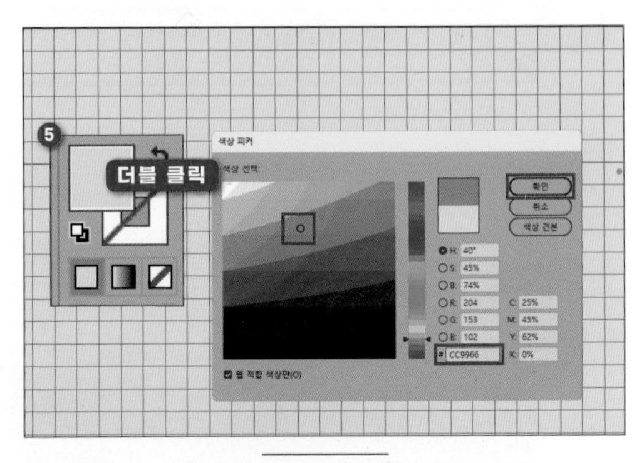

[그림 3-5] 바닥 색상 적용하기

⑥ '바닥 오브젝트'를 선택해서 Ctrl+C(복사) 〉 Ctrl+F(붙이기) 해서 '제자리에 붙이기' 한 후, [그레이디언트 도구]로 '바닥 오브젝트'를 '클릭'해서 그레이디언트로 설정한다.

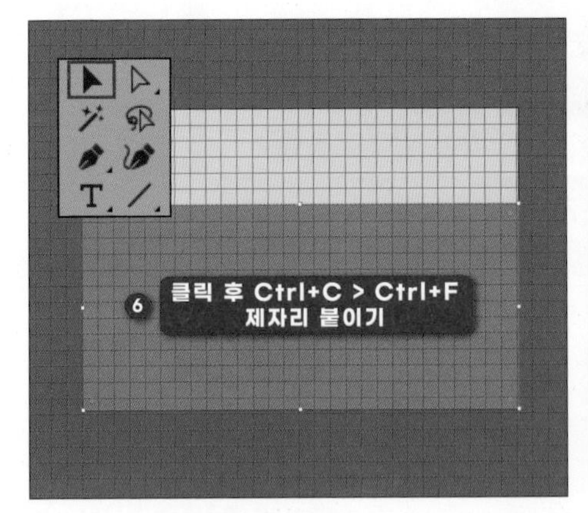

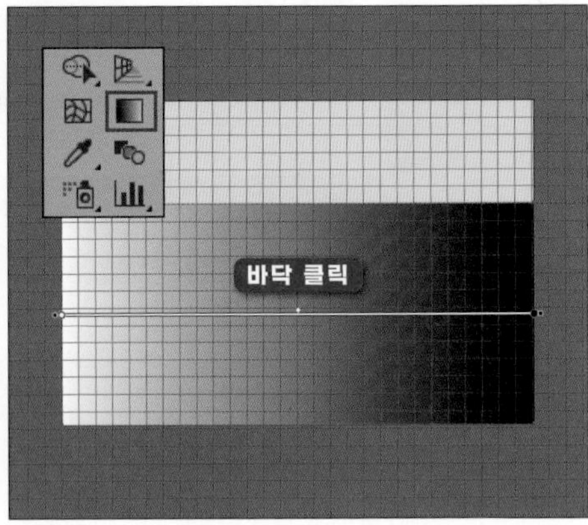

[그림 3-6] 바닥 복사하기

❼ 그레이디언트 조절 바에서 마우스 포인터를 가져가면 포인터 모양이 바뀐다. 이때 클릭하면 슬라이더 아이콘을 추가한다.

추가된 색상 슬라이더 아이콘을 더블클릭해서 검정 색상을 추가한다.

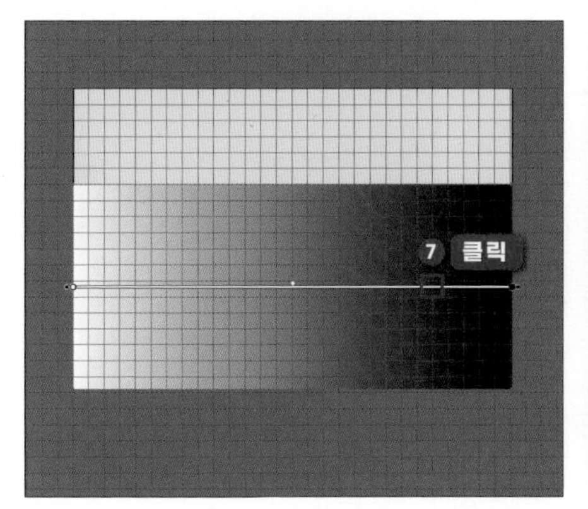

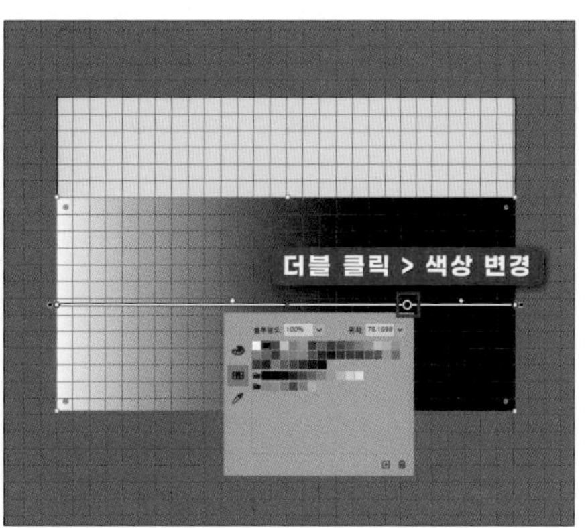

[그림 3-7] 바닥 그레이디언트 적용하기

❽ 그레이디언트 조절 바의 왼쪽 가장자리 색상 슬라이더에 마우스 포인터를 가져가면 마우스 포인터 모양이 바뀐다. 이때 드래그하여 그레이디언트의 위치를 변경할 수 있다.

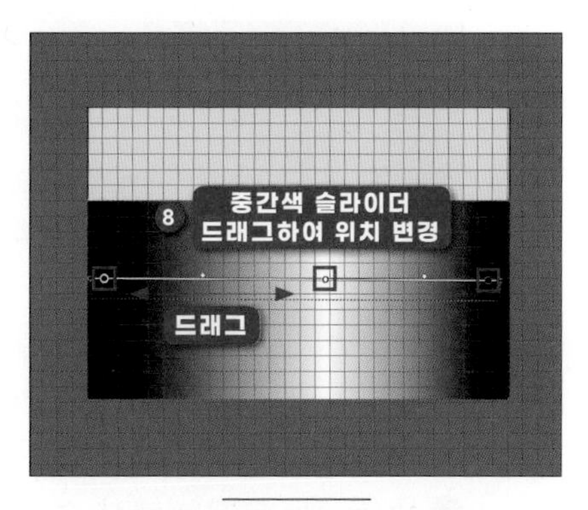

[그림 3-8] 바닥 그레이디언트 조정하기

❾ [그레이디언트 도구]로 대각선으로 드래그해서 그레이디언트 방향을 바꾼다. 그레디언트 조절 바의 오른쪽 가장자리에 마우스 포인터를 가져가면 포인터 모양이 바뀐다. 그 상태에서 드래그하여 그레이디언트가 적용되는 범위의 너비를 조절한다.

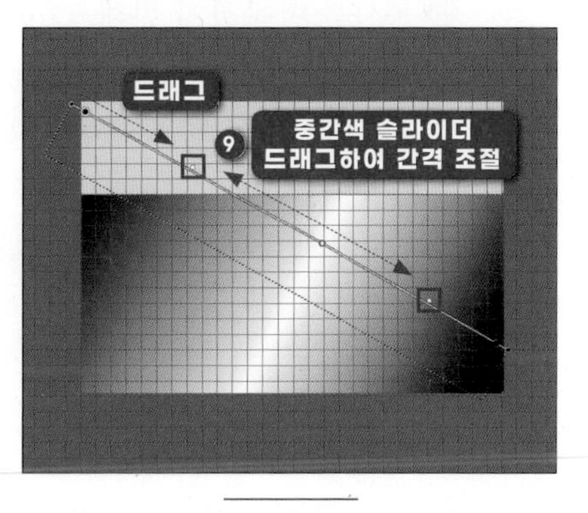

[그림 3-9] 바닥 그레이디언트 간격 조절하기

⑩ 그리드를 끄고(Ctrl+"), 바닥의 광택감을 표현해 주기 위해 바닥 오브젝트를 선택 후 [투명도 패널]에서 불투명도 40%, 소프트라이트 효과를 선택한다. '벽'도 같은 방법으로 광택감을 준다.

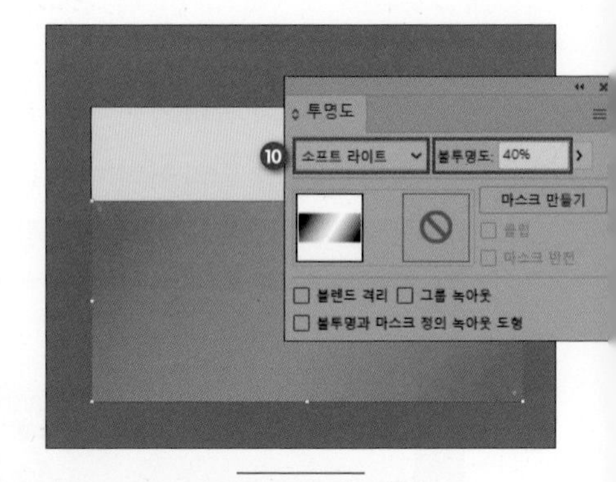

[그림 3-10] 바닥 광택 완성하기

⑪ 벽 부분의 구간을 나누기 위해 격자 물리기 (Shift+Ctrl+") 해제 후, [사각 도형 도구]로 도형을 그려서 그레이디언트를 설정하고 불투명도 30%, '곱하기' 효과를 선택하고 폭을 줄여 준다.

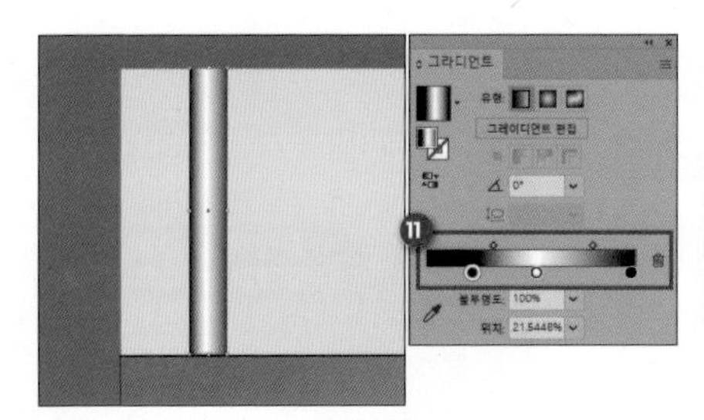

[그림 3-11] 벽 구간 그레이디언트 적용하기

⑫ 'Shift+Alt+드래그'해서 수평으로 복사한다.

⑬ 복사를 반복하기 위해 'Ctrl+D'를 두 번 반복한다.

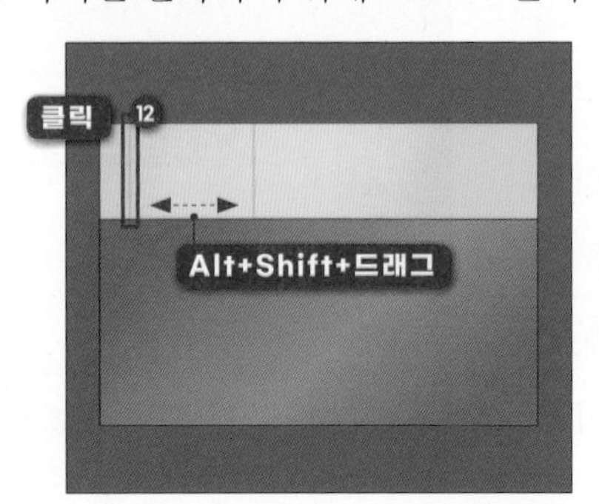

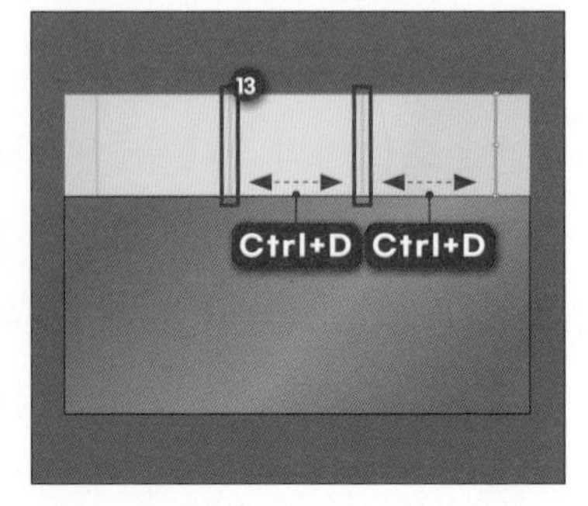

[그림 3-12] 벽 구간 오브젝트 복사하기

4 조명 만들기

이번에는 교실 조명을 추가해서 만들어 보자.

❶ [레이어 패널]에서 '조명' 레이어를 선택한다.

❷ [펜 도구]로 삼각형을 만들어 준다.

❸ [그레이디언트 도구]를 선택한다. [그레이디언트 패널]에서 '선형 유형'으로 선택하고 왼쪽 '색상 슬라이더'를 더블클릭해서 색상은 흰색, 불투명도는 100%로 설정한다.

❹ 오른쪽 '색상 슬라이더'를 더블클릭해서 흰색으로 색상은 흰색, 불투명도는 0%로 설정한다.

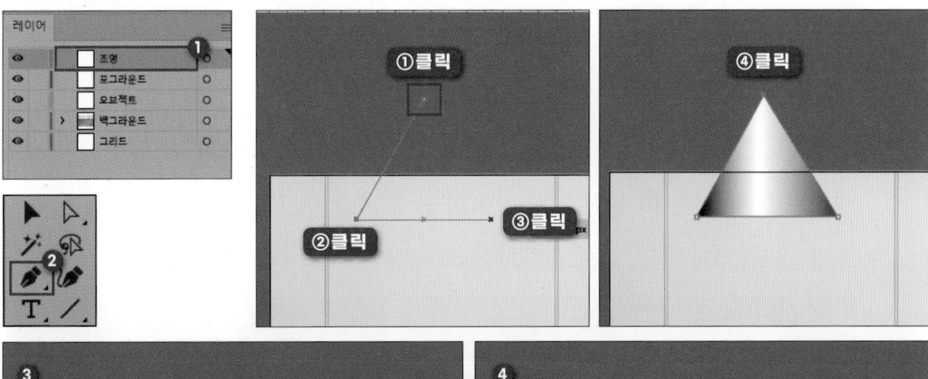

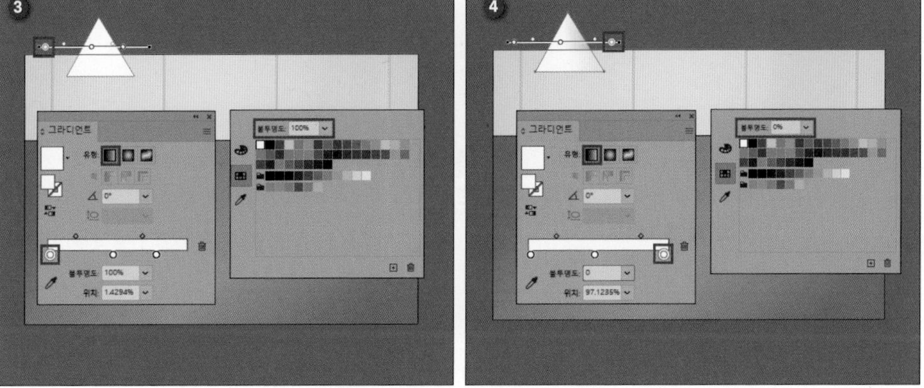

[그림 3-13] 조명 그레이디언트 적용하기

⑤ 그레이디언트 슬라이더를 위에서 아래로 드래그해서 그레이디언트 방향을 바꿔 준다. ⑥ '색상 슬라이더'와 '중간 색상 슬라이더'를 조절해서 아래로 투명해지도록 불투명도를 조절해 준다. ⑦ 조명 오브젝트를 선택하고 'Alt+Shift+드래그' 후, 복사를 반복하기 위해 'Ctrl+D' 한다.

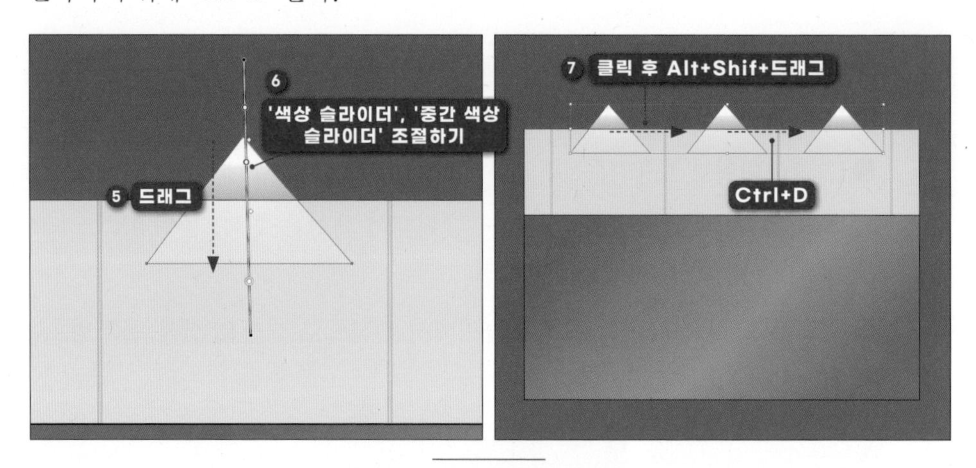

[그림 3-14] 조명 그레이디언트 조정하기

⑧ 흐림 효과를 주기 위해 상단 [메뉴]의 [효과]에서 '흐림 효과' 〉 '가우시안 흐림'을 순서대로 클릭한다. ⑨ 옵션 창이 나오면 반경 값을 13으로 입력하고 '확인'을 누른다. 조명 크기는 [선택 도구]로 선택해서 바운딩 박스로 조절할 수 있다.

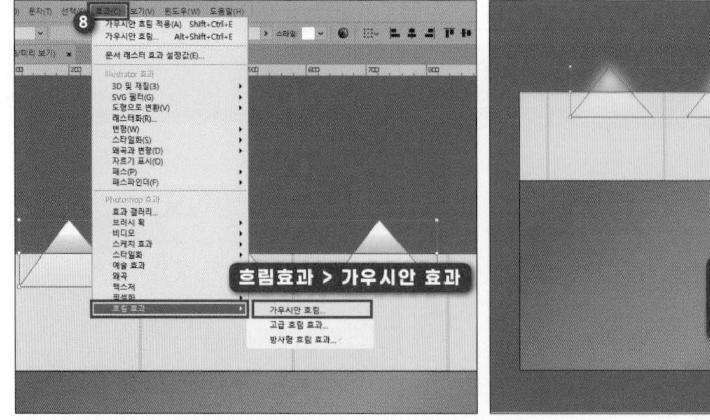

[그림 3-15] 조명 흐림 효과 주기

5 칠판 만들기

❶ 그리드 켜기(Ctrl+")와 격자 물리기(Shift+Ctrl+")를 실행하고, [도형 도구]로 사각형을 그린다. 색상은 검정색으로 한다. ❷ 격자 물리기(Shift+Ctrl+")를 끄고, 'Ctrl+C' 해서 복사하고, 'Ctrl+F' 해서 제자리에 붙이기 한다. ❸ 색상은 흰색으로 하고, 그리드를 기준으로 바운딩 박스를 조절해서 칠판의 크기를 만들어 준다.

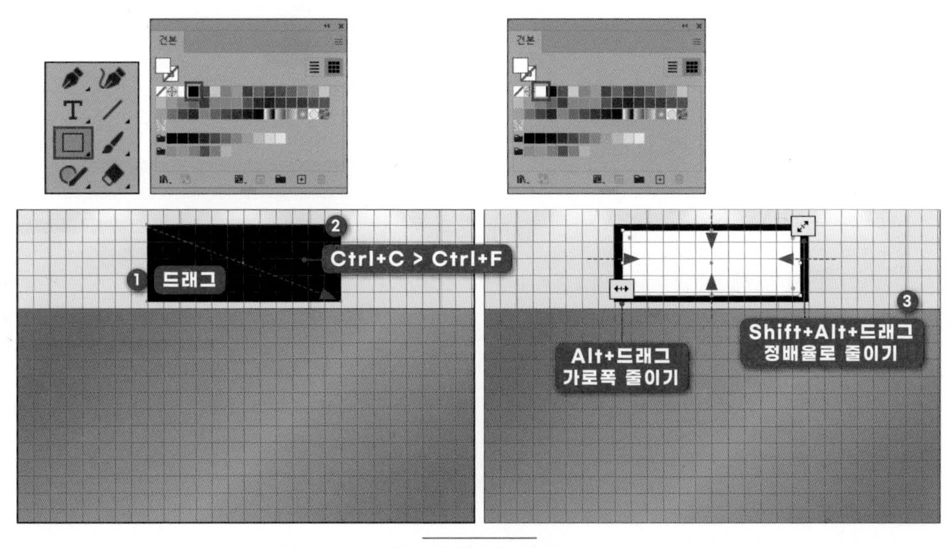

[그림 3-16] 칠판 만들기

❹ [선택 도구]로 칠판(검은색) 오브젝트를 선택한다.

❺ 'Alt+Shift+드래그'해서 수직 방향으로 복사한다.

❻ 바운딩 박스의 조절점을 아래로 드래그해서 ❼과 같이 크기를 줄이고, 색상은 회색으로 선택한다.

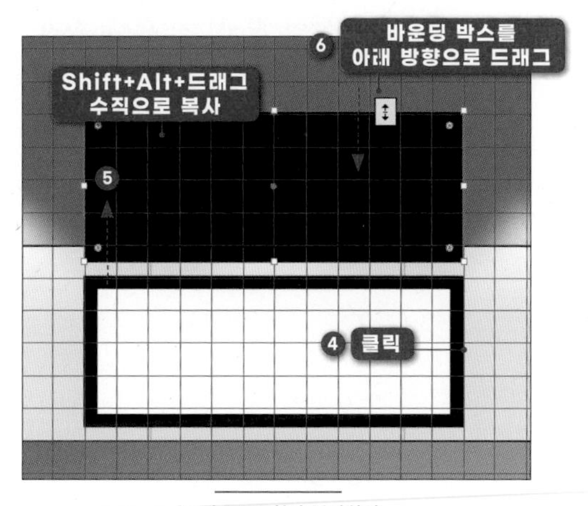

[그림 3-17] 칠판 복사하기

⑧ [선택 도구]로 'Shift'를 누르면서 칠판 오브젝트를 모두 선택하고 'Ctrl+G' 해서 '그룹'한다.

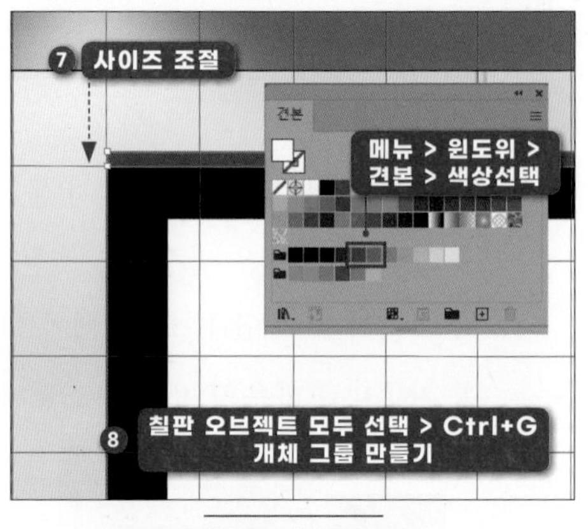

[그림 3-18] 칠판 음영 주기

⑨ Ctrl+"를 실행해서 그리드를 숨긴다. '그룹'한 '칠판 오브젝트'에 그림자 효과를 주기 위해 상단 메뉴의 [효과]에서 '스타일화'〉'그림자 만들기'를 선택 후 옵션 값을 입력하고 '확인'을 누른다.

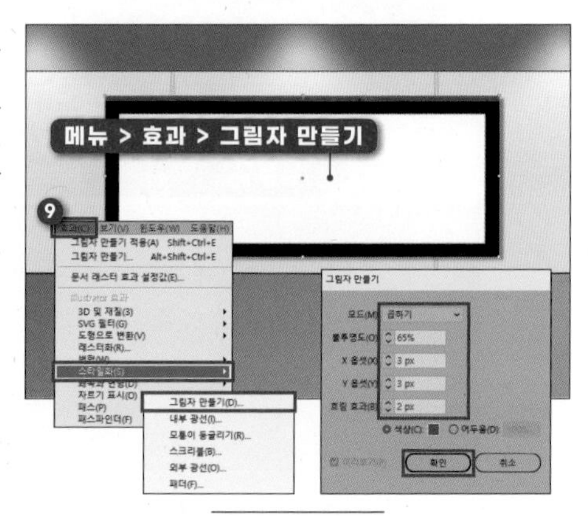

[그림 3-19] 칠판 그림자 만들기

⑩ [직접 선택 도구]로 '흰색 칠판'을 선택하고, 연한 회색으로 바꾼 후 완성한다.

[그림 3-20] 칠판 색상 변경 및 완성하기

04. 백그라운드 오브젝트 만들기

교실 배경이 만들어졌으면 이번에는 배경 위에 올려질 책상 오브젝트를 만들어 보자.

1 책상 만들기

❶ [레이어 패널]에서 백그라운드 레이어는 잠그고, 오브젝트 레이어를 선택한다.

❷ 그리드를 켜기(Ctrl+")와 격자 물리기(Shift+Ctrl+")를 실행하고 [사각형 도구]로 사각형을 그린다.

❸ 모서리 위젯을 안쪽으로 살짝 드래그해서 모서리를 둥글게 한다.

❹ 격자 물리기(Shift+Ctrl+")를 해제 후, [선택 도구] 오브젝를 선택하고 위 방향으로 'Alt+Shift+드래그'해서 복사한다.

❺ 아래에 있는 오브젝트를 다시 선택하고 진한 색상으로 바꿔 준다.

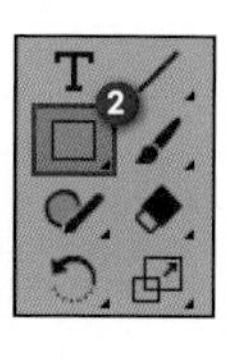

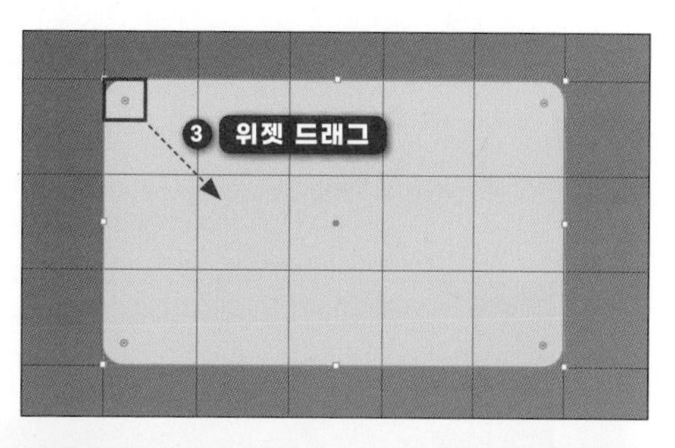

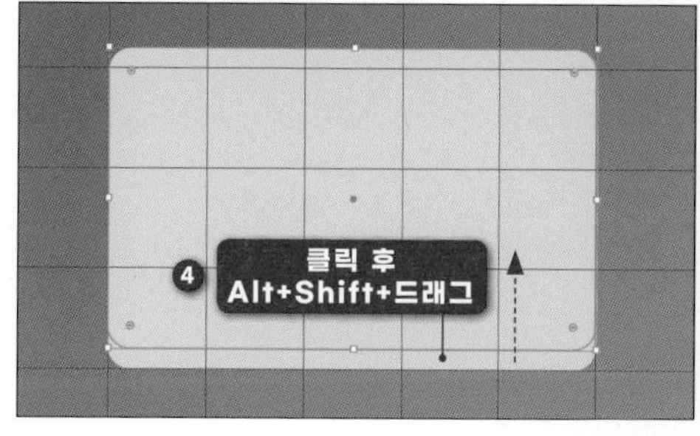

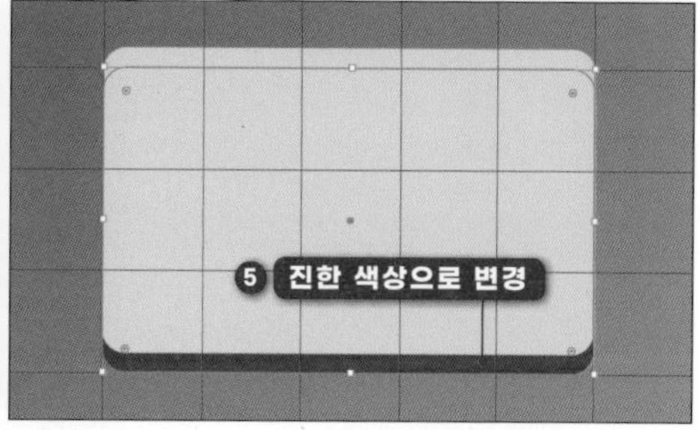

[그림 4-1] 책상 만들기

2 책상 다리 만들기

❶ 책상 다리를 그리기 위해 [사각형 도구]로 드래그해서 사각형을 그린다.

❷ '책상 다리 오브젝트' 모서리 위젯을 안쪽으로 드래그해서 모서리를 둥글게 한다.

❸ 오른쪽 마우스를 클릭 후 옵션 창에서 '정돈' 〉 '뒤로 보내기' 한다.

❹ '책상 다리 오브젝트'는 'Alt+Shift+드래그'해서 수평으로 복사한다.

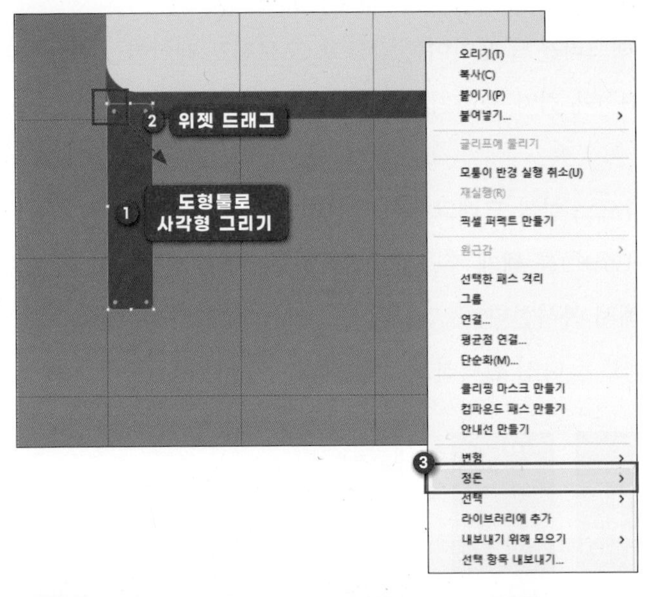

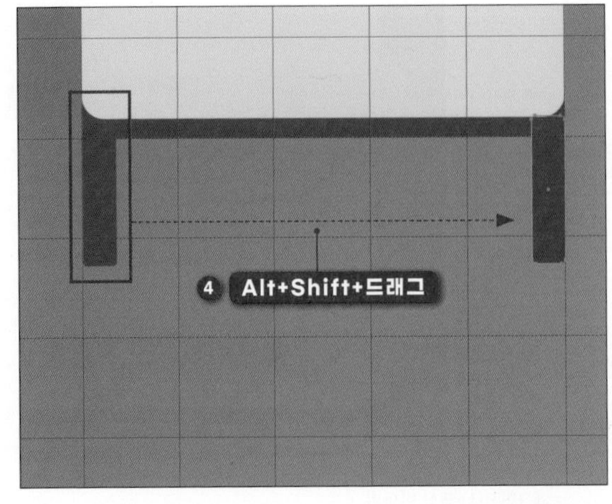

[그림 4-2] 책상 다리 만들기

3 책상 사이즈 조절하기

❶ 책상의 높이를 줄여 주기 위해서 [직접 선택 도구]로 상단 포인트를 드래그해서 사이즈를 조정한다.

❷ 책상의 폭을 넓혀 주기 위해서 [직접 선택 도구]로 우측 모서리 포인트를 드래그해서 사이즈를 조절한다. (책상 다리의 색상을 변경해 준다)

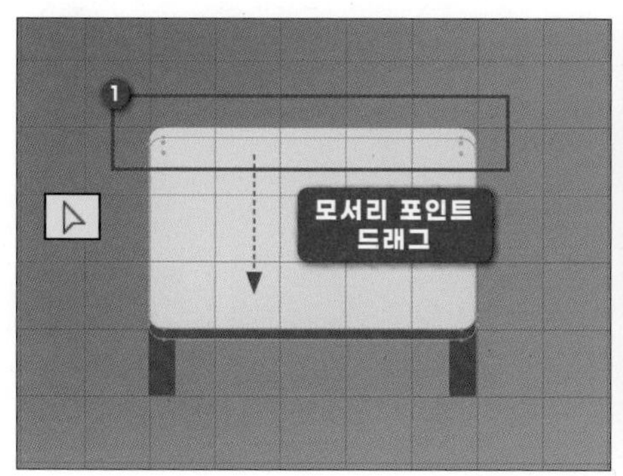

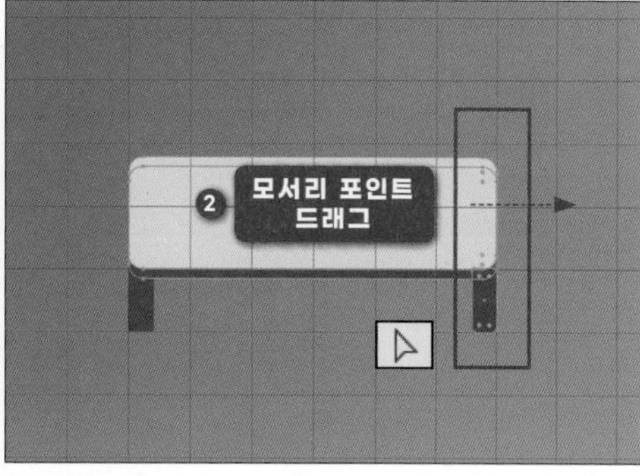

[그림 4-3] 책상 사이즈 조절하기

4 책상 테두리 만들기

❶ '책상 오브젝트'를 모두 선택하고 'Ctrl+C' 〉 'Ctrl+F' 해서 제자리에 붙이기 한다.

❷ 상단의 메뉴의 [윈도우]에서 [패스파인더]의 '컴파운드 패스 합치기'를 눌러 준다.

❸ 색상은 [견본 패널]에서 검은색으로 한다.

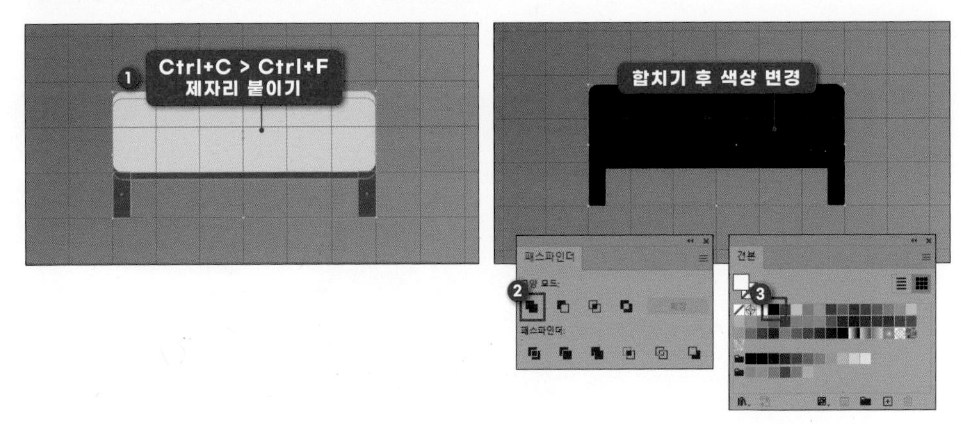

[그림 4-4] 책상 테두리 만들기

❹ 도구 상자의 [색상]에서 굽은 화살표를 눌러서 '칠'과 '선'을 교체해서 테두리를 만든다.

❺ [획(선) 패널]에서 선의 두께(0.7pt), 단면(둥근 단면), 모서리(둥근 모퉁이), 선 정렬(바깥쪽으로 선 정렬)을 설정한다.

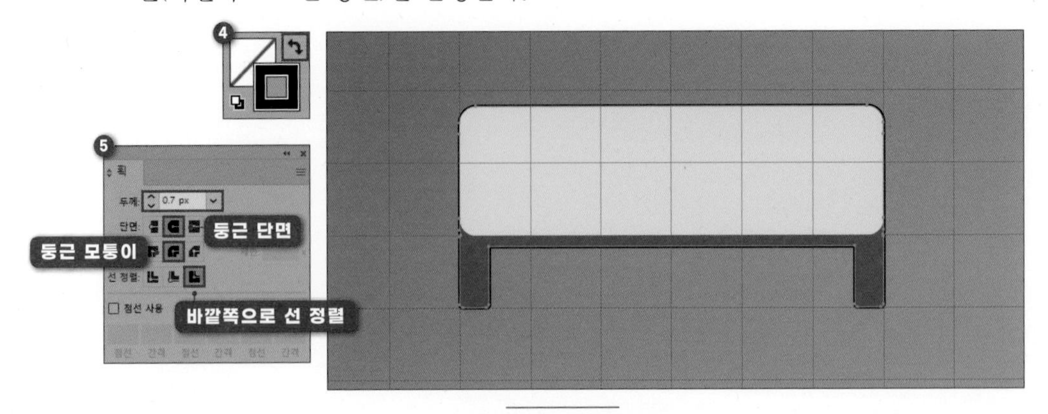

[그림 4-5] 책상 테두리 만들기

5 책상 그림자 만들기

❶ '책상 오브젝트'를 'Alt+Shift+드래그'해서 아래 방향으로 복사한다. ❷ Shift를 누른 채 드래그해서 180° 회전한다. ❸ [패스파인더 패널]에서 '컴파운드 패스 합치기'를 눌러주고 [색상]의 '선'과 '칠'을 교체한다.

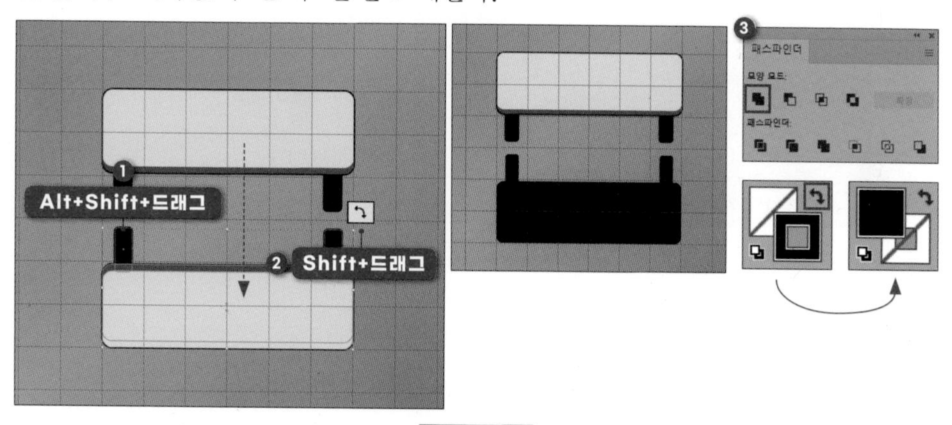

[그림 4-6] 책상 그림자 만들기

❹ [그레이디언트 도구]로 '그림자 오브젝트'를 클릭해서 그러데이션 효과를 실행한다. ❺ [불투명도 패널]에서 '곱하기' 효과를 주고 불투명도(20%)를 준다.

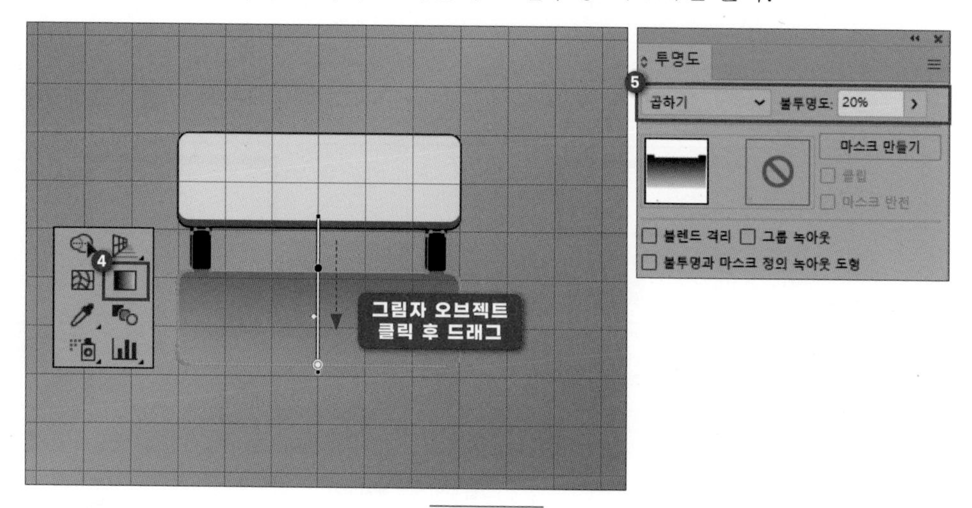

[그림 4-7] 책상 그림자 그레이디언트 적용하기

⑥ '책상 오브젝트'와 '그림자' 사이즈를 조절 후 'Ctrl+바탕클릭'해서 선택을 해제한다. [선택 도구]로 전체 선택 후 그룹(Ctrl+G) 한다.

⑦ 그리드(Ctrl+")를 끄고 확인한다.

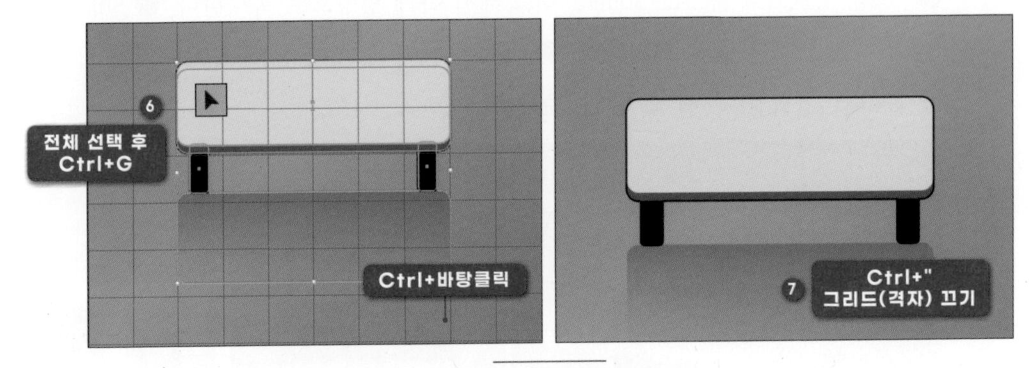

[그림 4-8] 책상 그림자 그레이디언트 완성

6 책상 배치하기

❶ 다시 그리드(Ctrl+")를 실행하고, 완성된 '책상 오브젝트'를 'Alt+드래그'해서 두 번 복사한다.

❷ 복사한 '책상 오브젝트' 모두 선택 후 'Alt+드래그'해서 복사하고 책상을 배치한다.

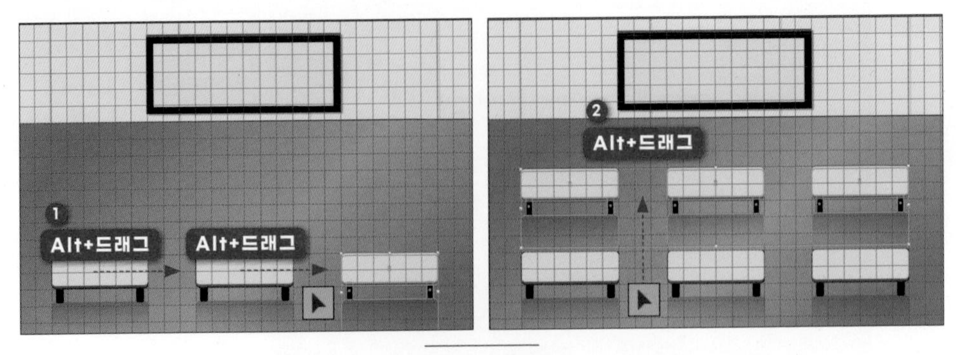

[그림 4-9] 책상 배치하기

05. 포그라운드 오브젝트 만들기

교실 배경이 만들어졌으면 이번에는 배경 위 책상 오브젝트를 만들어 보자.

1 교탁 만들기

❶ [레이어 패널]에서 '포그라운드'를 선택하고 [견본 패널]에서 색상을 선택하고 '오브젝트 레이어'와 '백그라운드 레이어'는 잠시 꺼둔다.

❷ 도구상자의 [사각형 도구]로 사각형을 그린다.

❸ 바운딩 박스에 마우스 커서를 가져가서 'Alt+드래그'해서 오브젝트 사이즈를 조절한다.

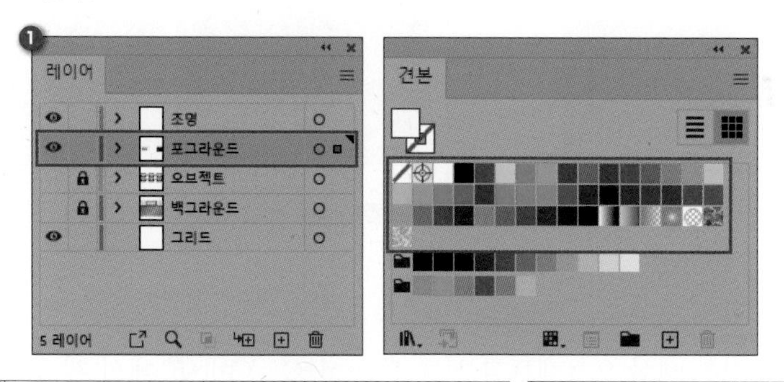

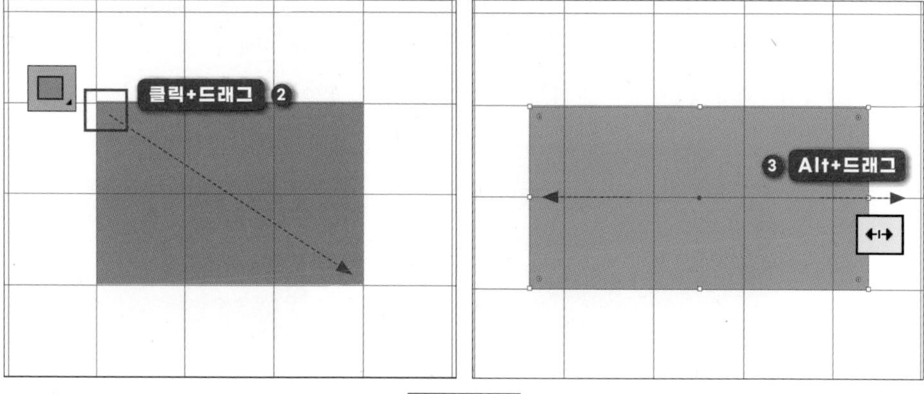

[그림 5-1] 교탁 만들기

❹ 'Ctrl+C', 'Ctrl+F' 해서 제자리 붙이기를 한 후 진한 색상으로 바꾼다.

❺ 바운딩 박스 조절점을 위 방향으로 드래그해서 크기를 줄이다.

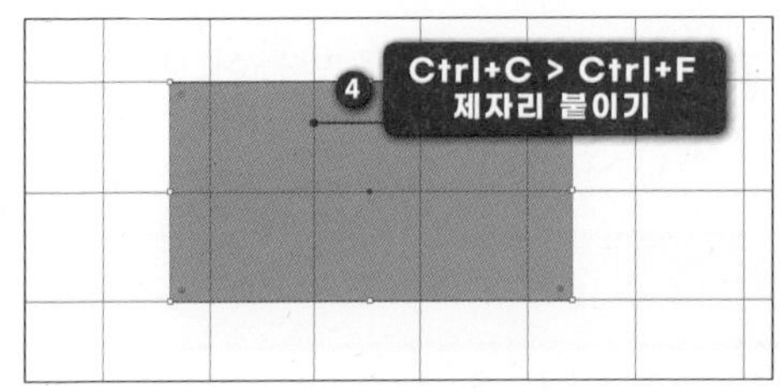

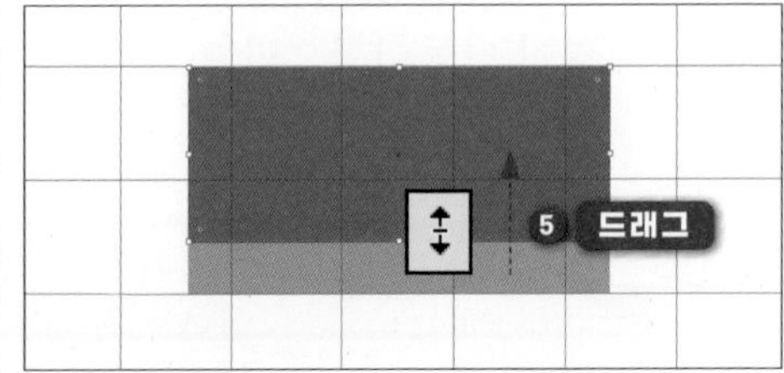

[그림 5-2] 교탁 배색 만들기

❻ [직접 선택 도구]로 마우스 포인트를 선택하고 위젯에 마우스 포인터를 가져가면 마우스 포인터 모양이 바뀌다.

❼ 이때 안쪽으로 드래그해서 모서리를 둥글게 만든다.

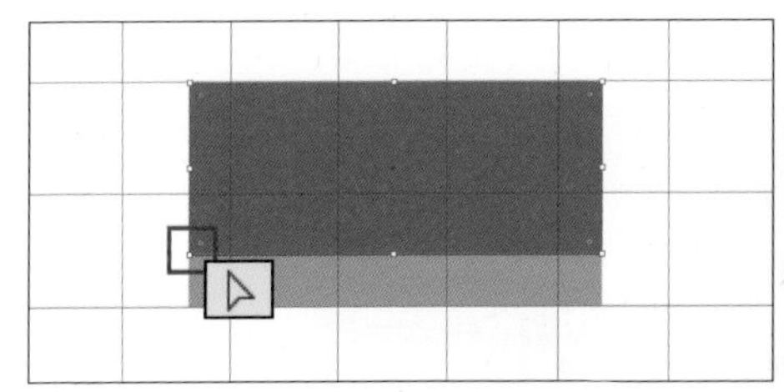

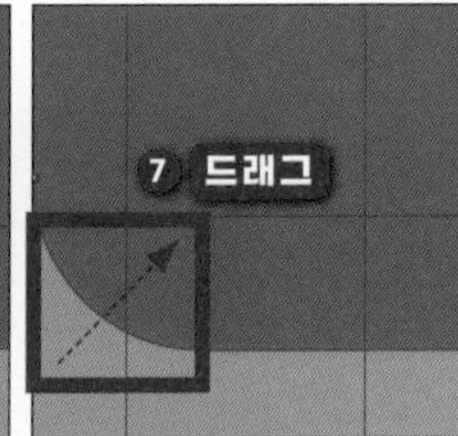

[그림 5-3] 교탁 모서리 수정하기

❽ [선택 도구]로 진한 색상 오브젝트를 선택 후 'Ctrl+C', 'Ctrll+F' 해서 제자리 붙이기를 하고, 바운딩 박스 조절점을 위 방향으로 드래그해서 크기를 줄인다.

❾ 도구 상자의 [스포이트 도구]로 연한 색상을 찍어 주면 연한 색상으로 바뀐다.

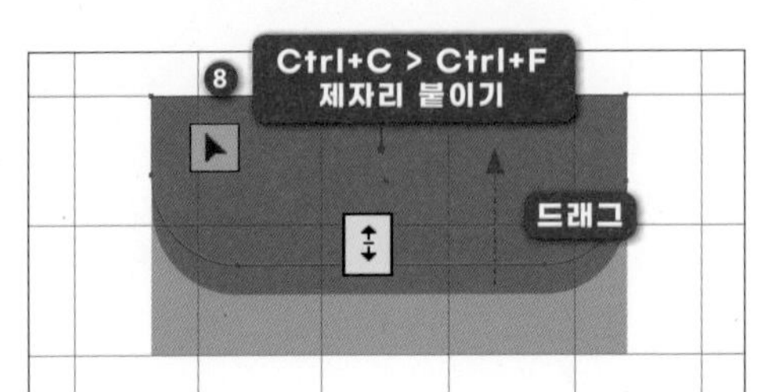

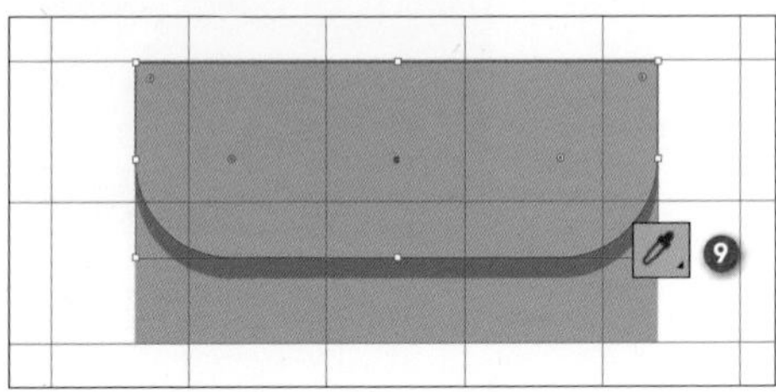

[그림 5-4] 교탁 색상 수정하기

2 교탁 다리 만들기

❶ [선택 도구]로 오브젝트를 모두 선택하고 사이즈를 조절한 후 [사각형 도구]로 드래그해서 사각형을 그린다.

❷ 오브젝트를 선택 후 'Alt+Shift+드래그'해서 수평으로 복사한다.

❸ '교탁 오브젝트'를 모두 선택하고 마우스 오른쪽 버튼을 클릭 후 '정돈' 〉 '맨 앞으로 가져오기' 한다.

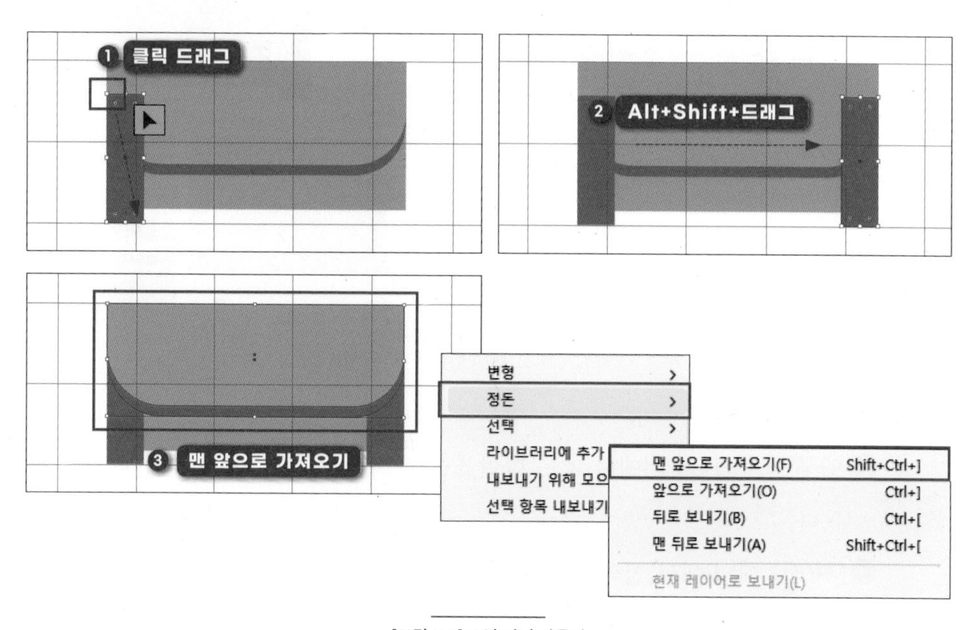

[그림 5-5] 교탁 다리 만들기

3 교탁 테두리 만들기

❶ '교탁 오브젝트'를 모두 선택하고 'Ctrl+G' 해서 그룹하고, 'Ctrl+C' 〉 'Ctrl+F' 해서 제자리에 붙이기 한다. ❷ [패스파인더 패널]에서 '컴파운드 패스 합치기'를 누른다. ❸ 색상은 [견본 패널]에서 검은색으로 한다.

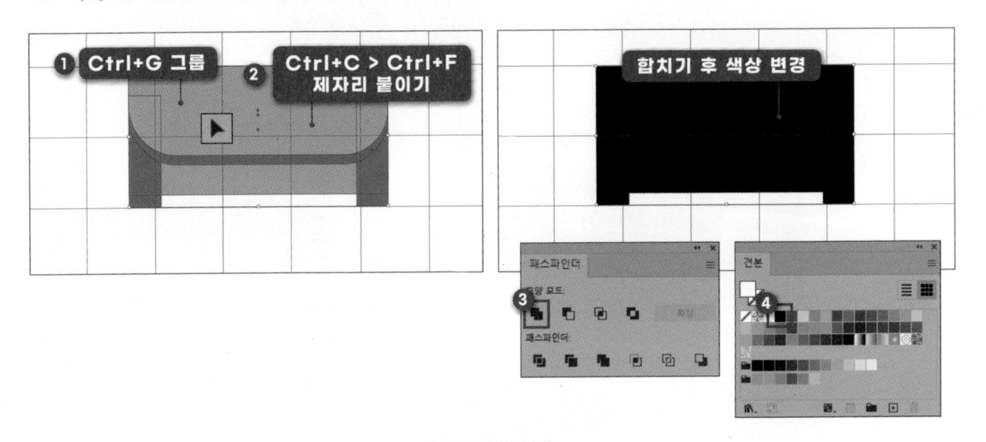

[그림 5-6] 교탁 테두리 만들기

❹ 도구 상자의 [색상]에서 굽은 화살표를 눌러서 '칠'과 '선'을 교체해서 테두리를 만든다.

❺ [획(선) 패널]에서 선의 두께(0.7pt), 단면(둥근 단면), 모서리(둥근 모퉁이), 선 정렬(바깥쪽으로 선 정렬)을 설정한다.

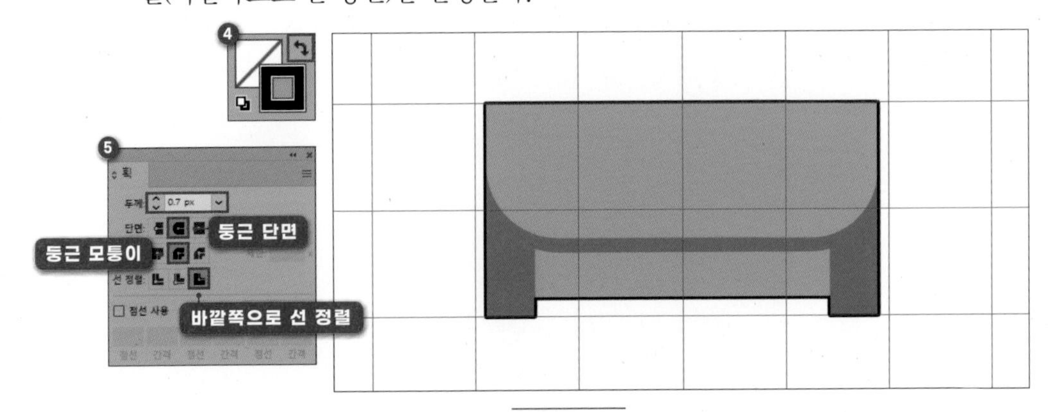

[그림 5-7] 교탁 외곽 테두리 만들기

⑥ 그룹화된 오브젝트에서 진한 색상 오브젝트를 [직접 선택 도구]로 순서대로 클릭해서 선택한다.

⑦ [획(선) 패널]에서 선의 두께(0.7pt), 단면(둥근 단면), 모서리(둥근 모퉁이), 선 정렬(바깥쪽으로 선 정렬)을 설정하고

⑧ 'Ctrl+바탕 클릭'해서 선택을 해제한다.

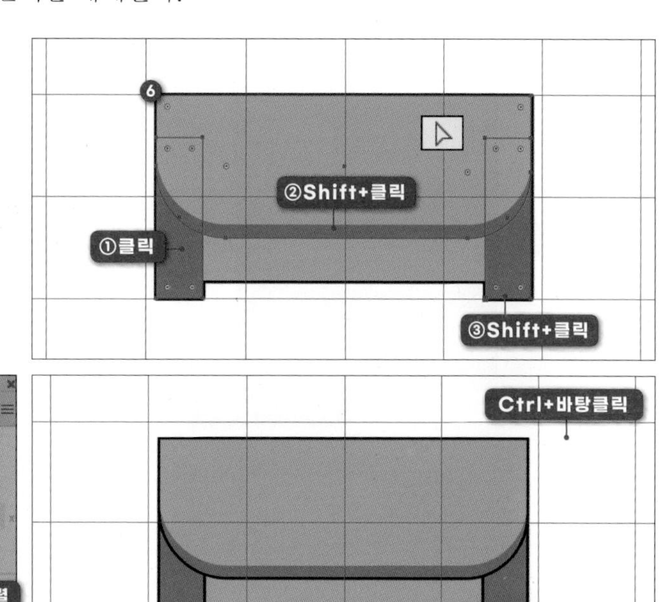

[그림 5-7] 교탁 외곽 테두리 만들기

4 교탁 그림자 만들기

❶ '교탁 오브젝트'를 'Alt+Shift+드래그'해서 아래 방향으로 복사한다. ❷ 'Shift'를 누른 채 드래그해서 180° 회전한다. ❸ [패스파인더 패널]에서 '컴파운드 패스 합치기' 눌러 주고 [색상]의 '선'과 '칠'을 교체한다.

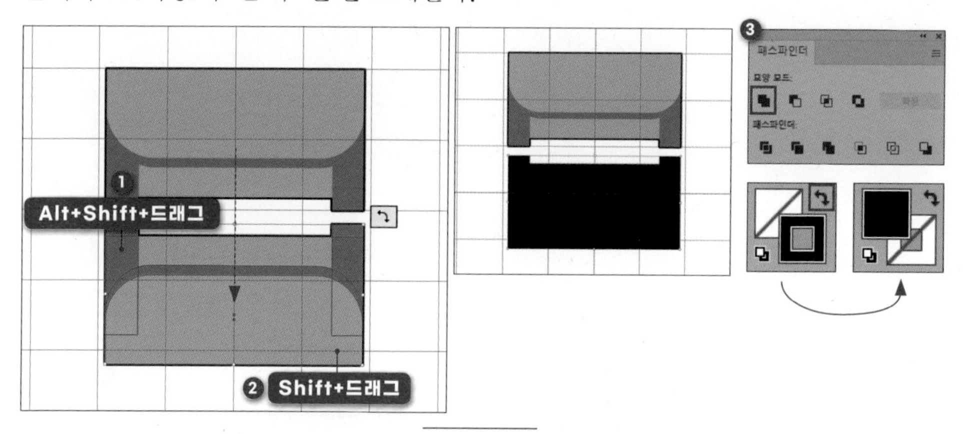

[그림 5-9] 교탁 그림자 만들기

❹ [그레이디언트 도구]로 그림자 오브젝트를 클릭해서 그러데이션 효과를 실행한다. ❺ [불투명도 패널]에서 '곱하기' 효과를 주고 불투명도(20%)를 준다. ❻ 연한 색상 오브젝트에도 각 [그레이디언트 도구]로 그림자를 만들고 크기를 조절한다.

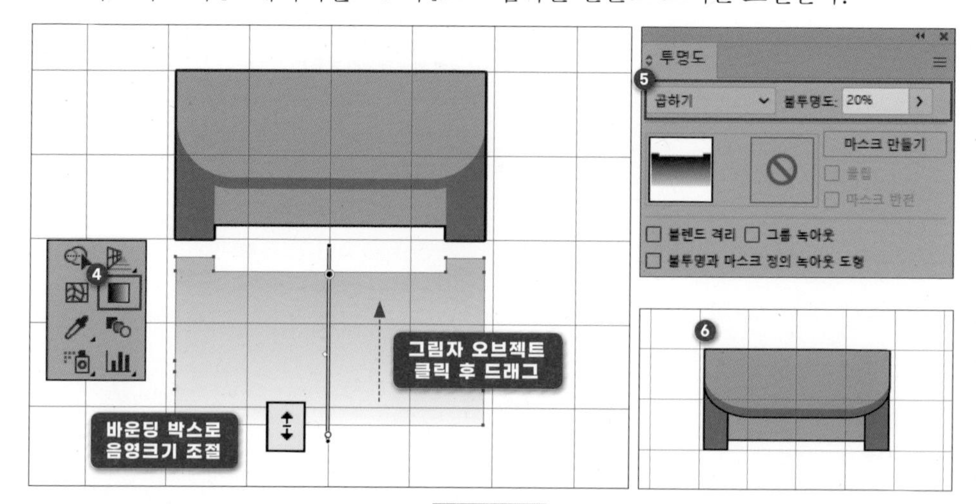

[그림 5-10] 교탁 그림자 그레이디언트 적용하기

⑦ [선택 도구]로 전체 선택 후 그룹(Ctrl+G) 하고 오브젝트와 그림자 사이즈를 조절 후 'Ctrl+바탕 클릭'해서 선택을 해제한다.

⑧ 그리드(Ctrl+")를 끄고 확인한다.

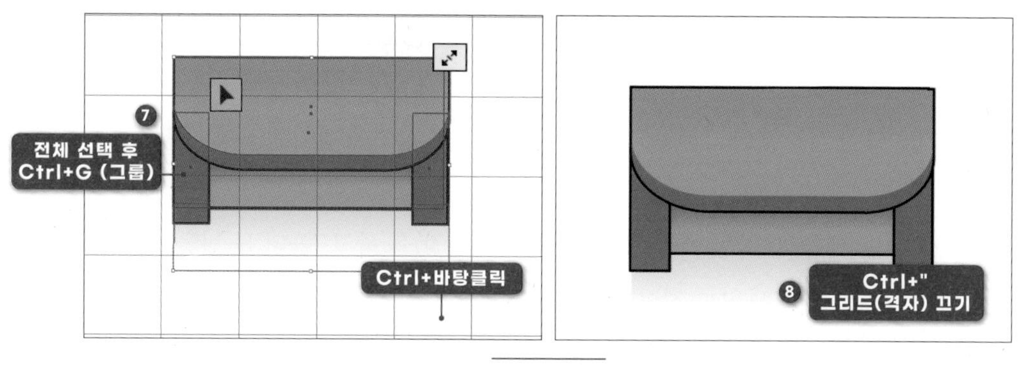

[그림 5-11] 교탁 완성하기

⑨ 완성된 '교탁 오브젝트'를 배치하면 백그라운드 부분이 완성된다. 다양한 오브젝트를 만들어서 배치해 보자.

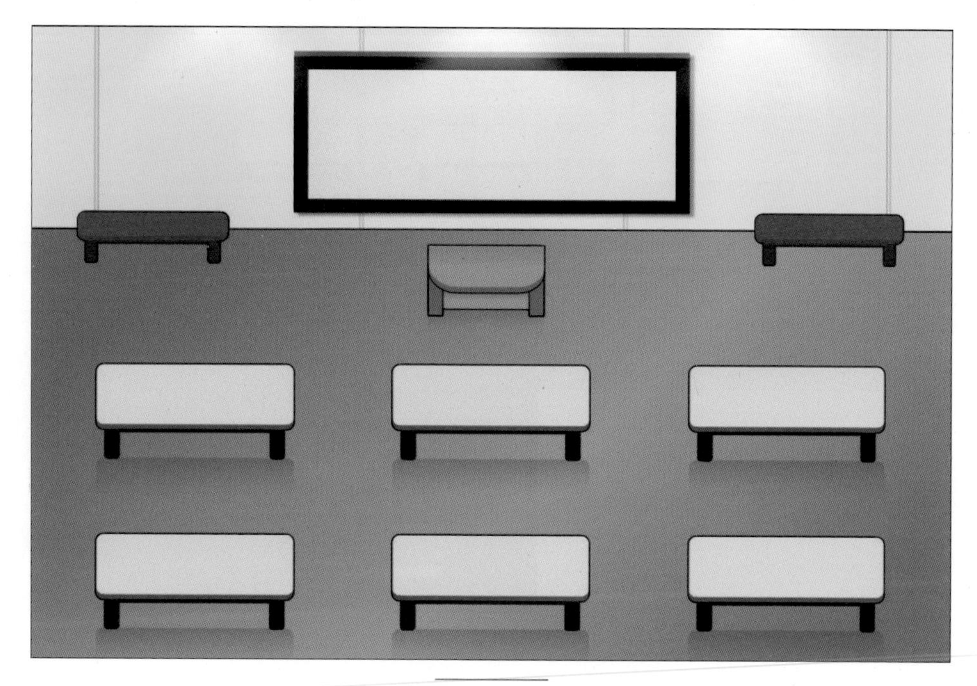

[그림 5-12] 교실 배경 완성하기

06. 맵 이미지 저장하기

1 백그라운드 저장하기

ZEP 맵에 적용할 백그라운드 이미지 파일 저장 방법을 알아보도록 하자.

❶ 상단 메뉴의 [파일]에서 '다른 이름으로 저장'을 하고 '폴더'를 만들어서 일러스트레이터 원본 파일로 저장한다.

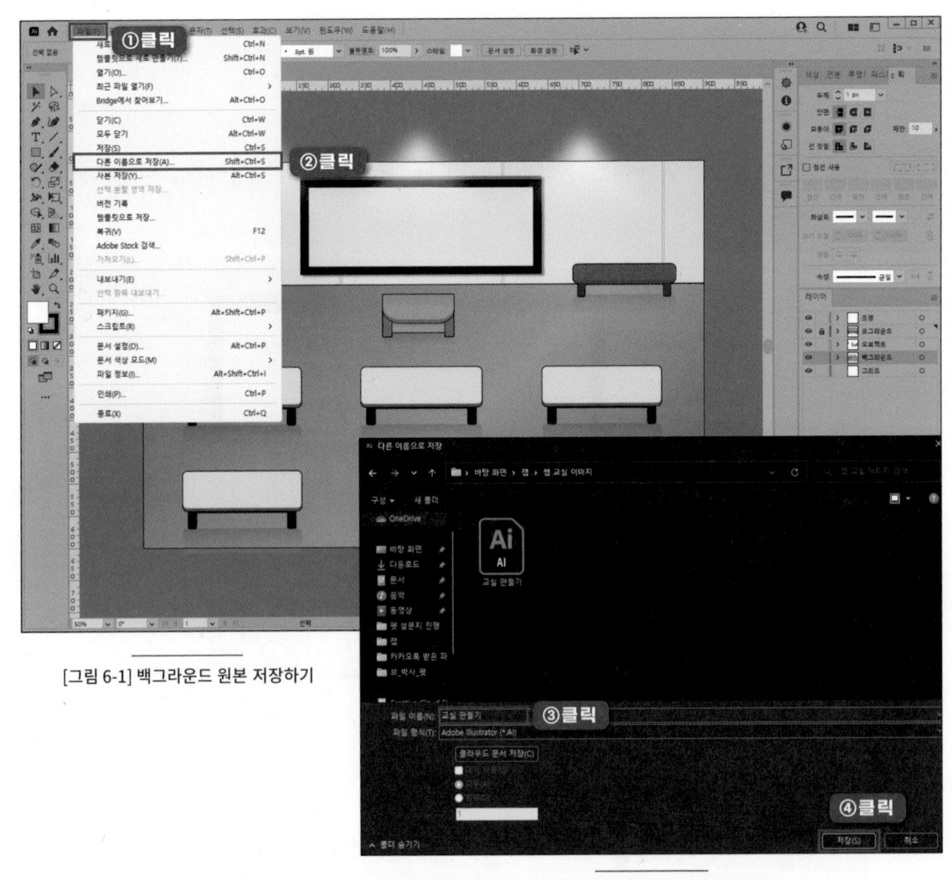

[그림 6-1] 백그라운드 원본 저장하기

[그림 6-2] 파일 이름 설정하기

❷ '백그라운드'를 저장하기 위해서 상단 메뉴의 [파일]에서 '내보내기 형식'을 누른다.

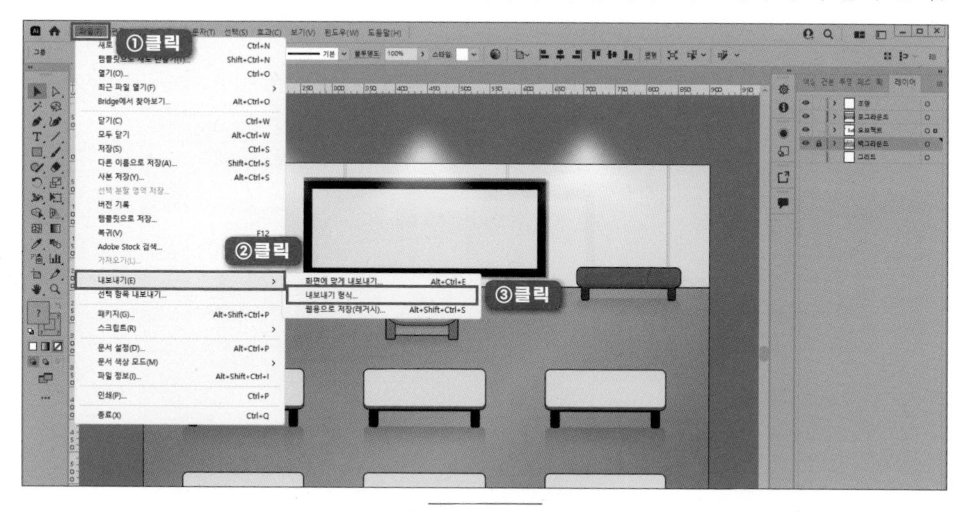

[그림 6-3] 교실 배경 완성하기

❸ 파일 이름은 '교실 만들기_백그라운드'로, 파일 형식은 'jpeg'로 대지 사용에서 '범위'로 하고 '내보내기' 버튼을 클릭한다.

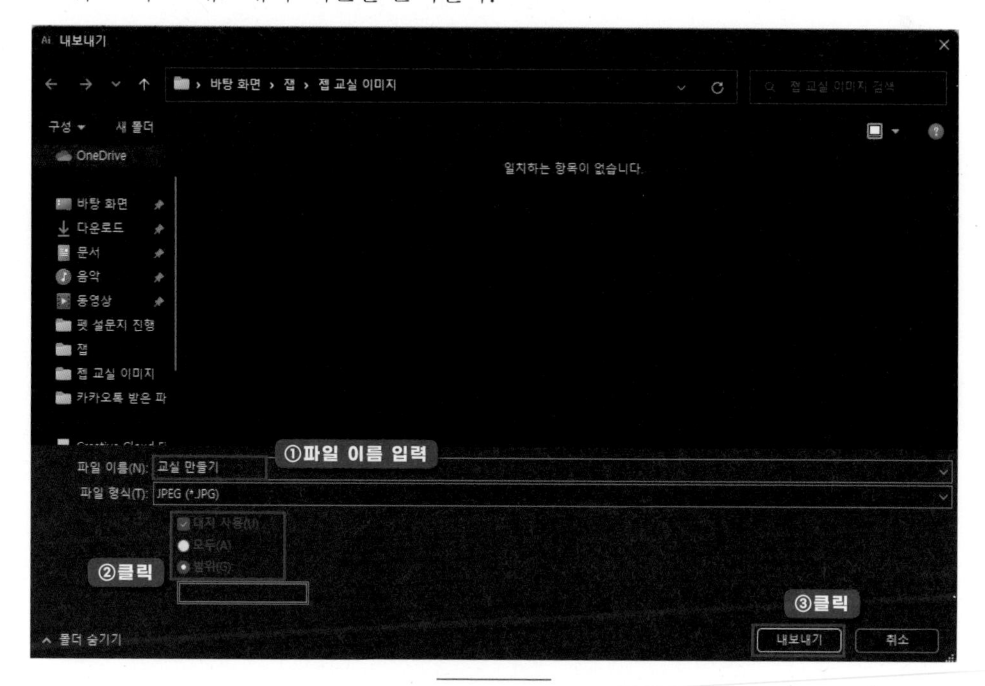

[그림 6-4] 백그라운드 이미지 파일 이름 설정하기

❹ 해상도는 스크린 72ppi에 맞추고 '확인' 버튼은 누른다.

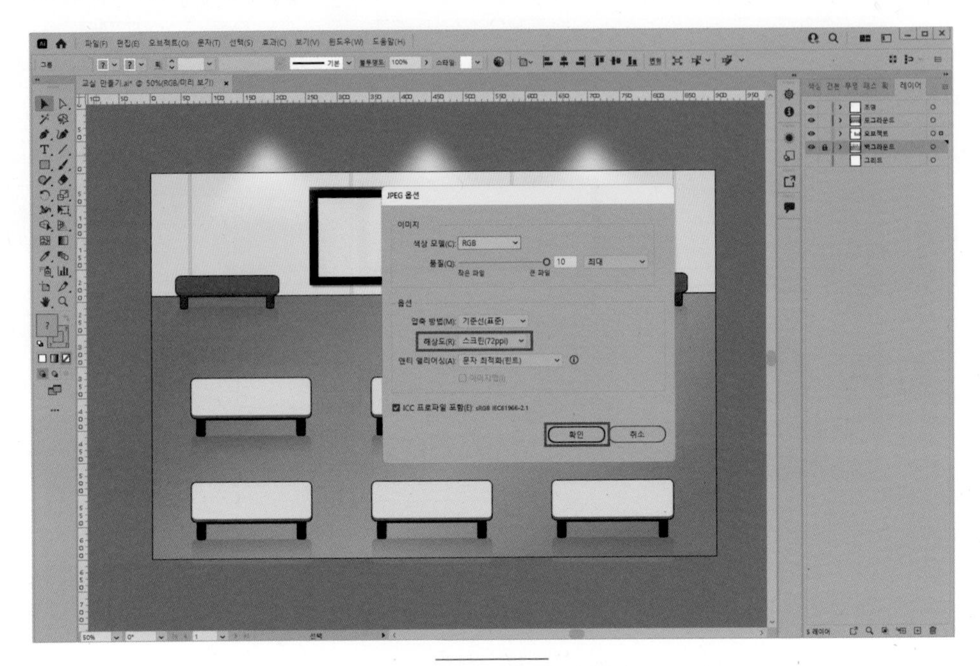

[그림 6-5] 백그라운드 이미지 저장하기

2 포그라운드 저장하기

❶ '포그라운드'를 저장하기 위해 레이어 패널에서 '포그라운드 레이어'를 제외하고 레이어를 모두 끈다. ❷ 상단 메뉴의 [파일]에서 '내보내기 형식'을 누른다.

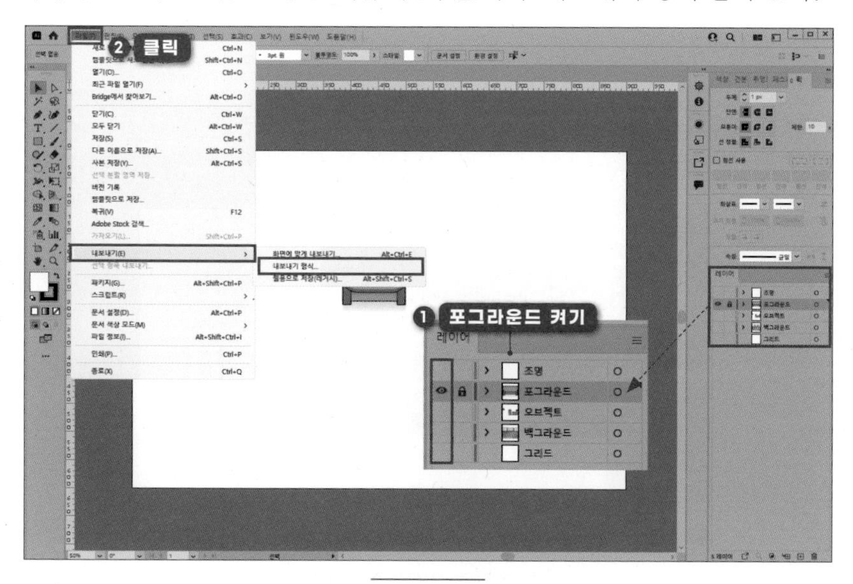

[그림 6-6] 포그라운드 이미지 저장하기

❸ 파일 이름은 '교실 만들기_포그라운드'로, 파일 형식은 'PNG'로 대지 사용에서 '범위'로 하고 '내보내기' 버튼을 클릭한다.

❹ 옵션 창이 나타나면 배경색은 반드시 '투명'으로 설정하고 '확인' 버튼을 누른다.

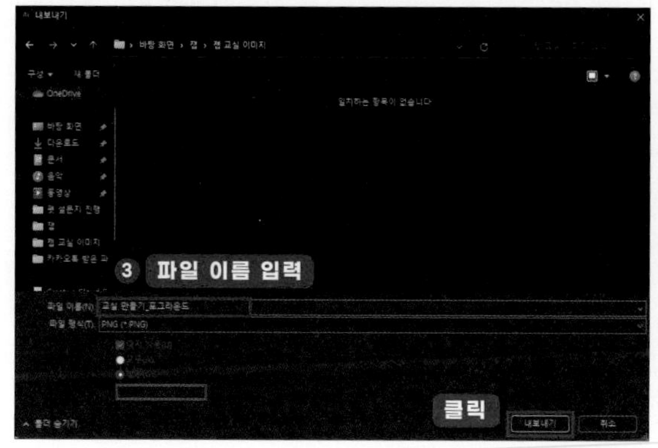

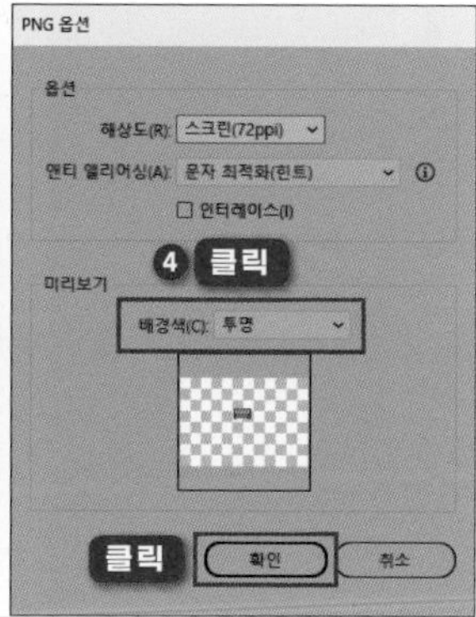

[그림 6-7] 포그라운드 이미지 파일 이름 설정 및 저장하기

3 오브젝트 이미지 저장하기

ZEP 맵에 적용할 오브젝트 이미지 파일 저장 방법을 알아보도록 하자.

❶ 상단 메뉴의 [파일]에서 '열기'를 눌러서 창이 뜨면 '열기'를 눌러서 저장해 놓은 '오브젝트' 파일을 불러온다.

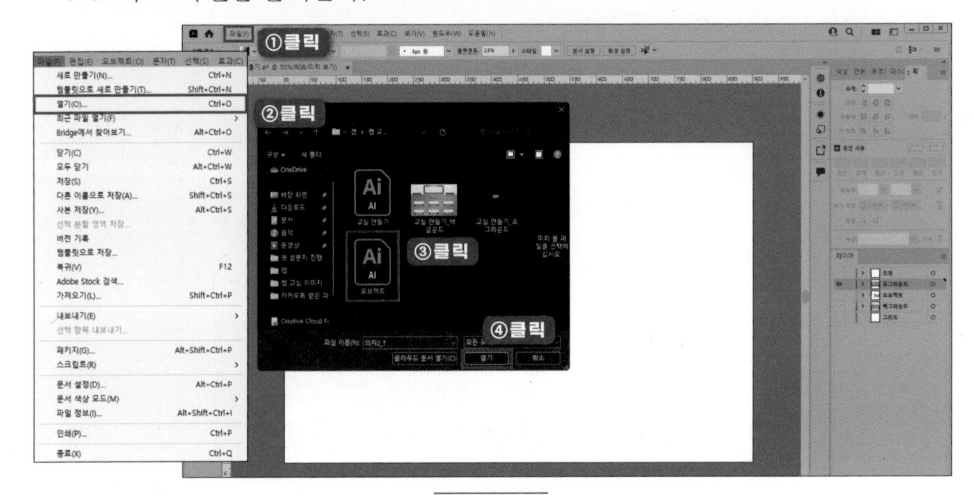

[그림 6-8] 오브젝트 원본 파일 열기

❷ 도구 상자의 [대지 도구]을 선택하면 '대지'를 조정할 수 있는 바운딩 박스가 생긴다.

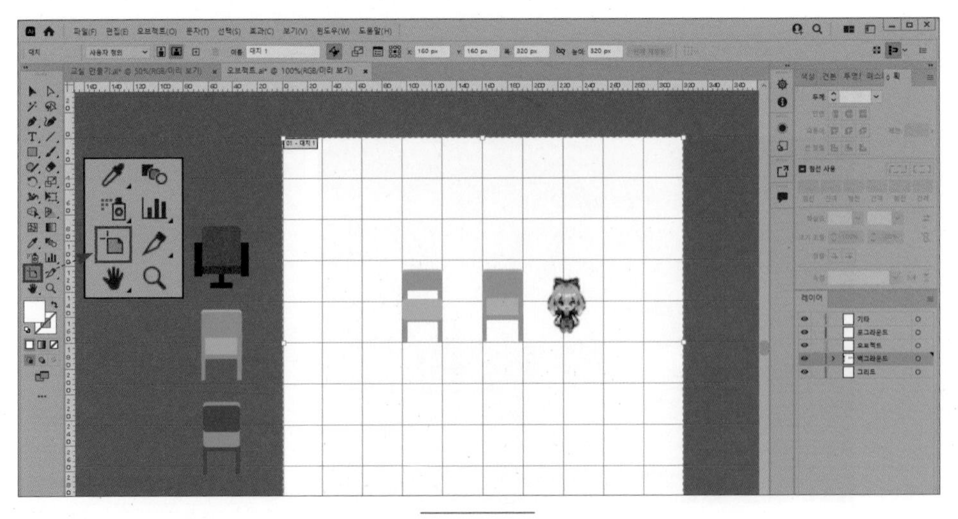

[그림 6-9] 오브젝트 확인하기

❸ [대지 도구]를 선택하면 바운딩 박스가 나타난다. 32픽셀로 맞춘 '격자 간격'을 기준으로, 오브젝트 크기를 조절하고 바탕을 '클릭'해서 해제한다.

[그림 6-10] 오브젝트 크기 맞추기

❹ 의자 오브젝트를 저장하기 위해서 상단 메뉴의 [파일]에서 '내보내기 형식'을 누른다.

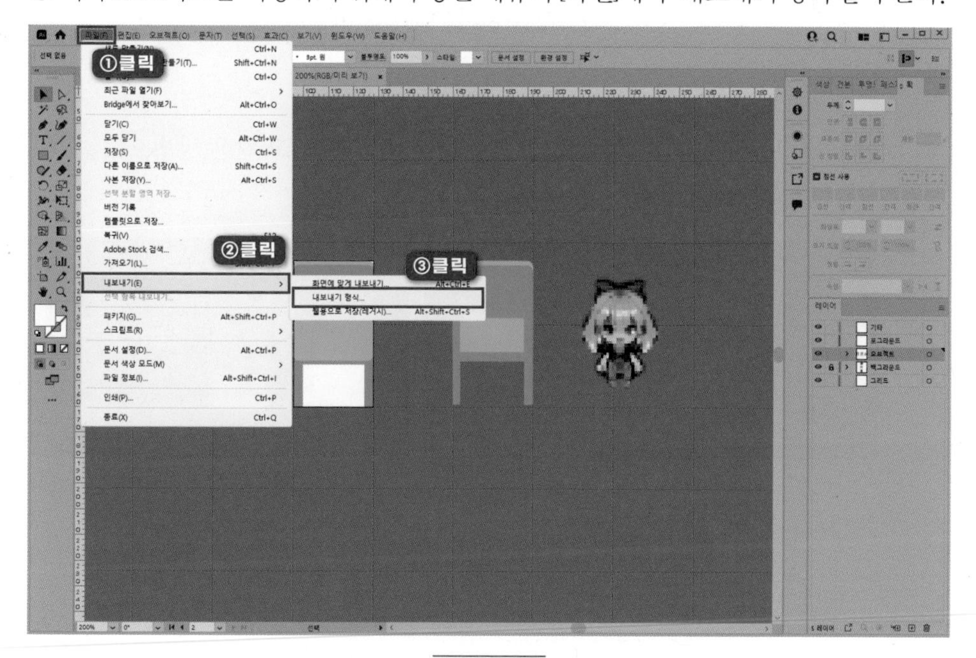

[그림 6-11] 의자 오브젝트(앞) 저장하기

⑤ 파일 이름(의자 1)을 입력하고, 파일 형식은 'PNG'로 대지 사용에서 '범위'로 하고 '내보내기' 버튼을 클릭한다.

⑥ 옵션 창이 나타나면 배경색은 반드시 '투명'으로 설정하고 '확인' 버튼을 누른다.

[그림 6-12] 오브젝트 파일 이름 설정 및 저장하기

⑦ [선택 도구]로 '의자 1' 오브젝트를 드래그해서 옮기고 같은 방법으로 그려 놓은 오브젝트를 'PNG' 파일로 저장해 둔다.

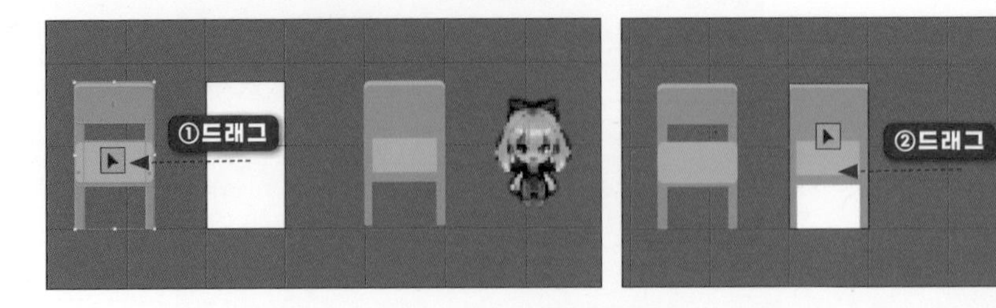

[그림 6-13] 의자 오브젝트(뒤) 저장하기

07. ZEP 맵 메이커 활용

일러스트레이터로 만든 맵 이미지를 ZEP에 업로드해 보도록 하자.

1 백그라운드와 포그라운드 적용하기

❶ ZEP(https://zep.us/home/spaces)에 로그인하고 [스페이스 만들기] 버튼을 누른 후, 오른쪽 상단에 [빈 맵에서 시작하기] 버튼을 누른다. 창이 열리면 스페이스 이름(교실)을 입력하고, [만들기] 버튼을 누른다.

[그림 7-1] ZEP 접속하기

❷ 맵 메이커 화면이 나오면 오른쪽 화면의 [배경화면 설정하기] 버튼을 누른 후 '교실 만들기_백그라운드' 파일을 선택하고 '확인' 버튼을 눌러 파일을 불러온다.

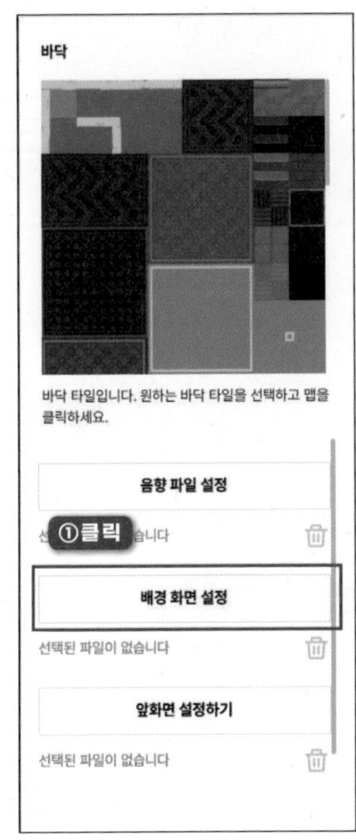

[그림 7-3] 백그라운드 등록하기

❸ [앞 화면 설정하기] 버튼을 눌러서 '포그라운드 파일'을 선택하고 '확인' 버튼을 눌러 파일을 불러온다. 그 후 오른쪽 상단 저장 [저장] 버튼을 누르고 플레이 [플레이] 한다.

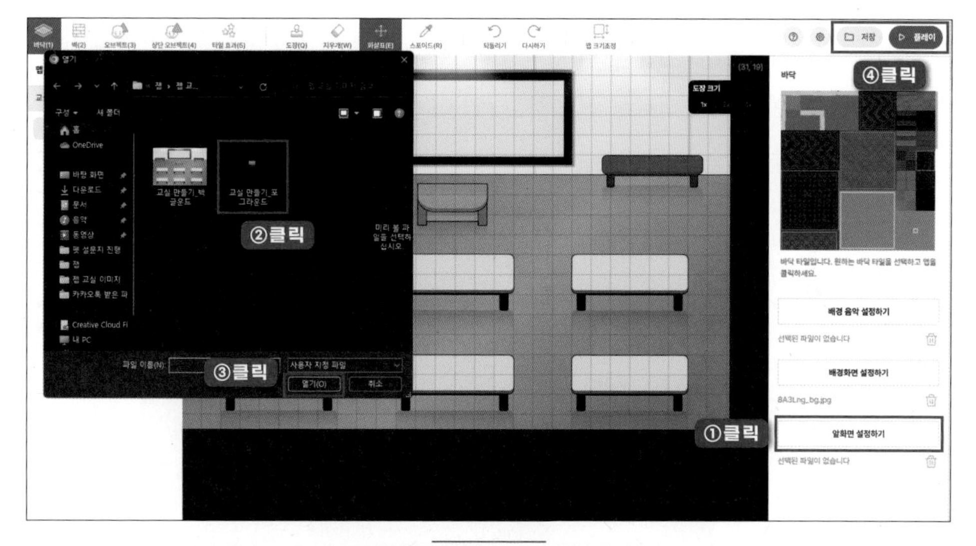

[그림 7-4] 포그라운드 등록하기

❹ 그리드에 맞게 잘 배치되었는지 확인한다.

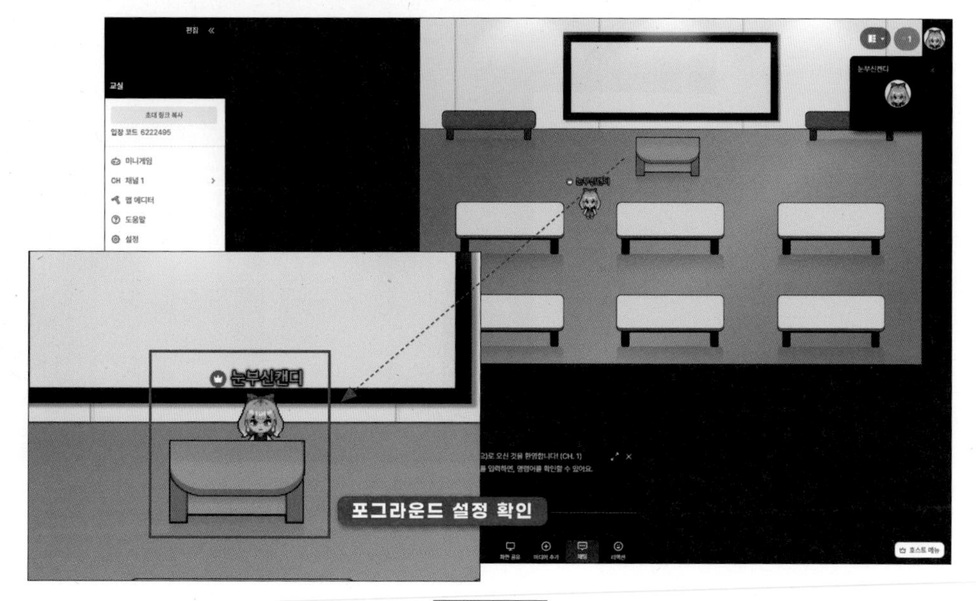

[그림 7-5] 플레이 하기

2 오브젝트 적용하기

❶ 아바타 위에 보이게 될 오브젝트를 등록하기 위해서 상단 툴바에서 [상단 오브젝트]와 [도장]을 선택하고 우측 [나의 오브젝트] [+추가] 버튼을 눌러서 저장해 놓은 의자 오브젝트를 선택하고 [열기] 버튼을 누른다.

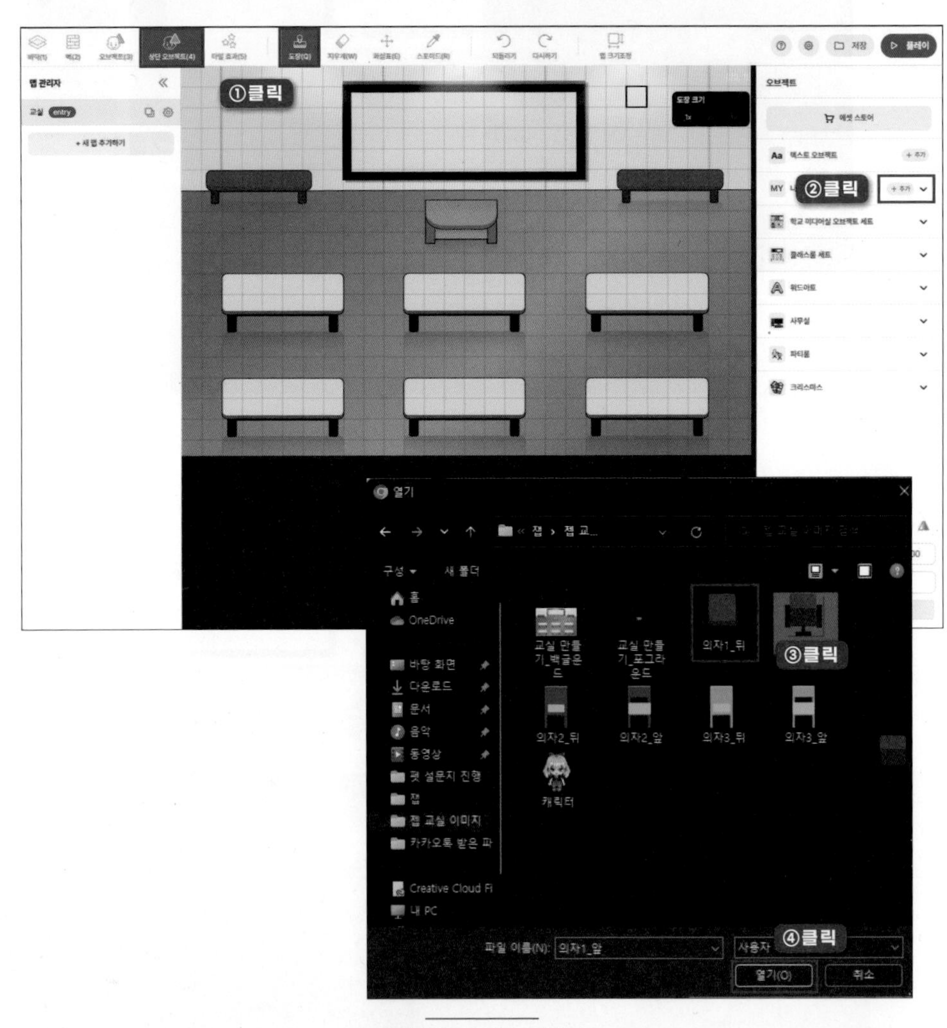

[그림 7-6] 오브젝트 추가하기

❷ 같은 방법으로 저장해 둔 오브젝트를 등록하고 [나의 오브젝트]를 누르면 등록된 오브젝트를 확인할 수 있다.

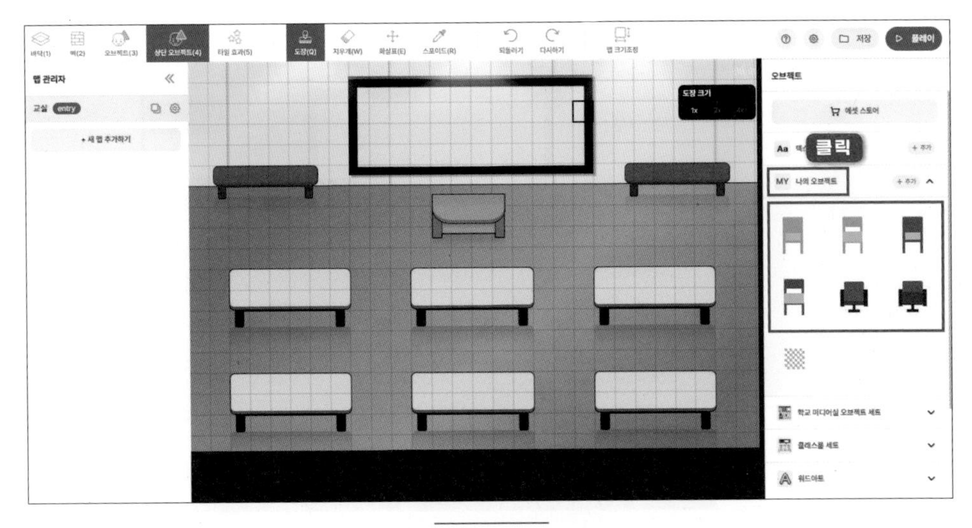

[그림 7-7] 오브젝트 확인하기

❸ [도장]은 오브젝트와 바닥, 벽, 타일 효과를 설치할 수 있는데, 설치할 오브젝트와 도장 크기를 선택 후 오브젝트를 설치할 위치에서 마우스를 클릭해서 설치한다.

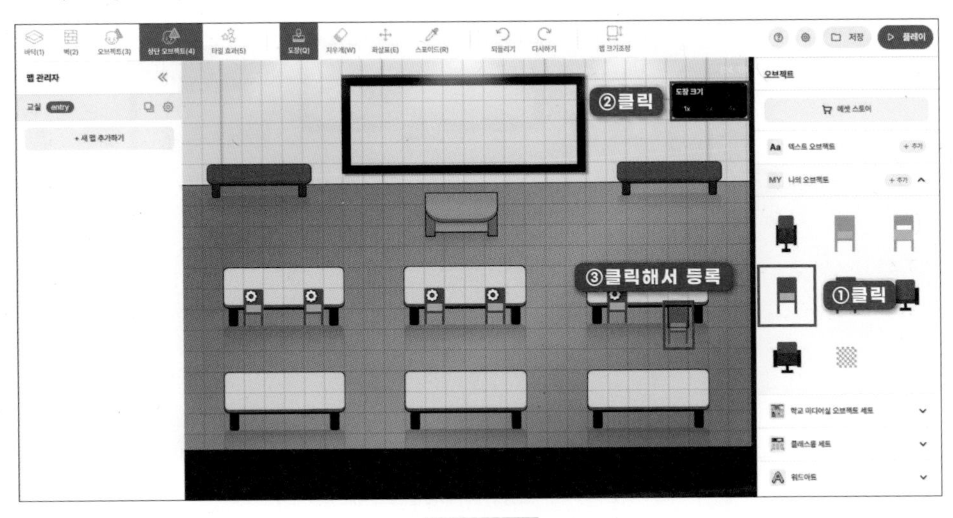

[그림 7-8] 오브젝트 적용하기

❹ [지우개]는 오브젝트와 바닥, 벽, 타일 효과를 제거할 수 있는 기능인데, 삭제할 오브젝트를 선택하고 마우스를 클릭해서 삭제한다.

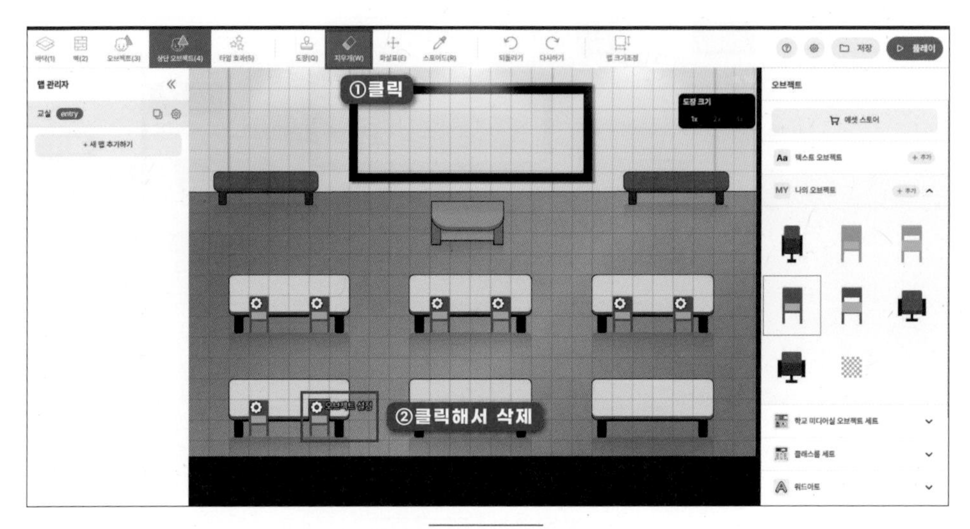

[그림 7-9] 오브젝트 삭제하기

❺ 구매한 오브젝트가 있다면 나만의 교실 맵과 함께 다양하게 적용해 보도록 하자.

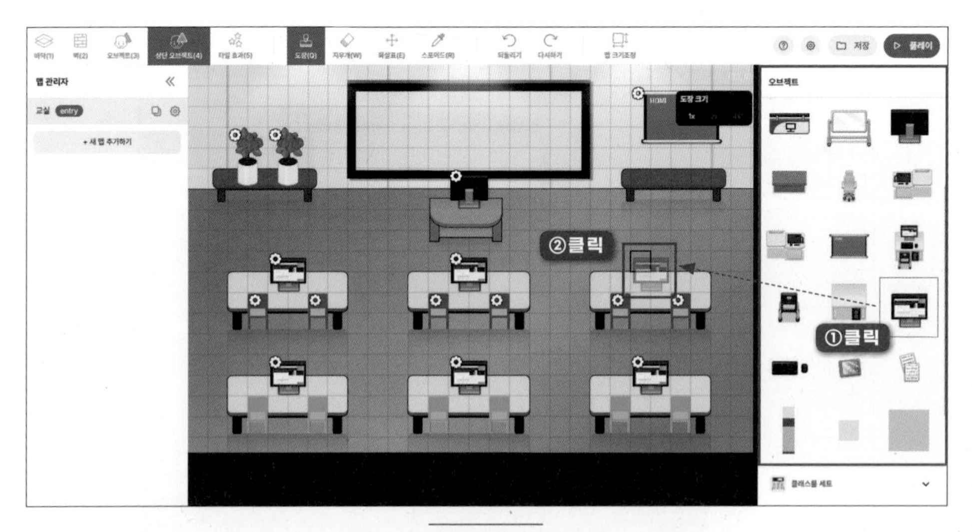

[그림 7-10] 구매한 오브젝트 적용하기

❻ 맵에 오브젝트를 배치하면 해당 오브젝트의 왼쪽에 ⚙ 설정 아이콘이 나타난다. 이 아이콘을 클릭하면 설정 창이 나타난다. 오브젝트 설정에서 '유형'을 지정하여 오브젝트와 상호작용할 수 있다. 여기에서는 방명록을 남길 수 있는 '웹사이트 링크'를 입력한다. 그리고 '전체 화면으로 열기'를 선택하고, '실행 범위'와 '실행 방법'도 설정한다.

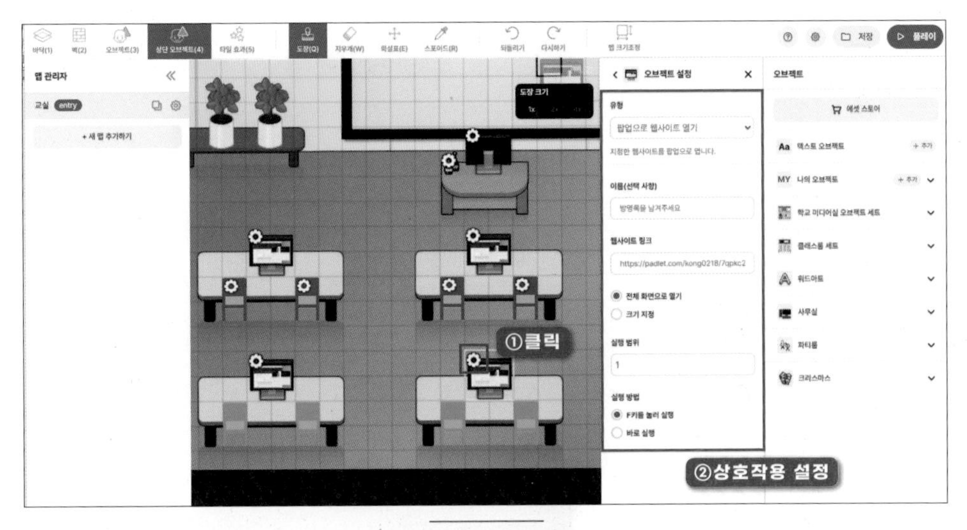

[그림 7-11] 상호작용 설정하기

❼ 우측 상단의 ▷ 플레이 [플레이]를 실행해서 아바타가 오브젝트 가까이 다가가면 안내 문구가 뜬다. 이때 버튼[F]을 누른다. 방명록을 남길 수 있는 padlet 화면 팝업이 뜬다. 팝업 화면을 삭제하려면 상단 X를 누른다.

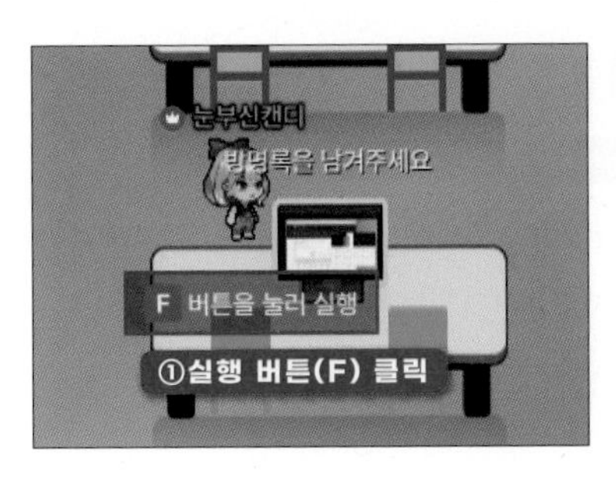

[그림 7-12] 상호작용 확인하기

3 타일 설정하기

[여기는 못 지나간다 통과 불가 설정하기]

아바타가 이동할 수 없는 타일을 설치해 보자.

❶ [맵 에디터]를 클릭한다. 상단 툴바에서 타일을 설정할 수 있는 화면이 나오면 [타일 효과]를 눌러 준다.

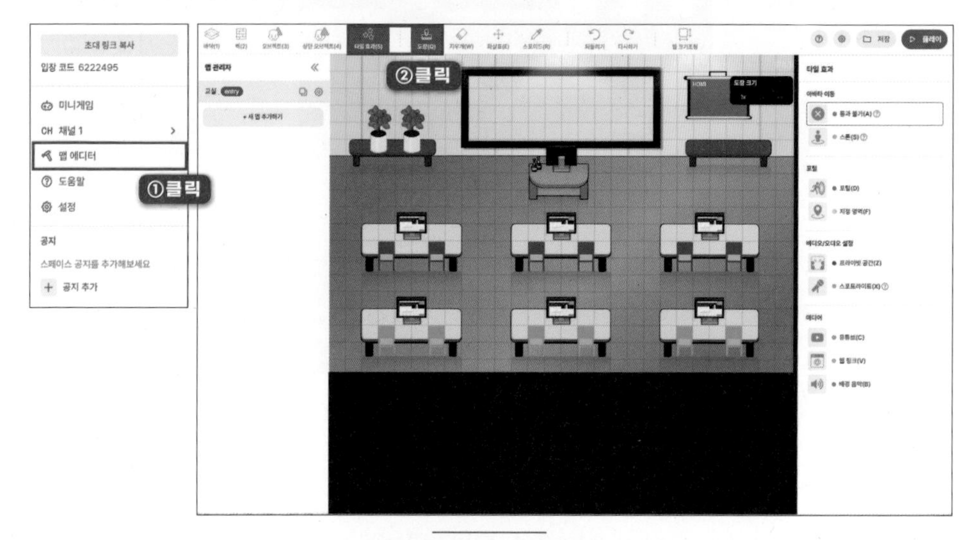

[그림 7-13] 타일 효과 준비하기

- 아바타가 이동할 수 없는 타일을 설치할 수 있어요.
- [도장]을 선택한 후 타일을 클릭하면 [통과 불과]가 나타나요.
- [지우개]를 선택한 후 [통과 불과] 타일을 선택하면 [통과 불과] 가 삭제되고 아바타가 이동할 수 있어요.

② [통과 불과]는 아바타가 지나갈 수 없도록 지정할 수 있다. [도장]을 클릭하고 도장 크기를 지정한 후 [통과 불과]를 설치할 위치에서 마우스를 클릭하면 해당 타일의 효과 모양이 나타난다.

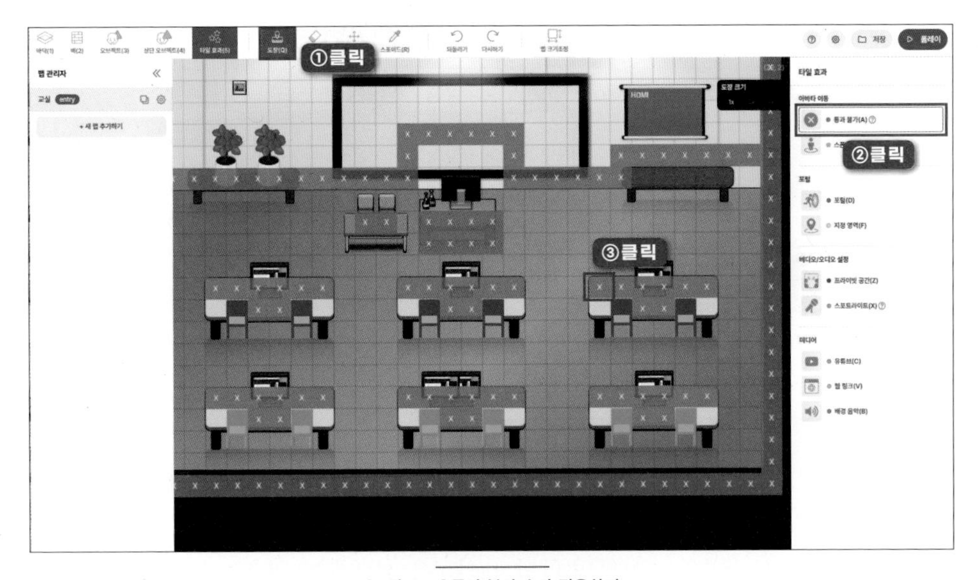

[그림 7-14] 통과 불과 효과 적용하기

③ 우측 상단의 [플레이]를 실행해서 스페이스에서 확인해 본다. 타일 효과 [통과 불가]를 적용했을 경우 아바타가 책상 위를 지나갈 수 없게 된다.

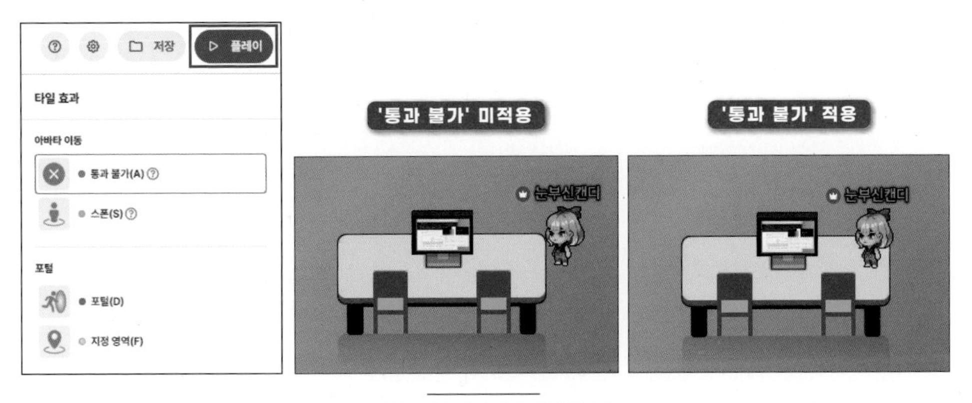

[그림 7-15] 통과 불가 효과 확인하기

④ 타일 효과를 삭제하려면 [타일 효과]를 선택하고 [지우개]를 선택한다. 도장 크기를 지정한 후 [통과 불과]를 선택한다. 삭제할 위치에서 마우스를 클릭하면 삭제된다.

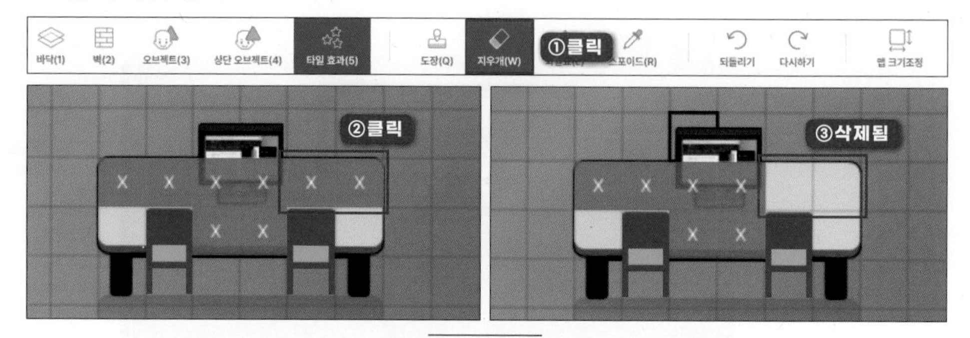

[그림 7-16] 타일 삭제하기

지우개로 지워도 안 지워져요.

- 바닥
  - 바닥을 지우고 싶다면 바닥 아이콘을 선택해야 해요.
  - 설치된 것이 바닥이 아니라 벽이 아닌지 확인해요.
  - 바닥 설치가 아니라 배경 이미지 인지 확인해 보세요.
- 벽
  - 벽을 지우고 싶다면 벽 아이콘을 선택해야 해요.
  - 설치된 것이 벽이 아니라 바닥이 아닌지 확인해요.
  - 벽 설치가 아니라 배경 이미지 인지 확인해 보세요.
- 오브젝트
  - 오브젝트 왼쪽 위 톱니바퀴 모양의 아이콘 쪽을 클릭해야 해요.
  - 오브젝트를 지우고 싶다면 오브젝트 아이콘을 선택해야 해요.
  - 오브젝트와 상단 오브젝트는 달라요. 상단 오브젝트를 클릭해 보세요.
  - 위치 조정으로 오브젝트와 톱니바퀴 위치가 멀리 떨어질 수 있어요. 확인해 보세요.
  - 오브젝트가 아니라 배경화면이나 상단 화면이 아닌지 확인해 보세요.

[스폰으로 맵 접속 시 아바타 시작 위치 정하기]

아바타가 생성되는 타일을 설치해 보자. 맵 접속 시 아바타 시작 위치를 정해 보자.

❶ 상단 툴바에서 [도장]을 선택하고, 도장 크기를 지정한 후 [스폰]을 지정할 위치에서 [스폰]을 선택한다.

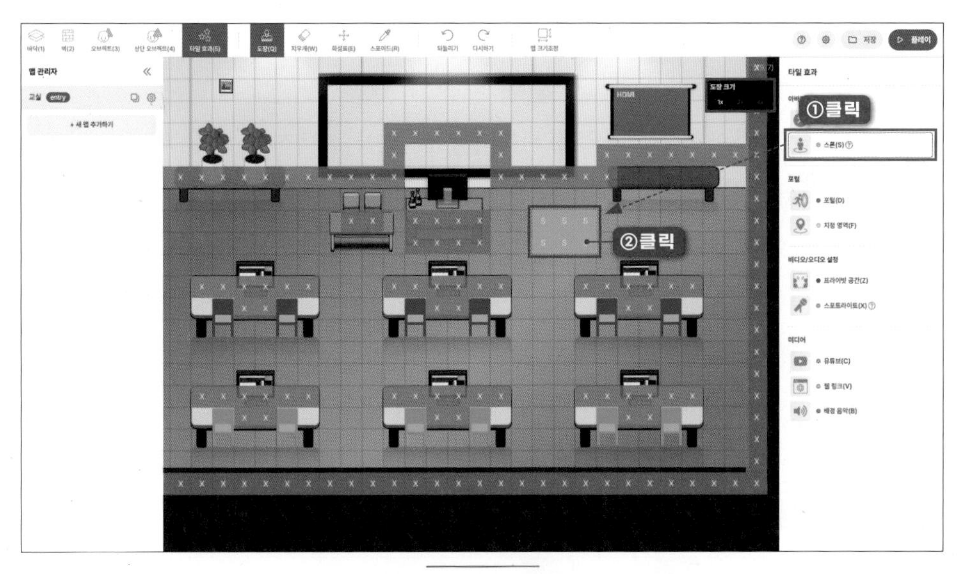

[그림 7-17] 스폰 효과 적용하기

❷ 우측 상단의 [플레이]를 실행해서 스페이스에서 확인해 본다. 타일 효과 [스폰]을 적용한 위치에 아바타가 나타나는 것을 알 수 있다.

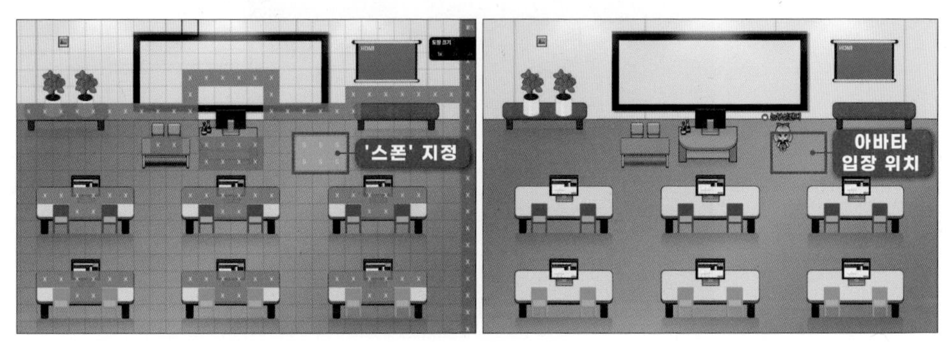

[그림 7-18] 스폰 효과 확인하기

TIP

- 여러 개의 시작 위치가 있으면 랜덤으로 스폰이 돼요.
- 이상한 곳으로 아바타가 생성된다면 다른 곳에 시작 위치 타일이 설치 됐는지 확인해 주세요.

[포털과 지정 영역으로 순간 이동 하기]

아바타를 텔레포트를 만들어 다른 지정 영역으로 순간 이동을 해보자.

❶ 상단 툴바에서 [타일 효과]와 [도장]을 선택하고 도장 크기를 지정한 후 [포털]을 선택한다.

❷ 메뉴에서 '스페이스 내 다른 맵으로 이동'을 선택한다. 이동할 맵은 '도서관'으로 선택했다. [포털]을 지정할 위치에서 마우스를 클릭하면 해당 타일의 효과 모양이 나타난다.

❸ [지정 영역]과 '표시 이름'은 선택 사항이다.

❹ '이동 방법'을 선택하고 [포털]을 설치할 위치에 마우스로 클릭한다. 해당 위치에 P 모양의 타일 효과 모양이 나타나면, 저장 [저장] 버튼을 누른다.

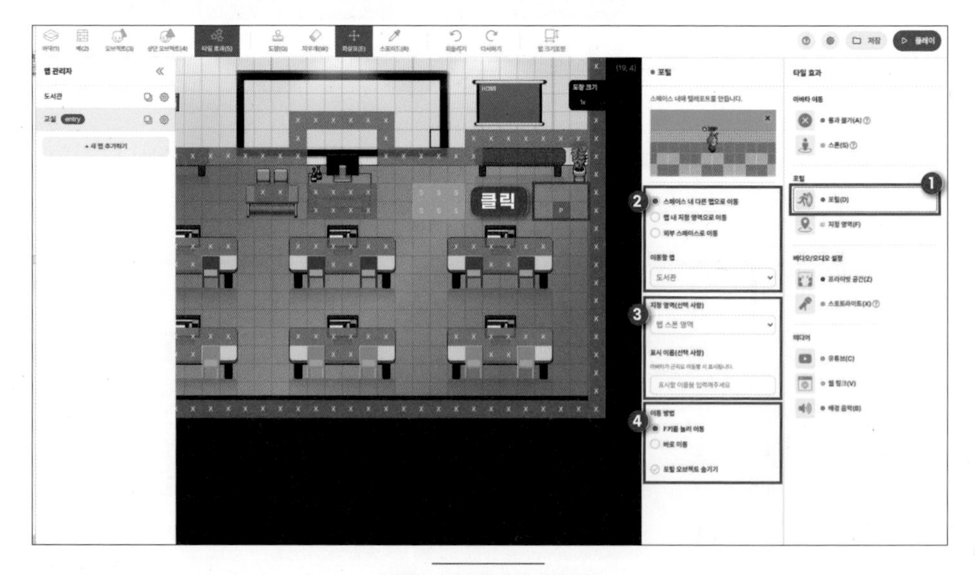

[그림 7-19] 포탈 효과 설정하기

⑤ 우측 상단의 [▷ 플레이] [플레이]를 실행해서 스페이스에서 확인하면 [포털]이 생기고, 그 위에 [표시 이름] '이동'이 적혀 있다. [이동 방법]은 '바로 실행'으로 해서 이동하면 '도서관'에 아바타가 나타나는 것을 확인할 수 있다.

⑥ 같은 방법으로 '도서관'에서 '사무실'로 이동해 보자.

[그림 7-20] 포털 효과 확인하기

TIP 스페이스와 맵의 차이를 알려주세요.

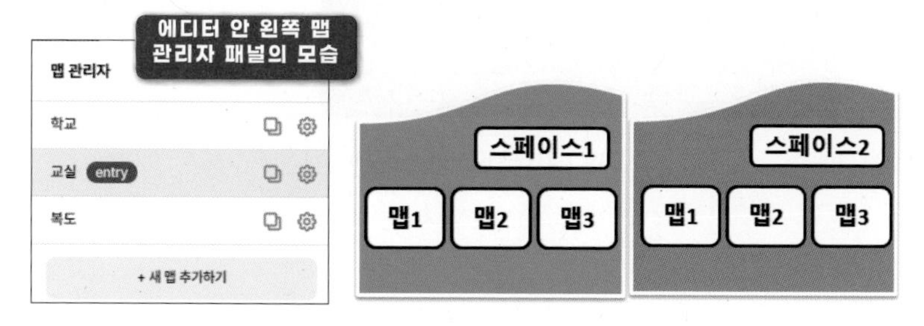

- 스페이스는 맵을 포함하고 있는 큰 단위에요.

  [스페이스=폴더]

  [맵=폴더안의 파일]

  [외부 스페이스=다른 폴더]

[우리만의 대화 프라이빗 타일 설치하기]

개인 공간을 만들어 비공개의 대화 영역을 만들어 보자. 우리들만의 대화 프리이빗 타일을 설치해 보자.

❶ 상단 툴바에서 [타일 효과]와 [도장]을 선택하고 도장 크기를 지정한 후 [프라이빗 공간]을 선택 후 ID를 입력한다.

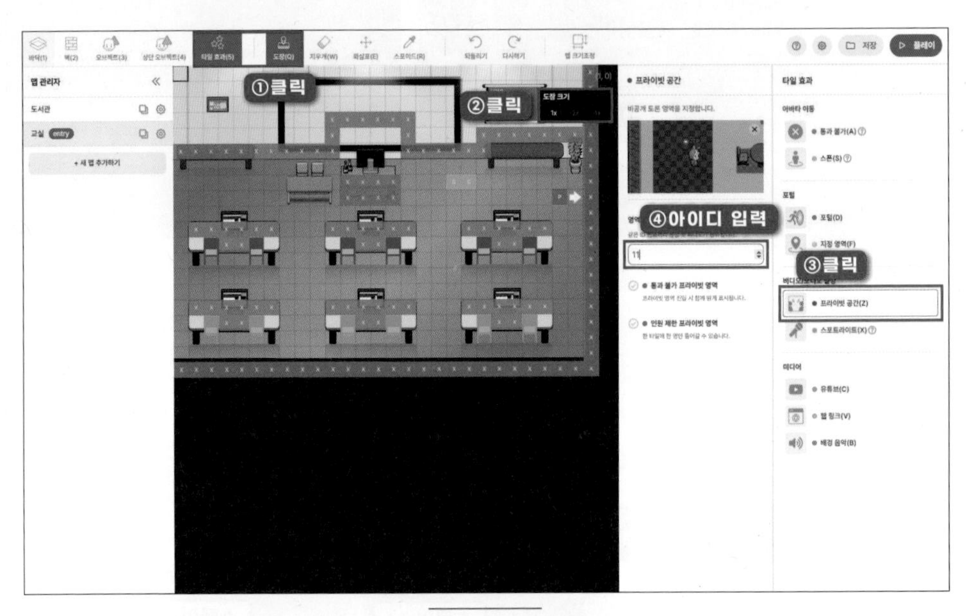

[그림 7-21] 프리아빗 효과 설정하기

❷ 개인 공간인 [프라이빗 공간]을 만들 위치를 마우스로 클릭한다. 같은 아이디끼리는 음성과 비디오 등이 공유된다. 설정이 끝나면 [저장] 버튼을 누른다.

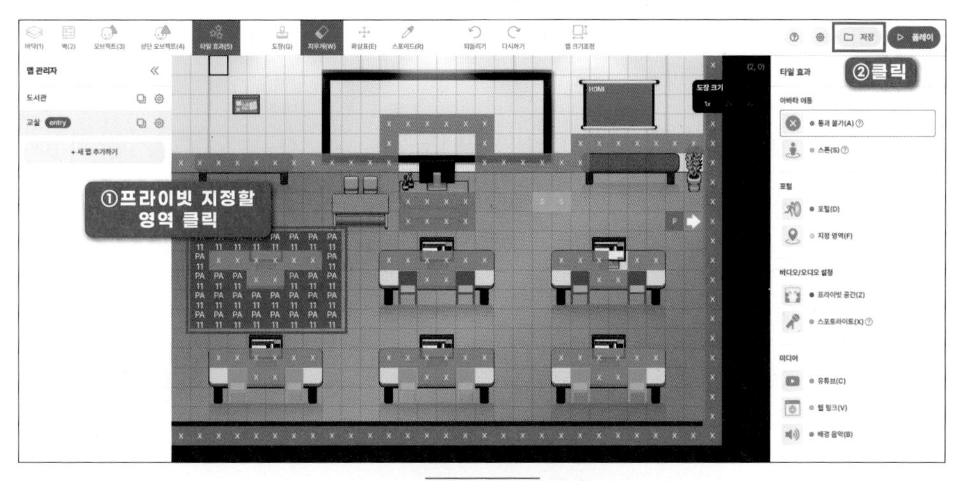

[그림 7-22] 프라이빗 효과 저장하기

❸ 우측 상단의 [플레이]를 실행해서 스페이스에서 확인해 본다. [프라이빗 공간] 타일을 적용했을 경우 [프라이빗 공간]만 밝아진다.

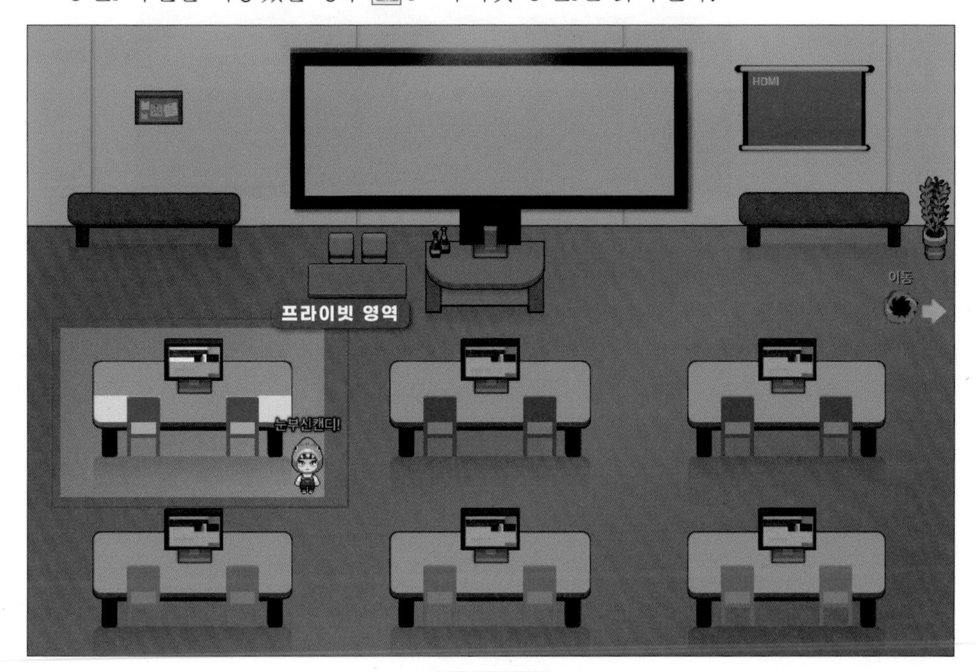

[그림 7-23] 프라이빗 효과 적용하기

[발표자를 위한 스포트라이트 설치하기]

스포트라이트 타일 위에서는 맵 내 모든 사람들에게 영상, 음성, 채팅이 공유된다. 발표자를 위한 스포트라이트를 설치해 보자.

❶ 상단 툴바에서 [타일 효과]와 [도장]을 선택하고, 도장 크기를 지정한 후 [스포트라이트]를 선택한다. [스포트라이트] 타일을 설치할 위치에 마우스로 '클릭'한다.

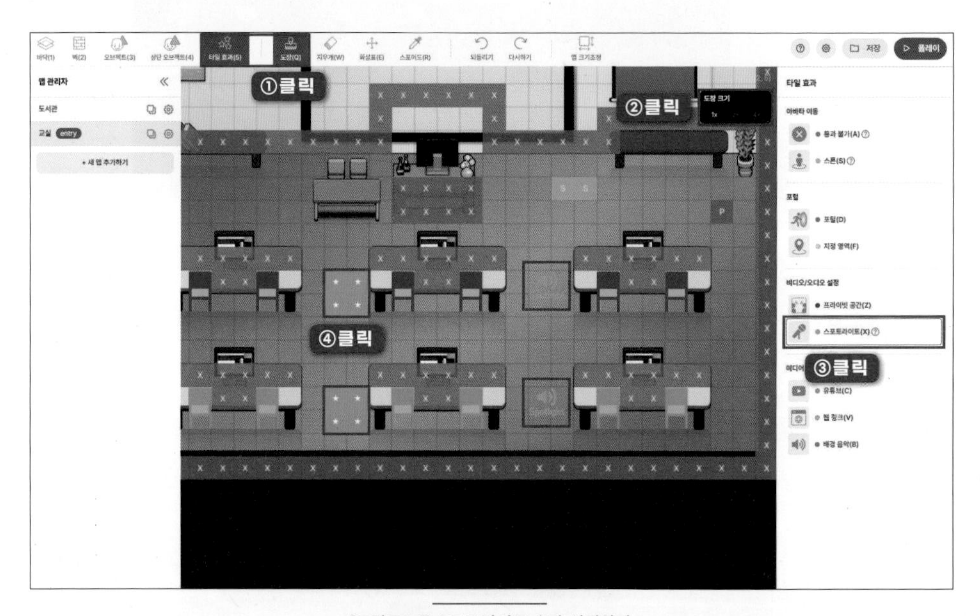

[그림 7-24] 스포트라이트 효과 설정하기

② [스포트라이트] 위치를 모두 지정한 후 저장 [저장] 버튼을 누른다.

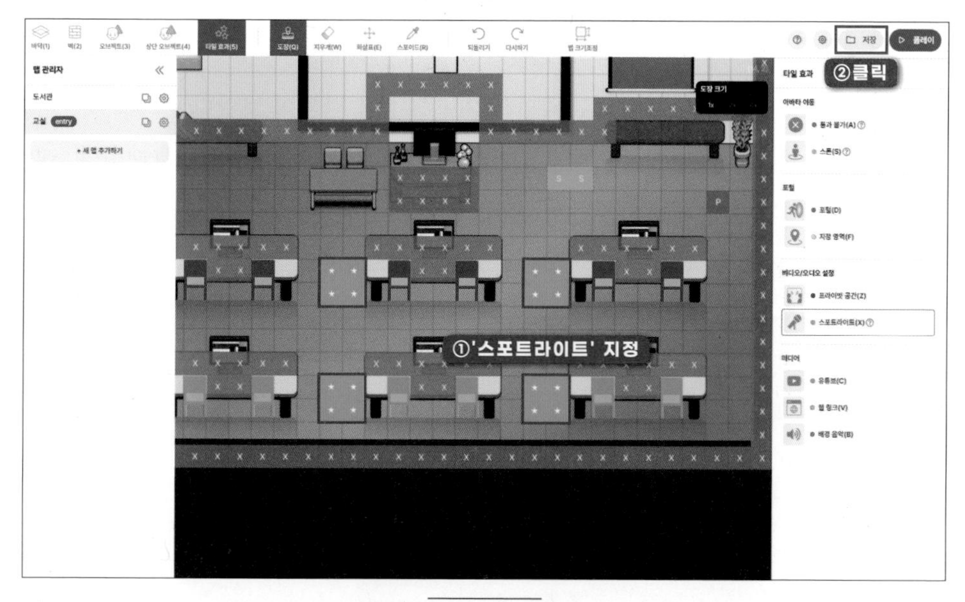

[그림 7-25] 스포트라이트 효과 지정하기

③ 우측 상단의 플레이 [플레이]를 실행해서 스페이스에서 확인하면 스포트라이트에서 있을 때 이름 색이 녹색으로 바뀐다. 회의를 하거나 온라인 학교를 운영 중이라면 스포트라이트 장소를 만들어 두면 좋다. 설정이 끝나면 저장 [저장] 버튼을 누른다.

[그림 7-26] 스포트라이트 효과 확인하기

4 맵 설정 완료

이상으로 일러스트레이터로 나만의 ZEP 교실을 만들어 보았다.

일러스트레이터는 교육용으로 사용되는 활용도 높은 백터 프로그램이다. 내가 직접 만든 맵 배경과 오브젝트를 ZEP 맵에 적용하고 타일 효과 기능을 익힌다면 나만의 창의적인 맵을 만들어 내는 ZEP 크리에이터가 될 것이다.

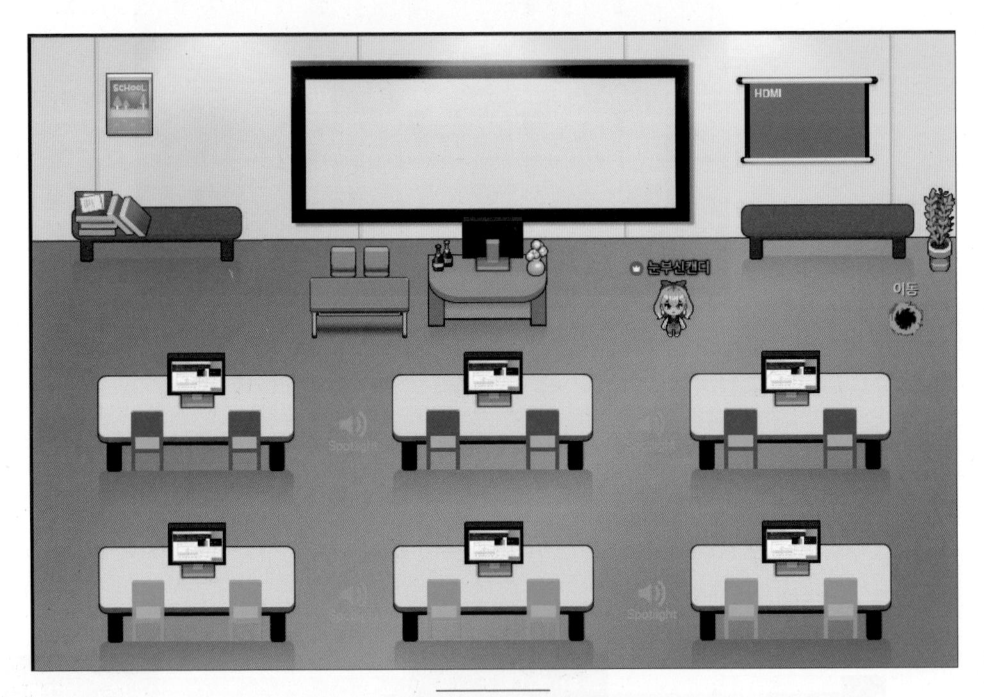

[그림 7-27] 맵 설정 완료하기

PART

IV

젭(ZEP) 게임 활동

01. ZEP 게임으로 학습하기

1 에셋 스토어에서 미니게임 구매하기

❶ [ZEP 홈페이지] 〉 ❷ [에셋 스토어] 〉 ❸ [미니게임]을 클릭한다.

❹ 미니게임 맵 [얼음땡]을 선택한다.

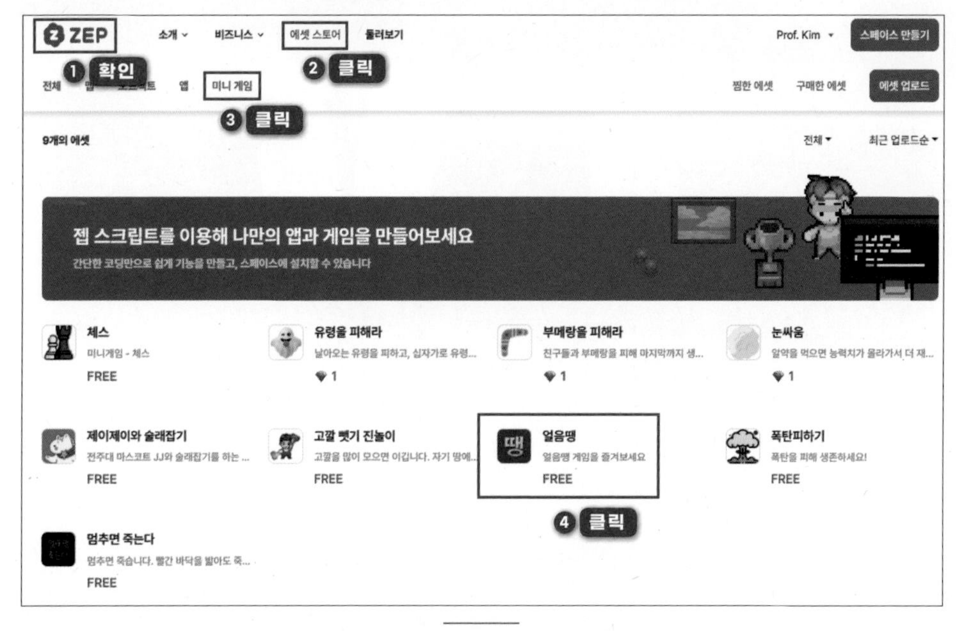

[그림 1-1] 에셋 스토어에서 미니게임 선택하기

❺ 얼음땡 미니게임 [사용하기]를 클릭하여 다운로드한다.

❻ [구매한 에셋]을 클릭한다.

[그림 1-2] 미니게임 다운로드 하기

❼ 다운로드한 [미니게임]을 확인할 수 있다.

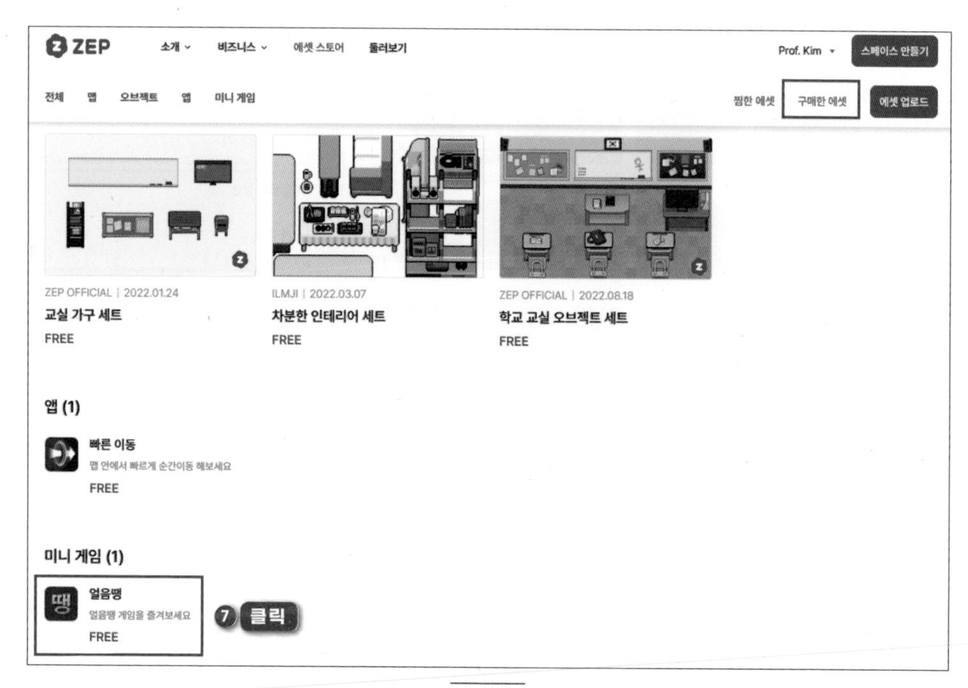

[그림 1-3] 구매한 에셋에서 미니게임 확인하기

2 OX 퀴즈 게임

(1) OX 퀴즈 스페이스 만들기

❶ [+ 스페이스 만들기] 〉 [템플릿 고르기] 〉 ❷ [OX 퀴즈]를 클릭한다.

❸ [스페이스 설정] 팝업창에서 [스페이스 이름]을 입력

❹ '비밀번호 설정'과 '검색 허용'을 선택한다.

❺ [만들기]를 클릭한다.

[그림 1-4] OX 퀴즈 스페이스 만들기

(2) 게임하기

OX 퀴즈 가이드

OX 퀴즈는 스페이스 관리자가 직접 낸 퀴즈를 참가자들이 맞추는 게임으로,
정답을 맞추면 생존하는 서바이벌 방식의 서바이벌 퀴즈 게임이다.

① 게임이 시작되면, 모든 플레이어는 OX퀴즈 지역으로 자동으로 이동된다.

② 출제자는 문제와 정답을 입력한다.

③ 문제가 출제되면 20초가 주어지며 이 시간 동안 플레이어는 O 또는 X 영역으로 이동하여 정답을 선택한다.

④ 정답을 맞추게 되면 OX퀴즈 영역에 남게 되고, 오답의 경우 아바타가 영역 밖으로 자동 이동된다.

⑤ 최후의 1명이 남게 되면 게임이 종료된다.

⑥ 플레이 가능 인원: 3~500명/권장 플레이 인원: 100명

⑦ 출제자가 채팅창에 '!setTime 20'을 입력하면,
플레이어들이 이동하는데 20초가 주어진다.
(한 칸 띄우고 숫자 입력!)

❶ 참가자들은 OX 게임 필드 밖에 입장한다.

❷ [맵] 왼쪽 [사이드바] 메뉴에서 [미니게임]을 클릭한다.

❸ [미니게임] 팝업창에서 [OX Quiz]를 클릭한다.

❹ [OX 퀴즈] 팝업창에서 [OX 퀴즈 시작하기]를 클릭한다.

[그림 1-5] OX 퀴즈 시작하기

[1-6] OX 퀴즈 미니게임 선택하기

❺ 퀴즈가 시작되면, 참가자들은 OX 필드 안에 자동으로 이동된다.

❻ 출제자가 [문제]를 입력하고 [정답]을 선택한 후, [문제 내기]를 클릭한다.

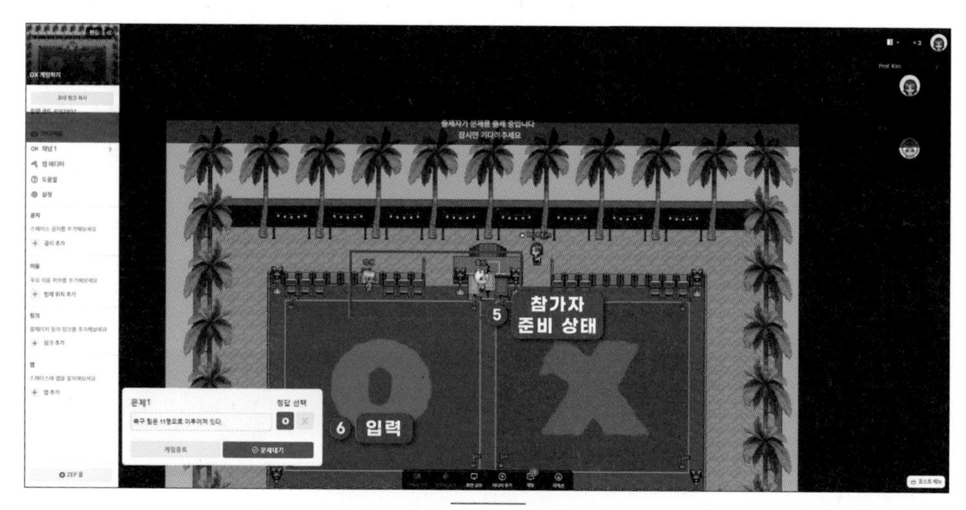

[그림 1-7] 문제 내기

❼ [정답자]는 다음 문제를 풀기 위해 OX 필드 안에, [오답자]는 OX 필드 밖에 강제 이동된다.

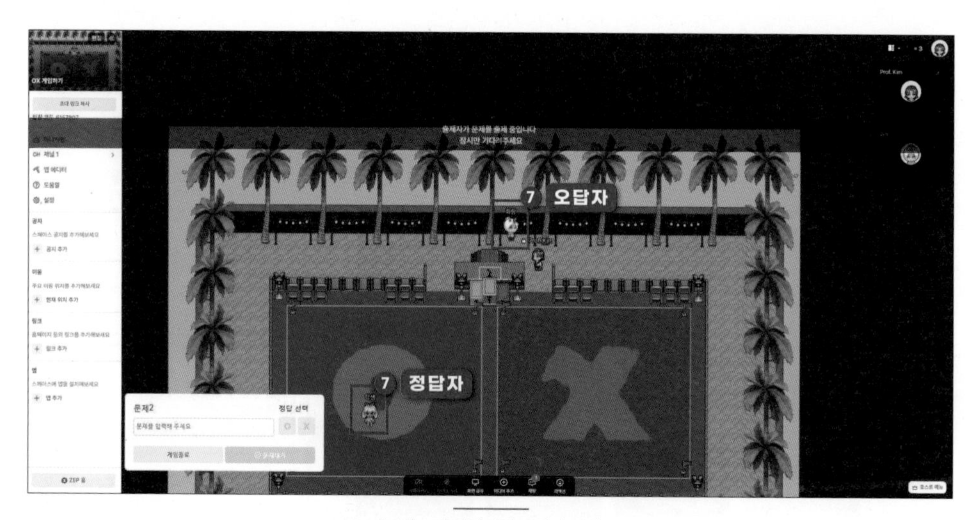

[그림 1-8] 정답자와 오답자 위치

3 퀴즈! 골든벨 게임하기

(1) 퀴즈! 골든벨 스페이스 만들기

❶ [+ 스페이스 만들기] 〉 [템플릿 고르기] 〉 ❷ [퀴즈! 골든벨]을 클릭한다.

❸ [스페이스 설정] 팝업창에서 [스페이스 이름]을 입력

❹ '비밀번호 설정'과 '검색 허용'을 선택한다. ❺ [만들기]를 클릭한다.

[그림 1-9] 퀴즈! 골든벨 스페이스 만들기

[그림 1-10] 스페이스 설정하기

(2) 게임하기

퀴즈! 골든벨 가이드

골든벨은 진행자가 직접 낸 퀴즈를 참가자들이 정답을 맞추면 생존하는 서바이벌 퀴즈 게임이다. 참가자들은 주관식 답을 입력한다.

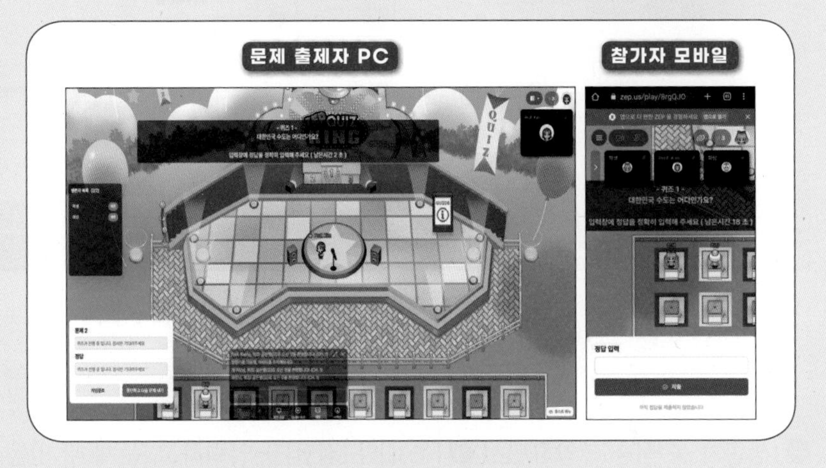

① 출제자는 문제와 정답을 '문제 입력창'에 입력한다.

② 문제가 출제되면 15초가 주어지고 15초 동안 플레이어는 정답 입력 칸에 정답을 입력한다.

③ 정답을 맞추는 동안 참가자의 채팅은 다른 사람에게 표시되지 않는다.

④ 정답을 맞추게 되면 다음 문제를 풀 수 있고 오답자는 유령이 된 채 탈락한다.

⑤ 남은 플레이어가 없거나 출제자가 게임을 종료하면 게임이 종료된다.

⑥ 플레이 가능 인원: 3~500명/권장 플레이 인원: 100명

⑦ 문제: 60자, 정답: 20자로 제한

⑧ 영어의 경우, 대문자와 소문자 구분한다.

⑨ 명령어를 입력하여 답안 제출 시간 조절이 가능하다.

⑩ 출제자가 채팅창에 '!setTime 20'을 입력하면,
참가자들이 답을 작성하는데 20초가 주어진다.

❶ [미니게임] 〉 ❷ 팝업창에서 [퀴즈! 골든벨] 클릭 〉 ❸ [시작]을 클릭한다.

[그림 1-11] 퀴즈! 골든벨 스페이스 만들기

❹ [생존자 목록]을 확인하면서 ❺ [문제]와 [정답]을 입력하고 [문제 내기]를 클릭한다.

[그림 1-12] 퀴즈! 골든벨 생존자 목록과 문제내기

❻ [퀴즈]를 확인한다.

[그림 1-13] 퀴즈! 골든벨 퀴즈

❼ 생존자는 단상 위에 위치하고 오답자는 단상 아래에 위치한다.

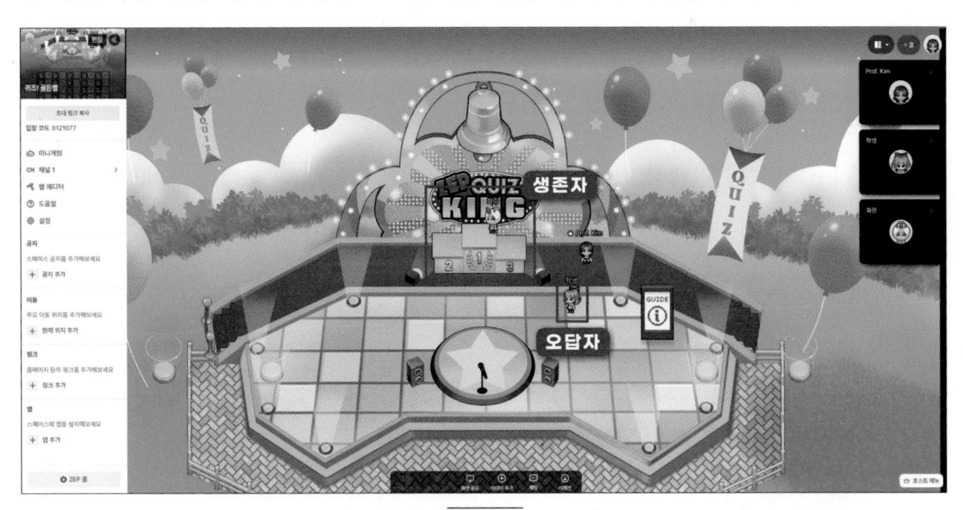

[그림 1-14] 생존자와 오답자 위치 확인하기

4 퀴즈룸 만들기

(1) 에셋 스토어에서 퀴즈룸 다운로드하기

❶ [에셋 스토어] 〉 ❷ [맵] 〉 ❸ [학교 퀴즈룸 맵 10문제]를 다운로드한다.

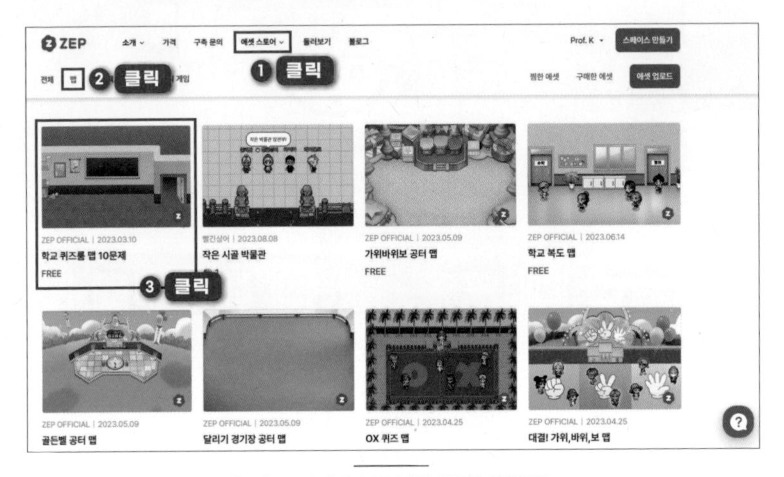

[그림 1-15] 에셋 스토어에서 퀴즈룸 다운로드

TIP [학교 퀴즈룸 맵 20문제]도 있어요.

❹ [구매한 에셋]에서 다운로드한 맵을 확인할 수 있다. ❺ [스페이스 만들기]를 클릭하면 스페이스 설정 창이 뜬다. ❻ [스페이스 설정]에서 '스페이스 이름', '비밀번호 설정', '검색 허용'을 선택하고 [만들기]를 클릭한다.

[그림 1-16] 구매한 에셋과 스페이스 설정

(2) 파일 업로드 버전으로 (File upload ver.) 퀴즈룸 만들기

❶ [스페이스 만들기]를 클릭한다.

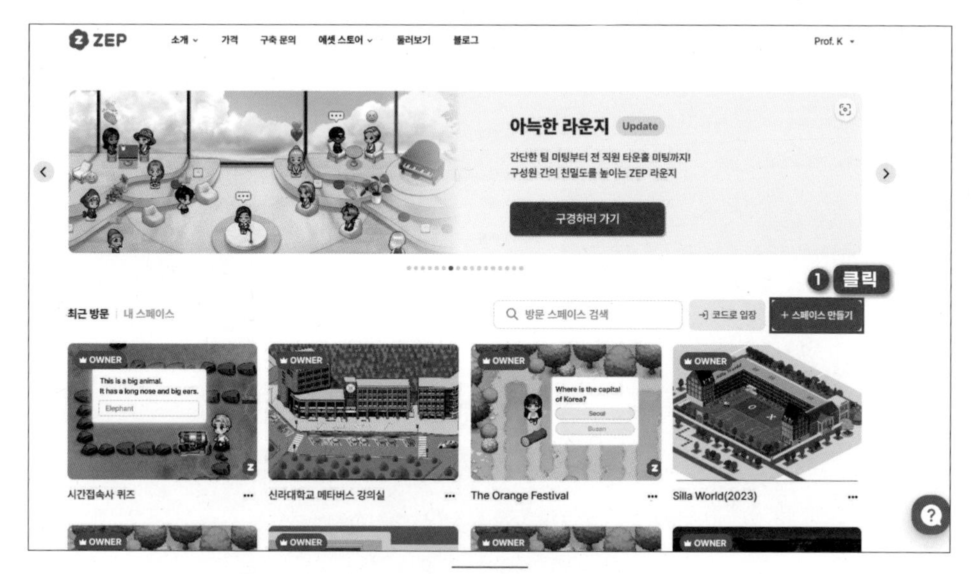

[그림 1-17] 홈페이지에서 스페이스 만들기

❷ 파일 업로드 버전(File upload ver.)의 퀴즈룸 (10문제)를 선택한다.

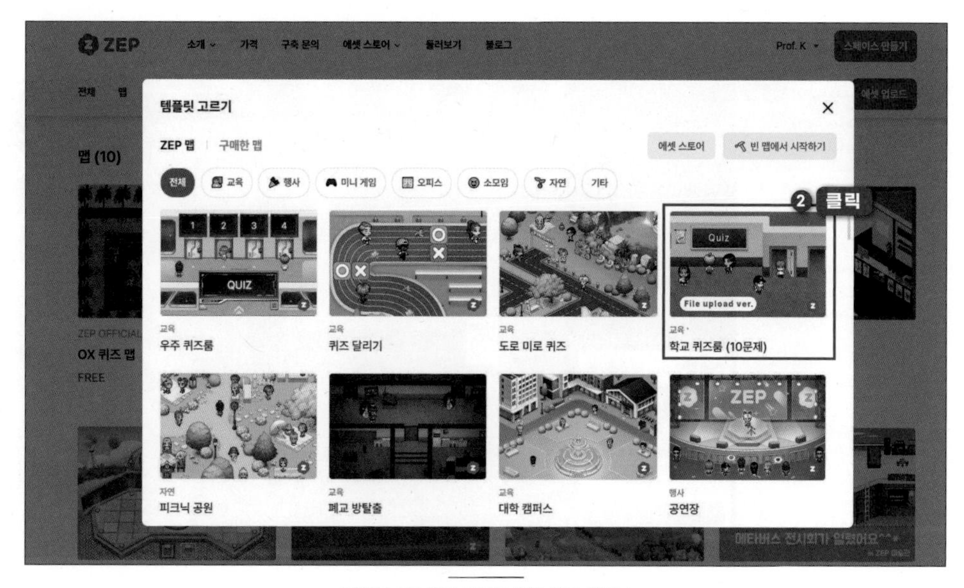

[그림 1-18] 파일 업로드 버전 학교 퀴즈룸

③ [스페이스 설정]에서 '스페이스 이름', '비밀번호 설정' '검색 허용'을 선택하여 [만들기]를 클릭한다.

[그림 1-19] 스페이스 설정

④ 새로운 화면에서 [퀴즈룸 만들기] 창에서 [퀴즈 업로드]를 클릭한다.

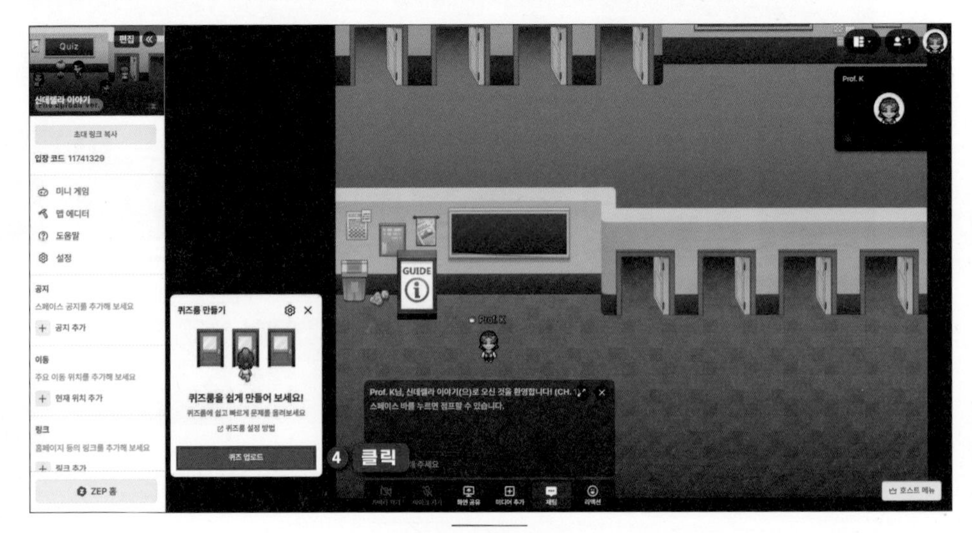

[그림 1-20] 퀴즈 업로드

❺ [샘플 파일 다운로드]를 클릭한다. ❻ 다운로드한 메모장 파일을 열기한다.

[그림 1-21] 샘플 파일 다운로드

❼ [메모장]의 샘플대로 '문제, 답, 보기1, 보기2, 보기3, 보기4' 순서대로 입력한다.

❽ [파일]에서 저장한다.

sample_ko (1) - Windows 메모장
파일(F) 편집(E) 서식(O) 보기(V) 도움말(H)

동사의 과거시제가 아닌 것은?,2,(1) turn - turned,(2) leave - leaved,(3) marry - married,(4) go - went
아프리카 신데렐라에게는 의붓언니가 몇명인가?,1,(1) 1,(2) 2,(3) 3,(4) 0
필리핀 신데렐라에서는 누가 신데렐라에게 도움을 주는가?,3,(1) A good fairy,(2) Her father,(3) A forest spirit,(4) Cindy Ella
중동 신데렐라의 이름은 무엇인가?,4,(1) Cindy Ella,(2) Becan,(3) Cinderella,(4) Settareh
남자 신데렐라 이야기가 있는 국가는 ?,2,(1) Africa,(2) Ireland,(3) The Philippines,(4) America
현대판 신데렐라의 특징이 아닌 것은?,3,(1) 이름이 신디 엘라이다,(2) 댄스파티를 반대한다,(3) 쇼핑을 좋아한다,(4) LA에 사는 학생이다.
Who support Cindy Ella?,1,(1) Her best friends,(2) Teachers,(3) The Prince,(4) Becan
신데렐라이야기가 인기많은 이유가 아닌것은?,4,(1) a romantic story,(2) a kind girl,(3) To overcome difficulties,(4) To marry a prince
______ is a boy 'Cinderella'.,2,(1) Cindy Ella,(2) Becan,(3) Settarreh,(4) The Prince
Cinderella and the prince lived ______ every after.,3,(1) happy,(2) happiness,(3) happily,(4) to be happy

❼ 문제, 답, 보기1, 보기2, 보기3, 보기4 순서대로 입력

파일(F) 편집(E) 서식(O) 보기(V) 도움말(H)

새로 만들기(N) Ctrl+N
새 창(W) Ctrl+Shift+N
열기(O)... Ctrl+O
저장(S) Ctrl+S
다른 이름으로 저장(A)... Ctrl+Shift+S
페이지 설정(U)...
인쇄(P)... Ctrl+P
끝내기(X)

❽ 저장

...rn - turned,(2) leave - leaved,(3) marry - married,(4) go - went
...몇명인가?,1,(1) 1,(2) 2,(3) 3,(4) 0
...에게 도움을 주는가?,3,(1) A good fairy,(2) Her father,(3) A forest spirit,(4) Cindy Ella
...(2) Becan,(3) Cinderella,(4) Settareh
...?,2,(1) Africa,(2) Ireland,(3) The Philippines,(4) America
...,3,(1) 이름이 신디 엘라이다,(2) 댄스파티를 반대한다,(3) 쇼핑을 좋아한다,(4) LA에 사는 학생이다.
...st friends,(2) Teachers,(3) The Prince,(4) Becan
...아닌것은?,4,(1) a romantic story,(2) a kind girl,(3) To overcome difficulties,(4) To marry a prince
______ is a boy 'Cinderella'.,2,(1) Cindy Ella,(2) Becan,(3) Settarreh,(4) The Prince
Cinderella and the prince lived ______ every after.,3,(1) happy,(2) happiness,(3) happily,(4) to be happy

[그림 1-22] 메모장 입력

⑨ 맵 화면에서 [파일 추가]를 클릭하여 메모장 파일을 업로드 한다. ⑩ 퀴즈 문제 업로드 창이 뜨면, 메모장 파일을 확인한다. ⑪ 미리보기까지 확인하고 [퀴즈 적용하기]를 클릭한다.

[그림 1-23] 파일추가

⑫ 문제가 생성된 퀴즈룸을 확인한다.

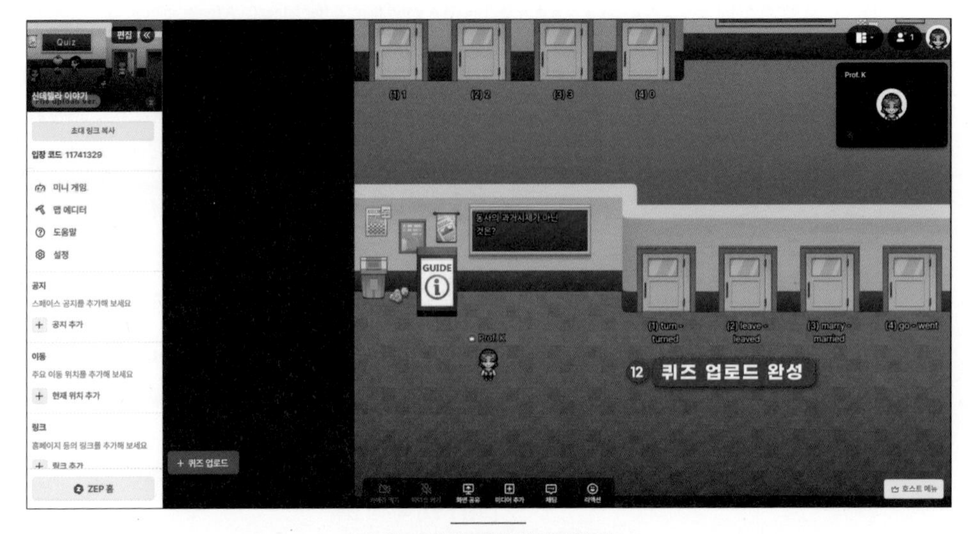

[그림 1-24] 퀴즈룸에 퀴즈 적용하기

(3) 수동으로 문제 내기

❶ [오브젝트]와 [도장]을 클릭한다. ❷ 오른쪽 [오브젝트 속성 바]에서 [텍스트 오브젝트] 〉 [+추가]를 클릭한다. ❸ [Text contents] (텍스트 내용)에 질문을 입력한다. ❹ [맵]에서 '칠판' 위에 클릭하면 '질문'이 생성된다.

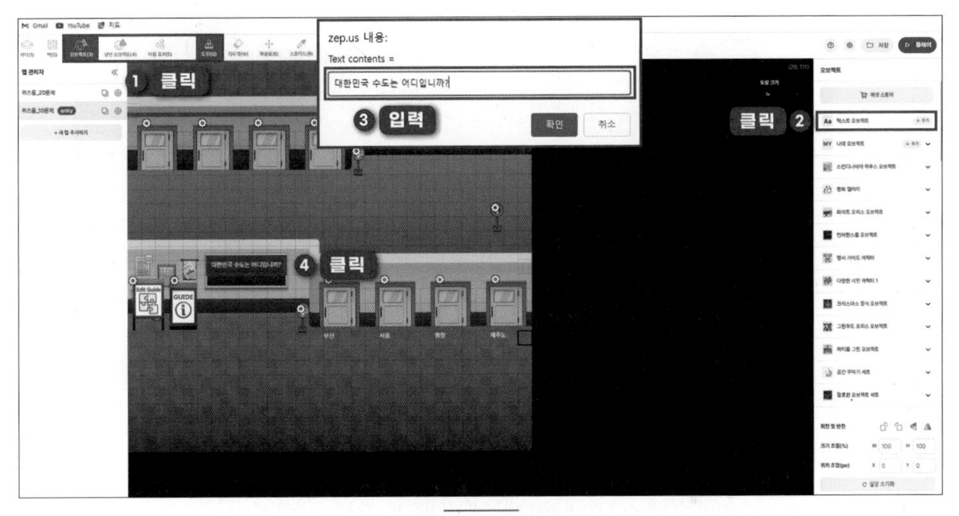

[그림 1-25] 질문 생성하기

❺ [Text contents](텍스트 내용)에 첫 번째 보기를 입력한다. ❻ 첫 번째 문 앞에 클릭한다.

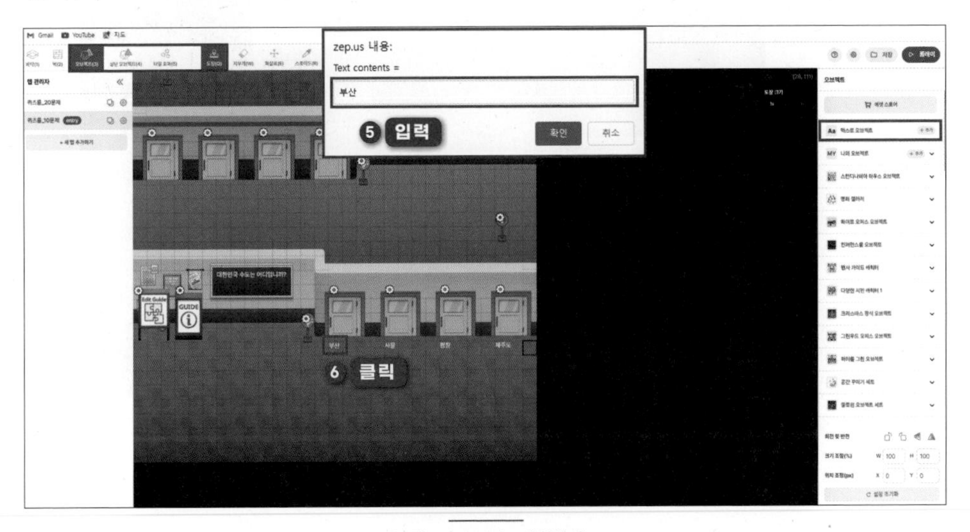

[그림 1-26] 보기 1 생성하기

❼ [Text contents](텍스트 내용)에 두 번째 보기를 입력한다.

❽ 두 번째 문 앞에 클릭한다.

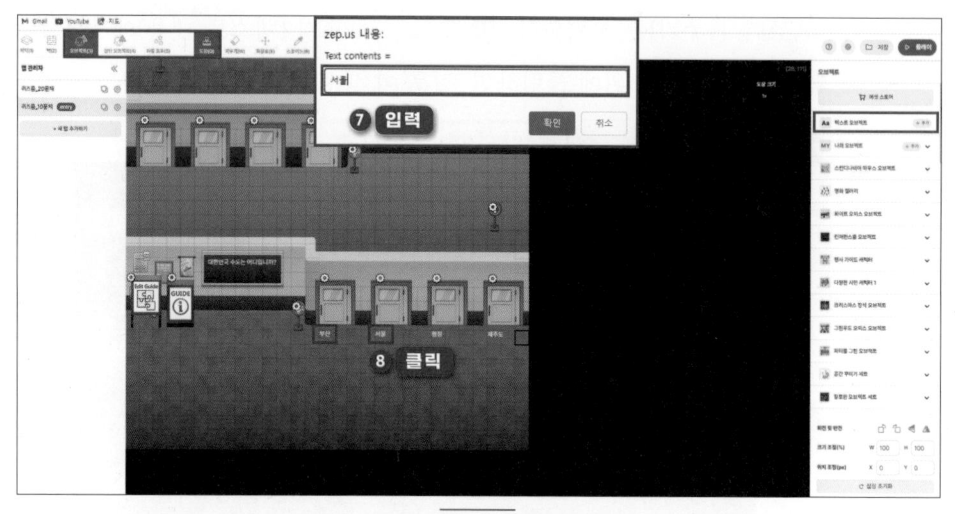

[그림 1-27] 보기 2 생성하기

❾ [Text contents](텍스트 내용)에 세 번째 보기를 입력한다.

❿ 세 번째 문 앞에 클릭한다.

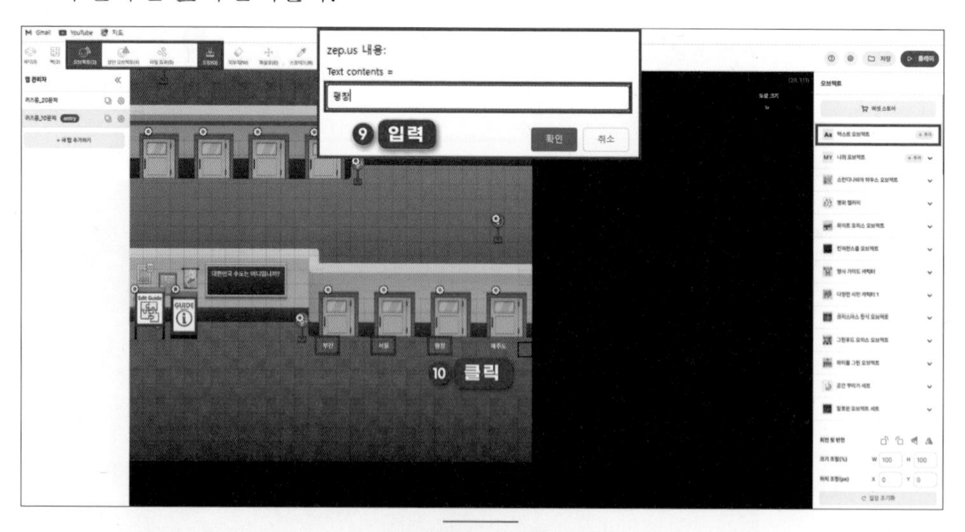

[그림 1-28] 보기 3 생성하기

⑪ [Text contents](텍스트 내용)에 네 번째 보기를 입력한다.

⑫ 네 번째 문 앞에 클릭한다.

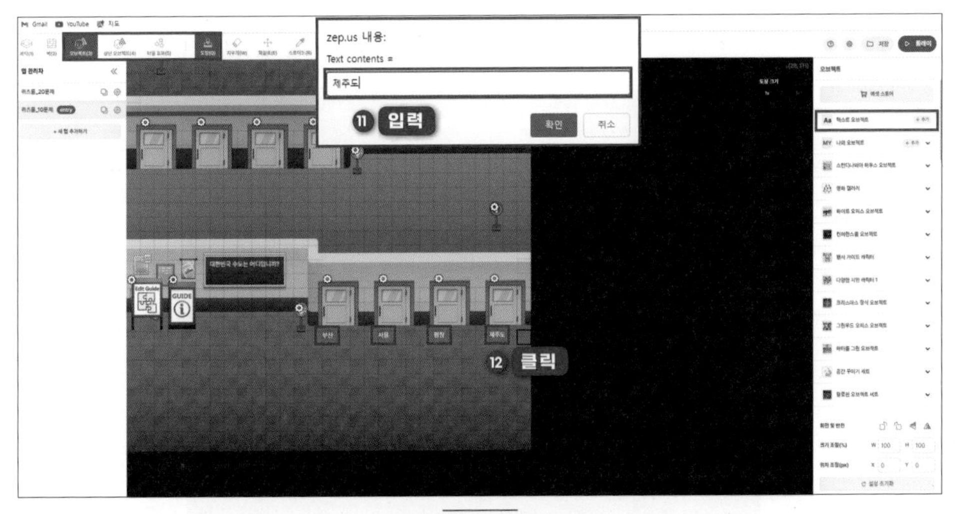

[그림 1-29] 보기 4 생성하기

(4) 타일 효과로 정답과 오답 구분하기

❶ [타일 효과]와 [지우개]를 클릭한다. ❷ 문 근처의 타일 효과를 지운다.

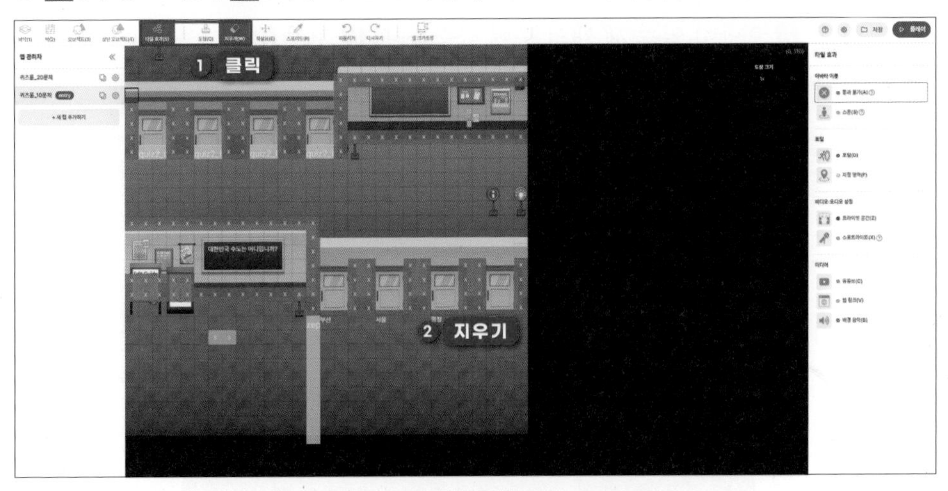

[그림 1-30] 문 근처 타일 효과 지우기

❸ [타일 효과]와 [도장]을 클릭한다. ❹ 타일 효과 속성에서 [지정 영역]을 클릭한다. ❺ [지정 영역]에서 [영역 이름]에 'quiz1_correct' 입력하고 [너비]를 2로 지정하고 [높이]를 1로 지정한다. ❻ 두 번째 정답 문 위에 클릭한다.

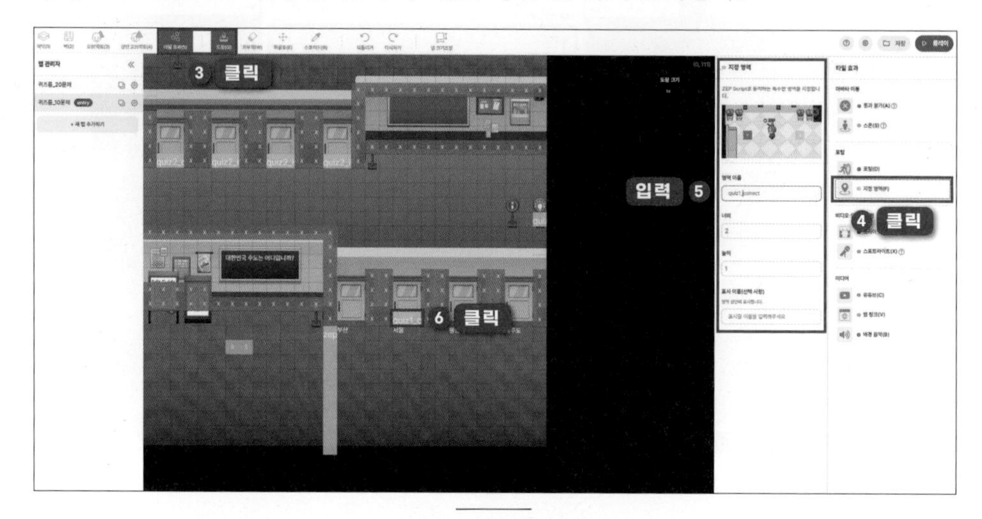

[그림 1-31] 정답문 만들기

❼ [지정 영역]에서 [지정 이름]에 'quiz1_incorrect'를 입력하고 너비 2 높이 1을 지정한다. ❽ 오답이 있는 세 개의 문에 클릭한다. ❾ 저장한다.

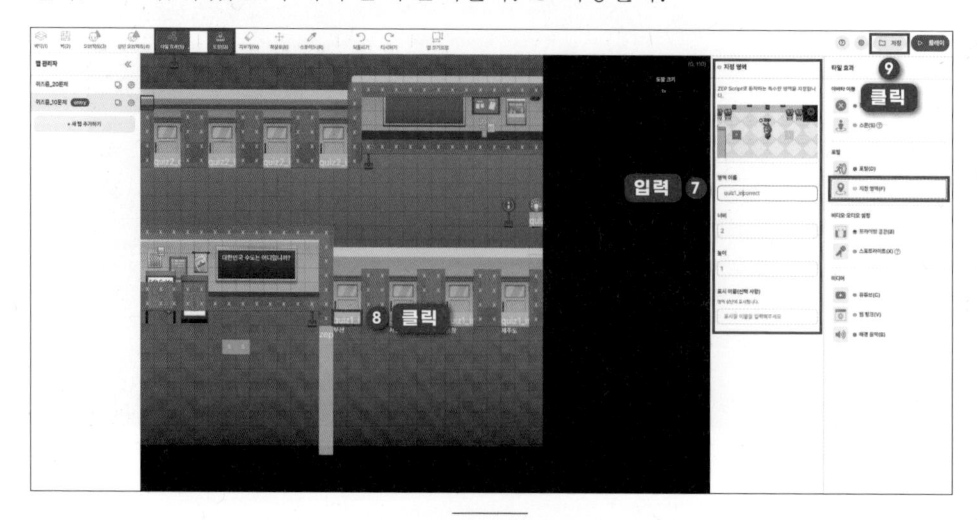

[그림 1-32] 오답문 만들기

(5) 힌트 만들기

❶ [오브젝트]와 [도장]을 클릭한다.

❷ [힌트 오브젝트]의 [톱니바퀴]를 클릭한다.

❸ 오브젝트 유형을 [말풍선]으로 선택하고, [이름(선택 사항)]을 '힌트', [말풍선 텍스트]에 내용을 입력한다. [실행 방법]에서 [F키를 눌러 실행]을 설정한다.

❹ 저장 [저장] 〉 플레이 [플레이]를 클릭하면,

❺ 맵에서 말풍선으로 텍스트 내용이 나타난다.

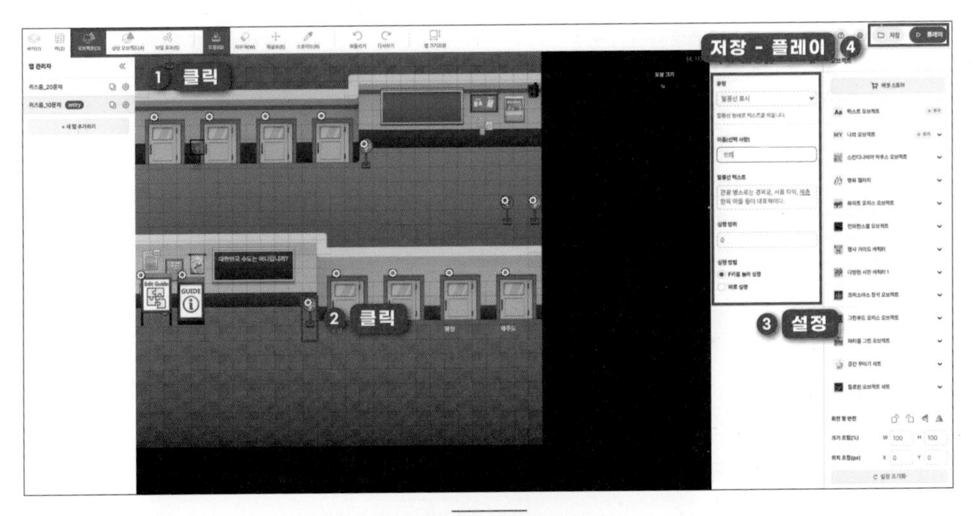

[그림 1-33] 힌트 오브젝트 만들기

[그림1-34] 말풍선 확인하기

(6) 정답 만들기

❶ [오브젝트]와 [도장]을 클릭한다.

❷ [정답 오브젝트]의 [톱니바퀴]를 클릭한다.

❸ 오브젝트 유형을 [텍스트 팝업]으로 선택하고, [이름(선택 사항)]을 '정답', [텍스트]에 내용을 입력한다. [실행 방법]에서 [F키를 눌러 실행]을 설정한다.

❹ 저장 [저장] 〉 플레이 [플레이]를 클릭하면,

❺ 맵에서 텍스트 내용이 나타난다.

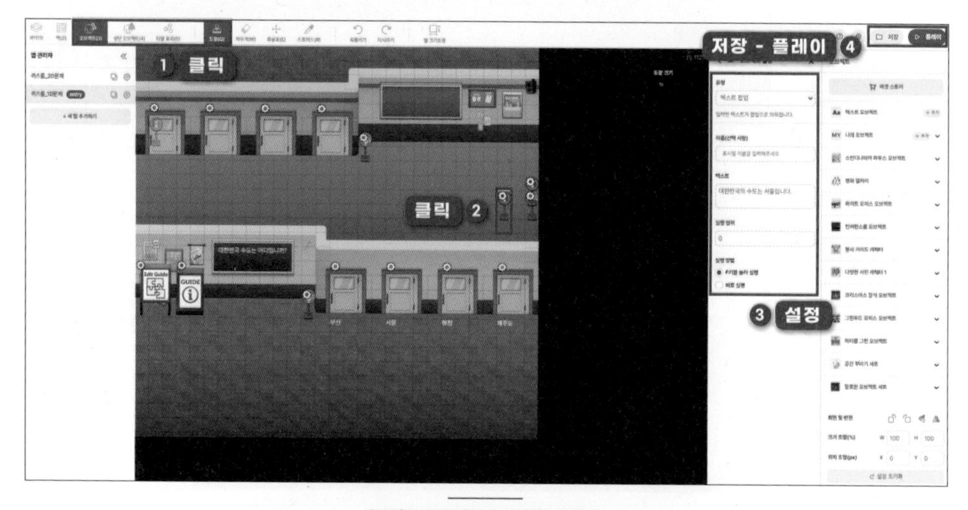

[그림 1-35] 정답 오브젝트 만들기

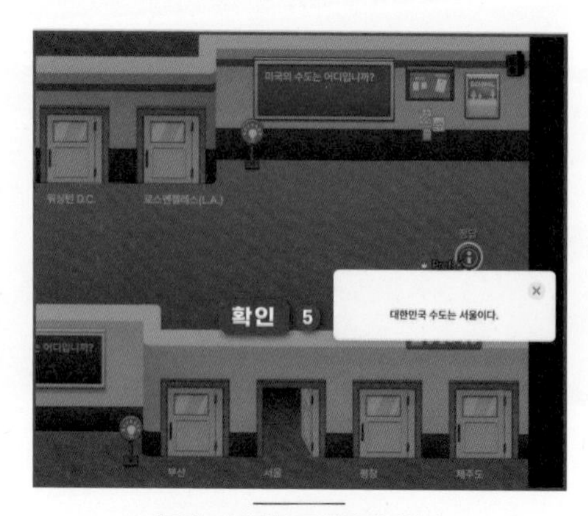

[그림 1-36] 텍스트 팝업 확인하기

첫 번째 문제에서 10번째 문제까지 반복한다. 참여자는 아바타를 이용해서 플레이하면 자신의 점수를 확인할 수 있다. 호스트가 채팅창에 '!zep_quizroom_download' 입력하면, 퀴즈에 참여한 사용자 명단이 다운로드된다. (날짜, ID, 닉네임, 성적, 퀴즈 시간)

[그림 1-37] 점수표 확인

ZEP 메타버스는 템플릿을 이용하여 게임 활동뿐만 아니라 학습 활동까지 가능하다는 것이 장점이다. 나만의 개성 넘치는 메타버스 공간을 직접 만들 수 있기 때문에, 쉽게 ZEP 메타버스 크리에이터가 될 수 있다!

파일 업로드하여 퀴즈룸 만들기

5 chatGPT 고양이 설치하기

❶ 왼쪽 [사이드 바]에서 + [앱추가]를 클릭한다. ❷ [앱 관리] 중에서 [chatGPT 고양이] 설치를 클릭한다. ❸ chatGPT에게 질문하려면 문장 제일 앞에 @를 붙여주세요. 'ex. @미국의 수도는?' 문장이 나타났다가 사라진다.

[그림 1-38] chatGPT 고양이 앱 설치하기

❹ 설치된 [chatGPT 고양이]를 클릭한다. ❺ [chatGPT 고양이] 종류를 선택한다. ❻ 'Q키를 눌러 고양이를 배치하세요' 지시문이 나타나면, Q키를 누른다.

[그림 1-39] chatGPT 고양이 선택하기

❼ 아바타 앞에 [chatGPT 고양이]가 생성된다. ❽ [채팅창]에 질문을 입력한다.

[그림 1-40] chatGPT 고양이에게 질문하기

❾ 고양이의 답변을 확인한다. 채팅창에 질문과 답변이 기록된다.

[그림 1-41] chatGPT 고양이 답변 확인하기

6 chatGPT 고양이 응용하기

(1) Studio Did와 chatGPT 고양이로 아바타 이미지 생성하기

❶ [스튜디오 D-ID](studio.d-id.com) 홈페이지에서 가입을 하고 로그인을 클릭한다.

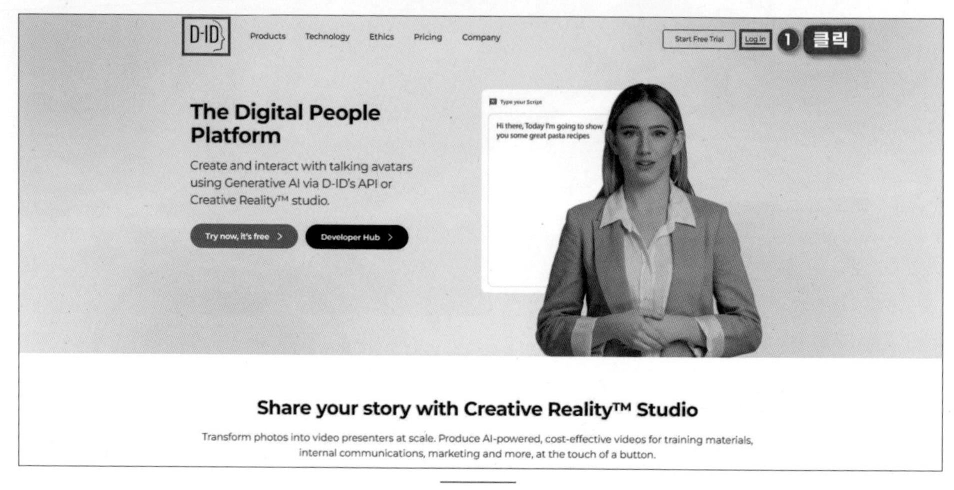

[그림 1-42] 스튜디오 D-ID 홈페이지

❷ [왼쪽 사이드 바]에서 [+ Create Video]나 오른 쪽 상단에서 CREATE VIDEO [비디오 생성하기]를 클릭한다.

[그림 1-43] 비디오 생성하기

❸ [✦ Generate AI presenter] [AI 아바타 생성하기]를 클릭한다.

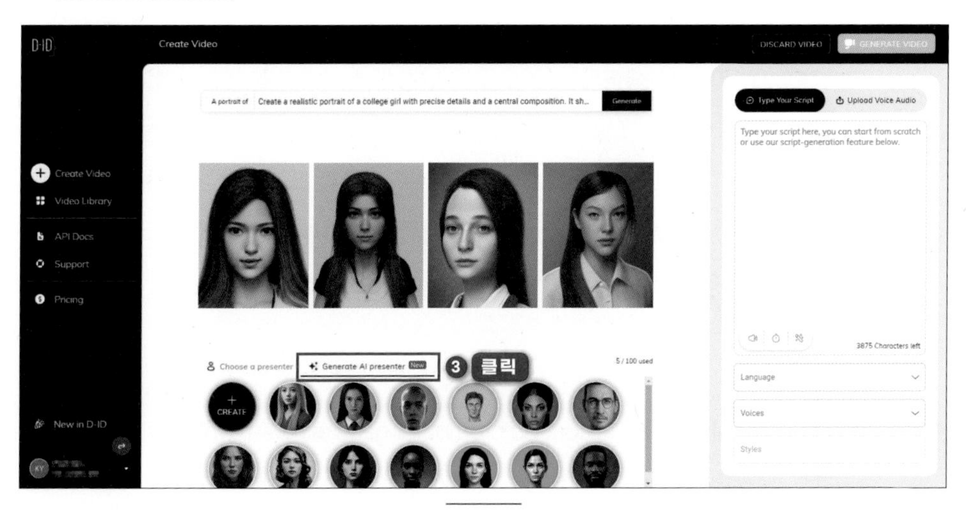

[그림 1-44] AI 아바타 생성하기

❹ 다시 ZEP으로 되돌아 와서 왼쪽 사이드 바에서 [chatGPT 고양이]클릭하고 ❺ Q키를 눌러 고양이를 설치한다. ❻ 아래 채팅창에 @를 입력하고 아바타 생성에 도움이 되는 내용을 입력한다.

[그림 1-45] chaGPT 고양이 설치

@이미지를 생성하는 AI 도구를 이용해서 아바타를 생성하려고 해. 내가 지시하는 내용의 프롬프트를 생성해 줘: 완벽하게 중앙에 위치하는 대학생 소녀의 초상화이고, 중앙 구도여야만해. 아주 중요한 포인트야. 상당히 자세하고 정교하게 표현을 해 주고, 전문적인 디지털 그림에, 언리얼 엔진 5의 사실적인 이미지여야해. 영어로 번역해 줘.

Sure! Here's the concise prompt for generating an avatar using an AI image generation tool: "Create a realistic portrait of a college girl with precise details and a central composition. It should be perfectly centered, highly detailed, and resemble a professional digital artwork, specifically resembling the realistic images produced by Unreal Engine 5."

❼ 영어로 번역까지 요청한다.

[그림 1-46] chatGPT 영어로 생성하기

❽ 따옴표 부분을 복사한다.

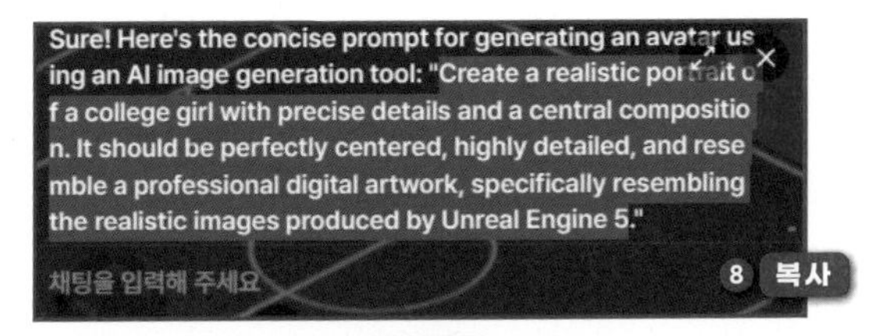

[그림 1-47] 따옴표 부분 복사하기

❾ [스튜디오 D-ID] 생성창에 붙이기를 한다. ❿ 4개의 이미지 중에서 하나를 선택한다.

[그림 1-48] AI 아바타 생성하기

(2) Studio Did와 chatGPT 고양이로 자기소개 글쓰기

❶ ZEP에서 [chatGPT 고양이]에게 신라월드 소개글을 요청한다.

@신라월드는 메타버스 대학교야. 메타버스의 장점을 강조하여 신라월드 대학교를 소개하는 글을 작성해 줘.

[그림 1-49] chatGPT 고양이에게 소개글 요청하기

❷ [chatGPT 고양이]의 대답을 확인한다.

신라월드 대학교는 혁신적인 메타버스 교육 플랫폼으로 새로운 학습경험과 무한한 가능성을 제공합니다. 메타버스의 가장 큰 장점은 지리적 제약 없이 어디서든 수업을 듣고 협력할 수 있다는 것입니다. 학생들은 가상 공간에서 현실적인 그래픽과 상호작용을 통해 실제감 있는 학습 경험을 할 수 있으며, 국제적인 교수진과 함께 현실 세계에서는 어려운 협업과 국제적 연결성을 구축할 수 있습니다. 신라월드 대학교는 학문적인 도전과 창의적인 사고를 독립적으

로 발전시키며 다양한 예술, 과학 및 비즈니스 분야에서 전문성을 함양할 수 있는 최고의 교육 플랫폼입니다.

[그림 1-50] chatGPT 고양이에게 응답 듣기

❸ 영어번역도 요청해보자. "@영어로 번역해줘."

[그림 1-51] chatGPT 고양이에게 영어번역 요청하기

❹ [chatGPT 고양이]가 대답한 한글버전과 영어버전 모두 복사를 한다.

[그림 1-52] chatGPT 고양이에게 응답 듣기

❺ [스튜디오 D-ID]에서 오른쪽 Type Your Script [스크립트 창]에 붙여넣기를 한다. ❻ [언어](Language)와 [목소리](Voices)를 선택한다. ❼ GENERATE VIDEO [비디오 생성]을 클릭한다.

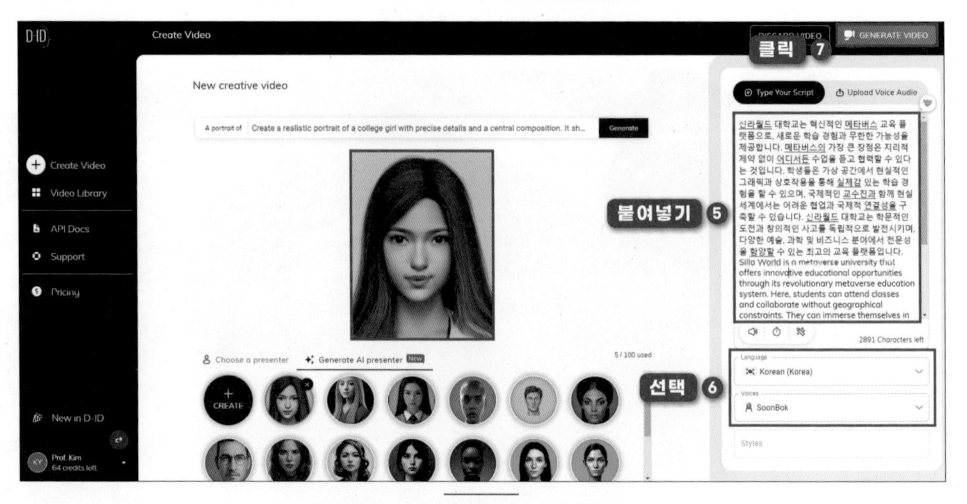

[그림 1-53] 스튜디어 D-ID에서 소개글 붙여넣기

❽ 비디오 결과물을 확인하고 [생성]을 클릭한다.

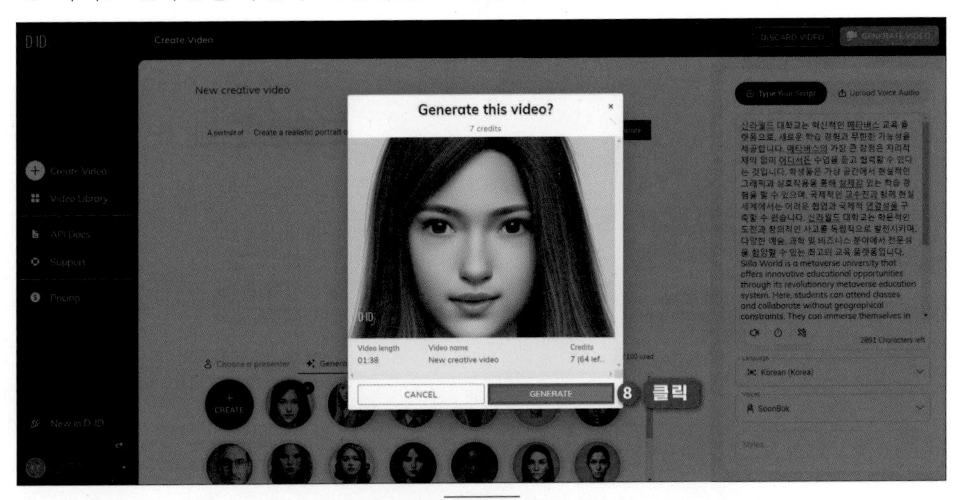

[그림 1-54] 스튜디어 D-ID에서 비디오 생성하기

❾ 비디오를 다운로드 한다. 비디오를 이용하여 YouTube로 생성한다.

[그림 1-55] 스튜디어 D-ID에서 비디오 생성하기

(3) ZEP에 적용하기

❶ 유튜브를 임베드할 ZEP 맵에 입장한다. 그리고 [맵 에디터]를 클릭한다.

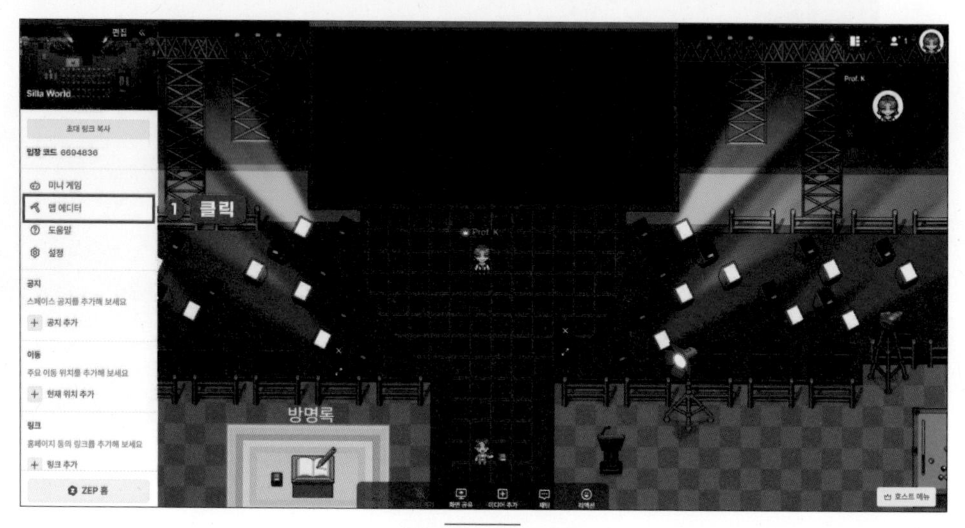

[그림 1-56] ZEP 맵 에디터

❷ [타일효과]와 [도장]을 클릭한다. ❸ [유튜브]를 클릭한다. ❹ [연결한 유튜브 URL]에 유튜브 주소를 입력한다. ❺ 유튜브 크기 [너비]와 [높이]를 설정한다. ❻ 유튜브를 설치하고 싶은 곳에 클릭하여 타일효과를 만든다. ❼ [저장]과 [플레이]를 클릭한다.

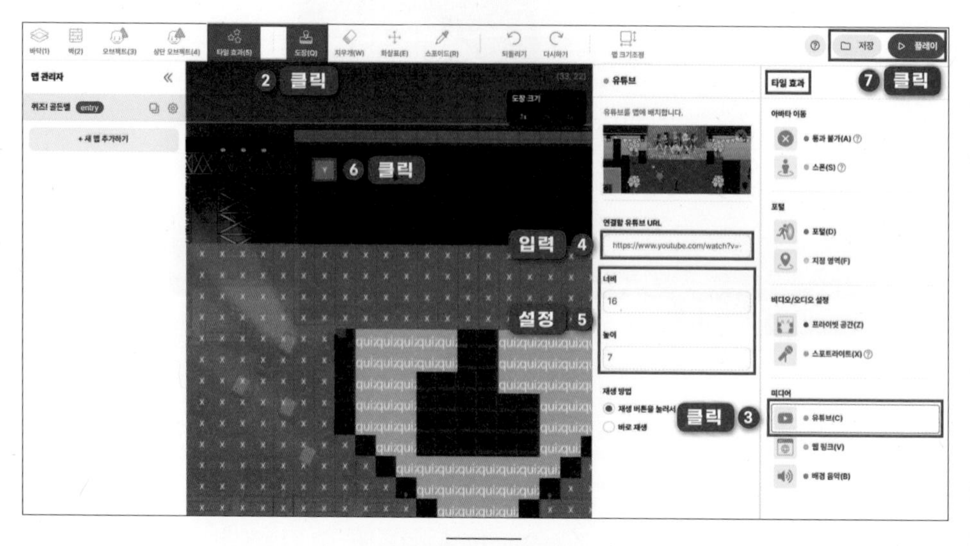

[그림 1-57] 유튜브 임베드하기

❽ 플레이 화면에서 아바타 동영상을 확인한다.

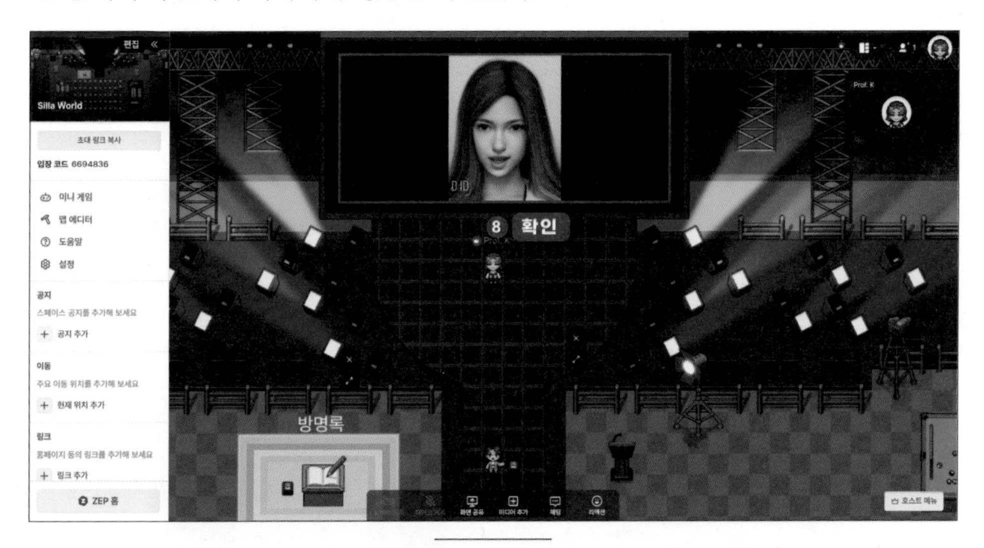

[그림 1-58] 스튜디어 D-ID에서 만든 아바타 동영상 확인

아바타 동영상

02. ZEP 활동에 활용할 수 있는 도구

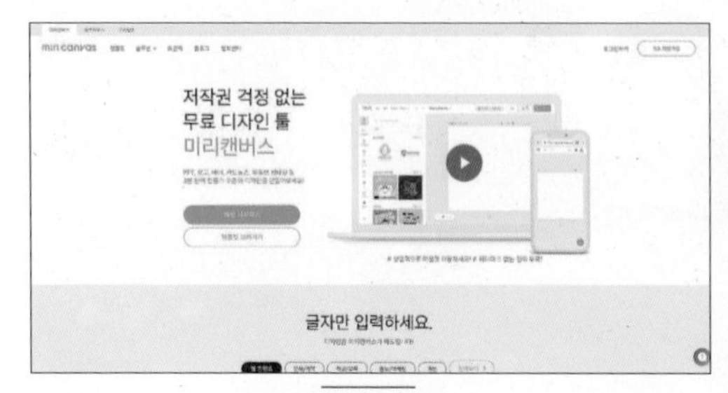

1. 미리캔버스

2. 캔바

3. 아이코그램

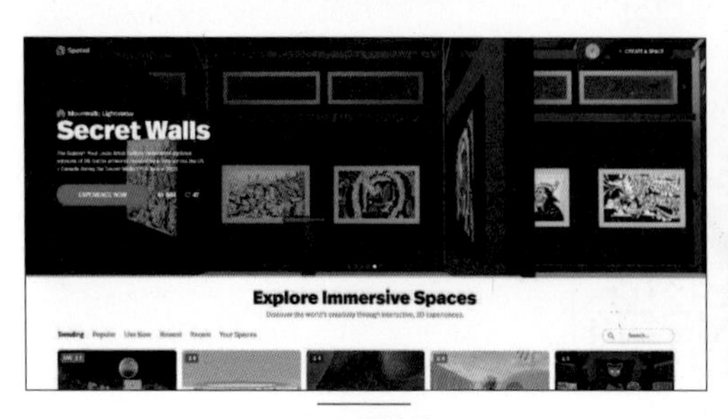

4. 스페이셜

5. 패들렛

6. 비트모지

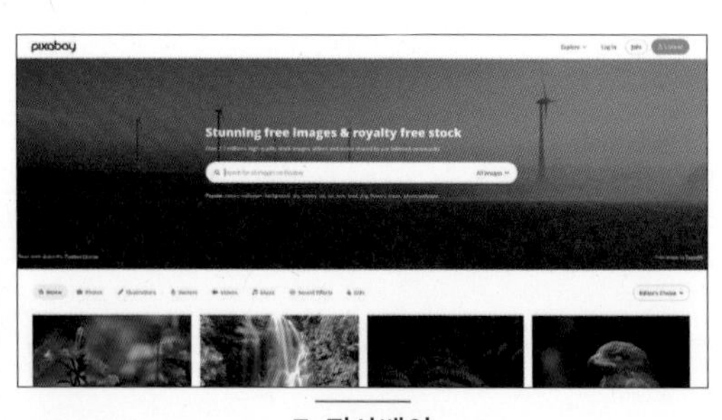

7. 픽사베이

8. D-ID

참고문헌

1. 이영주. 『design school 일러스트레이터 CC(2019)』, 서울: 한빛 아카데미.

2. 미리캔버스: miricanvas.com

3. 캔바: canva.com

4. 아이코그램: icograms.com

5. 스페이셜: spatial.io

6. 패들렛: padlet.com

7. 비트모지: bitmoji.com

8. 픽사베이: pixabay.com

9. D-ID: studio.d-id.com/

10. ZEP: zep.us

11. 메타버스 윤리: msit.go.kr(과학기술정보통신부)

개정판

모두를 위한 메타버스

젭(ZEP) 크리에이터

2023년 2월 25일 1판 1쇄 발 행
2023년 11월 10일 2판 1쇄 발 행

지 은 이 : 김경희 · 공다예 공저

펴 낸 이 : 박 정 태

펴 낸 곳 : **주식회사 광문각출판미디어**

10881
파주시 파주출판문화도시 광인사길 161
광문각 B/D 3층
등 록 : 2022. 9. 2 제2022-000102호
전 화(代): 031-955-8787
팩 스 : 031-955-3730
E - mail : kwangmk7@hanmail.net
홈페이지 : www.kwangmoonkag.co.kr

ISBN : 979-11-93205-05-1 93000

값 : 20,000원